Friedrich Merz

Neue Zeit. Neue Verantwortung.

Demokratie und Soziale Marktwirtschaft im 21. Jahrhundert

FRIEDRICH MERZ

NEUE ZEIT.
NEUE VERANTWORTUNG.

Demokratie und Soziale Marktwirtschaft im 21. Jahrhundert

Econ

MIX
Papier aus verantwortungsvollen Quellen
FSC® C014496

Econ ist ein Verlag
der Ullstein Buchverlage GmbH
ISBN 978-3-430-21044-7

Lektorat: Dr. Annalisa Viviani, München
Gesetzt aus der Scala OT
Satz: LVD GmbH, Berlin
Druck und Bindearbeiten: GGP Media GmbH, Pößneck
Printed in Germany

Inhalt

Drittes Kapitel

Viertes Kapitel

Erstes Kapitel
Mit dem Virus leben

Zu Beginn des Jahres 2020 habe ich in vielen Reden und Vorträgen meine Zuhörerschaft zu einem Gedankenexperiment aufgefordert: Wie haben Sie, so habe ich gefragt, den Jahreswechsel 2009/2010 in Erinnerung? Hat damals jemand von Ihnen gewagt vorauszusagen, dass dieser Jahreswechsel der Beginn einer Dekade stetigen wirtschaftlichen Wachstums auf der Welt werden würde? Hatten wir uns vorstellen können, dass viele Länder der Welt, darunter auch Deutschland, so schnell aus der Finanzkrise der Jahre 2008 und 2009 herauskommen würden? Und können wir heute entgegen den Befürchtungen, die damals geäußert wurden, nicht feststellen, dass es uns Deutschen in unserer Geschichte noch nie so gut gegangen ist wie zu Beginn dieses neuen Jahrzehnts, im Jahr 2020?

Wie würden wir aber, so habe ich weiter gefragt, von nun an wieder in zehn Jahren auf dieses Jahr 2020 zurückschauen? Würden wir im Jahr 2030 diese Feststellungen erneut treffen, dass es uns nämlich noch einmal besser geht, die Welt vielleicht sogar ein wenig friedlicher geworden ist und wir erneut dankbar auf ein weiteres Jahrzehnt in Frieden, Freiheit und Wohlstand zurückschauen können?

Ich konnte in den Augen meiner Zuhörer erkennen, dass die Skepsis groß war. Und ich selbst war auch nicht überzeugt, dass alles so wie bisher weitergehen würde. Es hatten sich doch gerade in den letzten Jahren einige Dinge auf der Welt ereignet, die diese Gewissheiten infrage stellen. Die Wahl von Donald Trump zum 45. Präsidenten der USA, die endgültige Entscheidung der Briten, aus der Europäischen Union auszutreten, die aggressive Haltung Russlands seit dem Einmarsch in die Ostukraine und der Besetzung der Krim, der globale Machtanspruch der chinesischen Staatsführung und nicht zuletzt die anhaltende und voranschreitende Destabilisierung großer Teile des Nahen und Mittleren Ostens – all diese politischen Entwicklungen waren für mich Anzeichen dafür, dass sich seit einigen Jahren eine Zeitenwende andeutet, in der wir jetzt leben, wir aber vermutlich erst einige Jahre später richtig verstehen würden, wie tiefgreifend dieser Wandel in Wirklichkeit ist. Teile einer neuen politischen Ordnung werden erkennbar, aber wir wissen noch nicht, wie sie in Zukunft aussieht, für uns Deutsche nicht und auch nicht für Europa.

Das war meine Einschätzung zu Beginn des Jahres 2020, die ich mit vielen politischen Akteuren und Beobachtern zu Beginn dieses dritten Jahrzehnts im 21. Jahrhundert geteilt habe. Wir alle hatten aber keine Ahnung davon, was uns einige Wochen später bevorstehen sollte. Die Nachrichten aus China, dass es dort möglicherweise zu einem Ausbruch eines bisher unbekannten Virus gekommen sei, haben wir noch zur Kenntnis genommen, aber die ersten zwei Monate des Jahres verliefen für uns alle ziemlich normal und routinemäßig. Doch ab der zweiten Märzwoche wurde alles anders. Seitdem legt Covid-19 fast die ganze Welt still. Und plötzlich ändert sich alles noch einmal grundlegend, viel weitreichender, als wir es für möglich gehalten hätten. Aus der regionalen Ausbreitung des

Virus ist eine Pandemie geworden. Wir machen Grenzerfahrungen im privaten, öffentlichen und beruflichen Leben, die wir uns zuvor nicht vorstellen konnten. Aber eine Gewissheit gibt es schon ziemlich bald: Das Miteinander von Staat und Gesellschaft in allen Ländern der Welt steht vor harten Bewährungsproben.

Haben wir eine Vorstellung, vielleicht einen historischen Vergleich, wie unser Leben mit einer solchen Pandemie aussieht? In den letzten Jahrzehnten hat es zwar immer wieder Virusinfektionen gegeben, teilweise mit schweren Auswirkungen auf einzelne Länder und Regionen. Aber selbst die Spanische Grippe, die vor 100 Jahren weltweit nach Schätzungen der Weltgesundheitsbehörde (WHO) mindestens 20, vielleicht sogar bis zu 50 Millionen Menschenleben gekostet hat, war nicht verbunden mit einem so umfassenden Shutdown der Unternehmen, nicht mit einem solchen Stillstand fast des gesamten öffentlichen Lebens. Es gab damals nicht diese enge Verflechtung der Weltwirtschaft, nicht diese internationale Reisetätigkeit, mit der sich ein Virus in kürzester Zeit über Länder und Kontinente verbreitet. Vor 100 Jahren lebten rund 2 Milliarden Menschen auf der Welt, heute sind es fast 8 Milliarden. Corona ist ein »Schwarzer-Schwan-Augenblick«, die Macht eines höchst unwahrscheinlichen, aber eben doch jetzt eingetretenen Ereignisses. Und damit wird das politische Führungspersonal auf der ganzen Welt vor ungeahnte Herausforderungen gestellt. Corona ist der historische Augenblick der heutigen politischen Generation.

Dieser Augenblick wird lange dauern, und die Folgen werden uns noch sehr lange beschäftigen. In einer offenen und freien Gesellschaft nimmt die Bevölkerung Einschränkungen ihres Lebens eine gewisse Zeit hin, aber nicht unbegrenzt. Erwartungen an die Politik stoßen an die Grenzen des Möglichen, zumal die Erwartungen sehr unterschiedlich sind. Die einzig realistische Erwartung an die Politik konnte und kann auch in Zukunft nur sein, ein Szenario zu beschreiben, wie wir in einer solchen Lage möglichst rasch zur Normalität zurückkehren könnten, in einzelnen Schritten, abhängig von der Eindämmung der Epidemie, und wie wir bis zur Verfügung eines Impfstoffs und möglicherweise wirksamer Medikamente ein »Corona-gerechtes« Leben führen.

Aber was heißt mit und nach Corona »Normalität«? Wird das Leben mit einem Impfstoff und mit Medikamenten einfach da wieder anknüpfen, wo wir vorher waren? Die Infektion als kleiner Zwischenfall, und danach geht alles weiter wie bisher?

Allein die Verwerfungen in unserer Volkswirtschaft und auf der ganzen Welt lassen eine solche Zuversicht eher unrealistisch erscheinen. Die Einschränkungen des sozialen und wirtschaftlichen Lebens hinterlassen Spuren in den Familien, in der Gesellschaft und in den Unternehmen, auch wenn viele gute Erfahrungen im Miteinander der Menschen dazugehören. Aber allein die öffentlichen Haushalte sind in einer Weise belastet worden, wie wir das bisher noch nicht gekannt haben. Viele Unternehmen müssen Insolvenz anmelden, damit gehen Arbeitsplätze in großer Zahl verloren. Unternehmen, die überleben, verlieren erhebliche Teile ihres Eigenkapitals, viele sind hoch verschuldet. Kleine Betriebe und viele Selbstständige, vor allem in der Kultur und in den Dienstleistungsberufen, haben keine Reserven, um eine solche Lage zu überstehen. Die privaten Haushalte müssen sich verschulden, mehr Menschen denn je sind auf staatliche Unterstützung angewiesen. Wir blicken weltweit auf eine tiefe Rezession, in vielen Ländern und Regionen der Welt nehmen die politischen Spannungen und Konflikte massiv zu.

In diesen Dimensionen gibt es auch keinen Vergleich mit früheren Pandemien. Es sind eher andere säkulare Ereignisse, die uns erahnen lassen, was gegenwärtig geschieht. Die Anschläge vom 11. September 2001 haben unser Leben verändert, fast in jedem Land der Welt. Der Fall der Berliner Mauer im Jahr 1989 hat die Koordinaten der politischen Nachkriegsordnung weit über Deutschland und Europa hinaus neu bestimmt. Wir haben die deutsche Einheit als ein großes Glück empfunden, aber wir haben das Ausmaß der Herausforderungen lange unterschätzt, bei Weitem nicht nur in wirtschaftlicher Hinsicht, auch und ganz besonders in den sozialen und menschlichen Dimensionen.

Niemand konnte vor dreißig Jahren voraussagen, welche Auswirkungen die Überwindung der deutschen Teilung auf das politische Gleichgewicht zwischen Ost und West haben würde und dass damit ganz anders als gedacht eben nicht das »Ende der Geschichte« einhergehen, sondern ein ganz neues Kapitel der Geschichte für Europa und darüber hinaus eröffnet werden würde.

Corona fordert auf der Welt eine große Zahl von Menschenopfern. Jenseits dieser menschlichen Schicksale wird Corona Auswirkungen haben auf den gesellschaftlichen Zusammenhalt, auf die Globalisierung, möglicherweise auch auf die Demokratie und den Wettbewerb der politischen und ökonomischen Systeme.

Ein Zurück zu der Zeit davor ist deshalb keine Option. Selbstverständlich wird es auch dieses Mal ein Leben danach geben, und es wird auch nicht alles anders. Viel Gutes lässt sich bewahren, doch dieses »Danach« wird anders aussehen als etwa nach der Finanzkrise. Dieser Vergleich – wenn er denn gezogen wurde – war von Anfang an falsch. Finanzkrise und Corona sind zwei vollkommen verschiedene Krisen, und zwar nicht nur quantitativ, sondern auch qualitativ. Der Grund dafür liegt in dem unterschiedlichen Charakter beider Krisen.

Die Finanzkrise war das Ergebnis einer Bankenkrise, die ihren Ausgang hatte in der Krise des Immobilienmarktes in den USA und dessen verschachtelter Finanzierung bis hin zu den Schrottpapieren, die aus den unterfinanzierten Hypothekenkrediten zu Derivaten zusammengeschustert worden waren, die trotzdem noch ein erstklassiges Rating bekamen, und mit denen anschließend die Kapitalmärkte geflutet wurden. Als diese Blase platzte, einzelne Banken und ihre Kreditversicherer nicht mehr zahlen konnten, musste der Finanzsektor mit bislang unvorstellbaren Mitteln gerettet werden, das weltweite Finanzsystem stand vor dem Kollaps.

Das konzertierte Vorgehen der Staatengemeinschaft und der Notenbanken konnte diese Krise weitgehend auf den Finanzsektor begrenzen. Der Bankensektor konnte stabilisiert werden, ab 2009 konnte die Wirtschaft sehr schnell den Wachstumspfad wieder beschreiten, und es begann der längste Aufschwung in der jüngeren Wirtschaftsgeschichte.

Das wird nach Corona ganz anders. Diese Krise erfasst die gesamte Realwirtschaft. Sie ist ein gleichzeitiger Angebots- und Nachfrageschock für die Weltwirtschaft, und die Maßnahmen, die zum Gesundheitsschutz der Bevölkerung auf der ganzen Welt ergriffen werden müssen, führen geradewegs in die weltweite Rezession. In der Finanzkrise waren alle Rettungsschirme darauf ausgelegt, das Problem zu lösen. Corona verlangt danach, den »Teufel mit dem Beelzebub« auszutreiben, die Bekämpfung der Infektion löst die Wirtschaftskrise überhaupt erst richtig aus. Und da niemand mit Gewissheit zu sagen weiß, wie lange wir denn mit diesem Virus leben müssen, beginnt mit Corona eine Phase unseres Lebens, in der wir beides miteinander vereinbaren müssen, den Kampf *gegen* die Pandemie und den Kampf *für* unsere Freiheit und *für* den Erhalt unseres Wohlstands. Die Widersprüche werden dabei immer sichtbarer, was dem einen nutzt, schadet dem anderen und umgekehrt. Politik und Gesellschaft sind mit einer bisher in moderner Zeit nicht gekannten Ambivalenz konfrontiert, die ein konfliktfreies, in sich widerspruchsfreies politisches Handeln kaum noch zulässt.

Auf Sicht fahren in der Krise

Es war zweifellos richtig, die Maßnahmen Schritt für Schritt zu beschließen und immer wieder neu zu beurteilen, ob sie die erhoffte Wirkung erzielen. Auch im europäischen und internationalen Vergleich kann sich Deutschland sehen lassen. Unser Gesundheitssystem hat sich als sehr stabil und leistungsfähig erwiesen. Die Zahl der Intensivbetten wurde schnell erhöht, zu keinem Zeitpunkt hat es eine Überlastung des gesamten Systems der Patientenversorgung gegeben, bei einem hohen örtlichen Aufkommen an Infektionen waren schnell Ausweichkrankenhäuser bereit zur Aufnahme. Wir können heute sagen, dass das Gesundheitswesen in Deutschland mit derzeit mehr als 30.000 Intensivbetten auf die weitgehend unbekannten Herausforderungen vorbereitet war und zu Beginn die notwendigen Entscheidungen getroffen wurden, um auch mit einer großen Infektionswelle fertigzuwerden. Deutschland konnte zudem eine Anzahl von sehr ernsthaft erkrankten Patienten aus europäischen Nachbarländern aufnehmen und die meisten von ihnen erfolgreich behandeln. Ich wüsste kein Land zu nennen, in dem ich mich mit Corona besser aufgehoben gefühlt hätte als in Deutschland!

Wir haben ein bewundernswertes Engagement des Personals in den Krankenhäusern, Pflegeheimen und Altenheimen erlebt, die Hilfsbereitschaft in der Bevölkerung war beeindruckend groß. Wie wir überhaupt dankbar feststellen dürfen, dass die deutsche Gesellschaft in Situationen, in denen es wirklich darauf ankommt, anzupacken und zu helfen, ein hohes Maß an Solidarität und Zusammenhalt zeigt. Natürlich gibt es auch hier Ausnahmen, aber die überwiegende Mehrheit der Gesellschaft fühlt sich mit verantwortlich für das, was in der Nachbarschaft, in der örtlichen Gemeinschaft und im Land geschieht.

Es gab auch keinen Masterplan für eine solche Krise. Wir haben so etwas noch nie erlebt. Richtig ist, dass es bereits im Januar 2013 einen Bericht der Bundesregierung an den Deutschen Bundestag zur Risikoanalyse im Bevölkerungsschutz gab. Diese Risikoanalyse hat versucht, auf die Frage »Wie kann der Staat eine bedarfsgerechte und risikoorientierte Vorsorge- und Abwehrplanung im Zivil- und Katastrophenschutz gewährleisten?« eine Antwort zu geben. Das Zivilschutz- und Katastrophenhilfegesetz erteilt dem Bund auch einen ausdrücklichen Auftrag, im Zusammenwirken mit den Bundesländern eine solche Risikoanalyse vorzunehmen. Dabei wurden zwei Szenarien zugrunde gelegt, ein »extremes Schmelzhochwasser aus den Mittelgebirgen« und eine »Pandemie durch Virus Modi-SARS«. Die Wahrscheinlichkeit einer Pandemie wurde in die Klasse C eingeordnet, »bedingt wahrscheinlich, ein Ereignis, das statistisch in der Regel einmal in einem Zeitraum von 100 bis 1000 Jahren eintritt«.

Völlig überraschend kam Corona also für den Zivil- und Katastrophenschutz in Deutschland nicht. Der Bericht der Bundesregierung ging sogar von einem sehr ähnlichen Zeitgeschehen aus: »Das Ereignis beginnt im Februar in Asien, wird dort allerdings erst einige Wochen später in seiner Dimension/Bedeutung erkannt. Im April tritt der erste identifizierte Modi-SARS-Fall in Deutschland auf.« Und auch weitere Annahmen in diesem Szenario ähneln auf erstaunliche Weise den Erfahrungen, die wir seit Februar 2020 mit Corona machen. Andere Annahmen sind dagegen zu pessimistisch, zum Beispiel im Hinblick auf die Mobilisierung der ehrenamtlichen Potenziale. Im Ergebnis zählt: Deutschland ist für alle denkbaren Fälle einer Katastrophe oder einer Pandemie ein gut aufgestelltes Land. Die Erfahrungen mit Corona werden uns noch besser machen, wenn wir erst einmal den Höhepunkt hinter uns haben und an die Auswertung der getroffenen Maßnahmen herangehen können.

Unser Föderalismus – Stärken und Schwächen

Es wird sich auch zeigen, dass sich unser Föderalismus in der Krise erneut bewährt hat. Anders als etwa in Frankreich oder in den Vereinigten Staaten von Amerika liegt die Verantwortung für die politischen Entscheidungen in Deutschland eben nicht allein in der Hand eines Staatspräsidenten oder Regierungschefs (wobei in Amerika der Schein trügt, der Präsident mag vor allem aus dem Blickwinkel des Auslands die dominierende Person sein, tatsächlich sind die Einzelstaaten und die dortigen Gouverneure in örtlichen Angelegenheiten viel einflussreicher als der Präsident!). Die Vorsorge in Notfällen ist in Deutschland föderal differenziert geregelt und aufgeteilt in die Bereiche Zivilschutz und Katastrophenschutz. Für den Zivilschutz hat der Bund die ausschließliche Gesetzgebungskompetenz, Zivilschutz ist aber begrenzt auf den Schutz der Bevölkerung vor kriegsbedingten Gefahren im Verteidigungsfall. Für den Katastrophenschutz sind dagegen die Länder in der Gesetzgebung zuständig, verantwortliche Träger des Katastrophenschutzes sind die Kreise und kreisfreien Städte. Die Abwehr von Infektionsgefahren für die Bevölkerung wiederum ist im Infektionsschutzgesetz des Bundes (früher: »Bundesseuchengesetz«) geregelt, für die Ausführung dieses Gesetzes sind wiederum allein die Länder und im Rahmen ihrer Organisationshoheit innerhalb der Länder die regionalen und kommunalen Verwaltungen zuständig. Der Bund hat auch kein »Durchgriffsrecht« in die Länder, er kann daher grundsätzlich auch nicht für einen einheitlichen Verwaltungsvollzug sorgen.

Diese Differenzierung ist wichtig, um zu verstehen, was eine Bundesregierung im Fall einer Pandemie wie die Covid-19-Infektion politisch zu leisten imstande ist und was nicht. Im Hinblick auf die zu ergreifenden Maßnahmen sind die Länder allein in der Verantwortung. Maskenpflicht, Schulschließungen, Versammlungsverbote, Abstandsregelungen, die Stilllegung des öffentlichen Personennah- und -fernverkehrs, Sportstätten, Opernhäuser, Konzertsäle, Veranstaltungshallen – kurzum: Die Länder und mit ihnen die kommunalen Ebenen sind bei der Ausführung der Gesetze für (fast) alles zuständig. Damit bleibt der Bundesregierung neben der formalen Gesetzgebungskompetenz nur eine Appellfunktion, die Möglichkeit, sich werbend und mahnend an die Bevölkerung zu wenden, immer mit dem Risiko, die Gefahr zu groß oder doch zu gering einzuschätzen, und häufig genug unter Bevormundungsverdacht gestellt. In einer solchen Situation kann es eine Bundesregierung nicht allen recht machen.

In der beschriebenen Aufgaben- und Arbeitsverteilung liegen Risiken und Chancen dicht beieinander. Unverständliche und voneinander abweichende Regeln sind das eine, Kuriositäten eingeschlossen: So musste ein Golfplatz, durch den die Landesgrenze zwischen Bremen und Niedersachsen verläuft, zur Hälfte geschlossen bleiben, während die andere Hälfte schon wieder bespielt werden durfte. Unterschiedliche Regelungen zum Beispiel für die Schulen je nach Bundesland wiegen deutlich schwerer und belasten die Familien, die Lehrer und die Schüler gleichermaßen. Aber das Nebeneinander in den Ländern ist bis heute ein beständiger Lern- und Suchprozess aller Beteiligten, die Landesregierungen waren in einem intensiven Erfahrungsaustausch, und die einzelnen Erfahrungen werden eines Tages in viele Berichte und Evaluierungen einfließen, die uns für zukünftige Pandemien, die es ziemlich sicher geben wird, noch besser gerüstet sein lassen. Erst dann lässt sich – hoffentlich – ein besserer und vor allem einheitlicherer Verwaltungsvollzug über Landesgrenzen hinweg ermöglichen. Besonders wünschenswert erscheint mir dies für den gesamten Bildungssektor, der ohnehin unter den viel zu großen Unterschieden zwischen den Bundesländern leidet und der mit Corona am härtesten betroffen war. Die Folgen werden uns noch sehr lange Zeit begleiten. Der Bildungspolitik widme ich daher im dritten Kapitel einen ausführlichen eigenen Abschnitt.

Aus der Rückschau ist man immer klüger

Besondere Kritik wird – auch unter Hinweis auf die Grundrechte – an den Ausgangsbeschränkungen und den angeordneten Betriebsschließungen sowie den Unterbrechungen aller Sportwettkämpfe laut. Waren die Maßnahmen zu rigide, war der weitgehende Shutdown falsch?

Man kann, ja man muss diese Frage in einer offenen Gesellschaft stellen. Es hat Länder auf der Welt gegeben, die ganz anders reagiert haben als wir. Südkorea etwa hat das Land deutlich früher und viel rigoroser als wir heruntergefahren und konnte die Infektionszahlen dadurch zunächst sehr früh unter Kontrolle bringen. China hat ebenfalls – wenn auch später – hart durchgegriffen und dann schnell wieder geöffnet. Die amerikanische Regierung hat das Problem dagegen von Anfang an kleingeredet und hätte bei früherem Einschreiten sicher vielen Menschen das Leben retten können. Zu besichtigen war dort im Übrigen ein Gesundheitssystem, das zu den teuersten der Welt zählt und trotzdem innerhalb weniger Tage vor allem in New York völlig kollabierte. Die Schweden hingegen begnügten sich mit einigen wenigen Schutzmaßnahmen, waren aber von Anfang an darum bemüht, das öffentliche Leben, vor allem die Schulen und Universitäten, aber auch die Betriebe und die öffentliche Verwaltung so wenig wie möglich einzuschränken. Das Ergebnis wird man erst in einigen Monaten genau abschätzen können, aber offenbar sind die Infektionsraten in Schweden prozentual auf die Bevölkerungszahl bezogen nur geringfügig höher ausgefallen als etwa in Deutschland, dafür sind die Todesfälle höher. Die Gründe dafür scheinen noch nicht ganz klar zu sein.

Besonders bedauerlich bleibt aus meiner Sicht, dass die europäischen Binnengrenzen von jeweils beiden Seiten, aber in Einzelfällen auch unkoordiniert und ohne Absprachen an vielen Stellen schnell geschlossen wurden. Plötzlich waren alte Ressentiments wieder hörbar, im Saarland gegen die Franzosen, in Bayern gegen die Österreicher. Das hätten wir uns von Anfang ersparen sollen. Die europäischen Binnengrenzen sind nun wahrlich kein Landstrich, entlang dessen man ein Infektionsgeschehen reduzieren kann. Im Gegenteil, eine gute grenzüberschreitende Koordinierung hätte einen positiven Beitrag zur Eindämmung der Pandemie erbringen können und vor allem viel Goodwill für Europa mobilisieren können. Das sollten wir beim nächsten Mal in jedem Fall anders und folglich besser machen.

Schwieriger wird die Frage zu beantworten sein, welche Grundrechtseinschränkungen im Einzelnen gerechtfertigt gewesen sind. Eine größere Zahl von Verwaltungsgerichtsverfahren hat bereits für etwas mehr Klarheit gesorgt. Die Politik ist in vielen Fällen, in denen die Verwaltungsgerichte angerufen wurden, korrigiert worden. Alle Maßnahmen der vollziehenden Verwaltung müssen sich am Verhältnismäßigkeitsgrundsatz messen lassen, der jede Einschränkung von Rechten, ganz besonders von Grundrechten, danach bemisst, ob sie einen legitimen Zweck erfüllt, grundsätzlich geeignet und auch erforderlich ist, diesen Zweck zu erreichen, und schließlich auch angemessen ist. Insbesondere die Prüfung der Angemessenheit eines Eingriffs schafft einen weiten Ermessensspielraum, zwingt aber auch zur Abwägung zwischen den verschiedenen Rechtsgütern. Es blieb Wolfgang Schäuble in einem Interview mit dem Berliner *Tagesspiegel* am 26. April 2020 überlassen, darauf hinzuweisen, dass auch der Schutz des menschlichen Lebens nicht absolut ist und über allem steht, sondern allenfalls die Würde des Menschen als ein solcher absoluter Wert anzusehen ist. Nach einem Blick in unser Grundgesetz konnten sich auch diejenigen von der Richtigkeit dieses Satzes überzeugen, die vorher Unverständnis und Kritik geübt hatten.

Seit dem Spätsommer des Jahres 2020 nehmen die öffentlichen Demonstrationen und Proteste gegen die Maßnahmen der Regierung zu, vor allem in Berlin rund um das Regierungsviertel und das Reichstagsgebäude. Diese Demonstrationen sind Ausdruck der Meinungsfreiheit und des Rechts, sich friedlich zu versammeln – mit der Betonung auf das Wort »friedlich«. Unter den Demonstranten sind viele, die sich ernsthaft Sorgen machen um unsere Freiheit und um die Geltung der Grundrechte. Die Politik muss diese Meinungsäußerungen nicht teilen, aber sie muss sie ernst nehmen. Es darf nicht der Eindruck entstehen, dass die deutsche Politik die Demonstrationen der Menschen in Minsk und vielen weiteren Städten in Belarus begrüßt und in Deutschland am liebsten jede Ruhestörung vermeiden würde. Man darf in Deutschland auch gegen alles sein, man darf die absonderlichsten Verschwörungstheorien verbreiten. Und solange die Symbole nicht verboten sind, darf man dabei auch die schwarz-weiß-rote Reichsflagge neben der Regenbogenfahne schwenken, die Teilnehmer müssen selbst wissen, mit wem sie sich da zeigen. Die Bilder aber, wie eine Gruppe von Demonstranten am letzten August-Wochenende die Reichstagstreppe heraufstürmen und von drei mutigen Polizisten wenigstens davon abgehalten werden können, in das Gebäude einzudringen, gingen um die Welt und haben ein schlechtes Bild von uns abgegeben. Das hätten wir uns ebenfalls besser erspart. Warum gibt es nicht einen befriedeten Bezirk um unser Parlament, auch wenn dort nicht getagt wird? Parlamentsgebäude haben zu Recht in aller Welt einen hohen Symbolcharakter, gerade in Deutschland sollten wir keinen Zweifel daran aufkommen lassen, dass sie ein Ort des friedlichen Meinungsstreits, der Vertretung unseres Volkes, des Ausgleichs und des Kompromisses und schließlich der Entscheidungen nach demokratischen Spielregeln sind und bleiben müssen – und nicht der Adressat von Attacken hasserfüllter »Wutbürger«, denen die Emotionen entgleisen.

Wissenschaft und Politik – Beratung und Entscheidung

Die Hinweise von Wolfgang Schäuble zu den Grundrechten waren insofern wichtig, als sich zu diesem Zeitpunkt die unterschiedlichen Zuständigkeiten der Politik auf der einen Seite und der medizinischen Experten auf der anderen Seite nicht mehr klar genug herausfinden ließen. Die Öffentlichkeit wurde über Wochen und in täglichen Sondersendungen aller Fernsehanstalten ständig über das Infektionsgeschehen informiert. Besonders das Robert-Koch-Institut in Berlin, aber auch mehrere weitere universitäre Fachinstitute versuchten, Maßstäbe zu finden, wie das Infektionsgeschehen zu bewerten sei und ab wann eine besondere Gefährdung der Bevölkerung angenommen werden müsste. Zugleich sollten und wollten viele Epidemiologen Empfehlungen aussprechen, welche Maßnahmen denn geboten seien, um die Ausbreitung des Virus unter Kontrolle zu bringen. Deutschlands Virologen, die bisher schon eine wichtige, aber doch eher unauffällige Arbeit geleistet hatten, mutierten zu allabendlichen Fernsehstars.

Spätestens hier hätte die Politik meines Erachtens klarer und deutlicher sagen müssen, dass sie zwar den Rat der Fachleute sucht, aber dass die Politik die Entscheidungen in eigener Verantwortung und nach umfassender Abwägung aller Aspekte trifft und dies nicht der Wissenschaft überlässt. Hier verläuft eine klare Trennlinie zwischen Beratung der Politik und Entscheidung durch die Politik. Schon Pressekonferenzen mit Virologen oder anderen Experten an der Seite verwischen die Verantwortlichkeiten und erwecken den Eindruck, dass es eine Art geteilte Zuständigkeit in diesem Fall zwischen Ärzten und Politik gibt. Solche Bilder mögen für die handelnden Politiker auch eine gewisse Sicherheit oder zumindest Erleichterung vermitteln, dass ihre Entscheidungen von der Wissenschaft geteilt und unterstützt werden. Aber in Wahrheit schwächen solche Auftritte beide, die Politik und die Wissenschaft. Die Politik begibt sich nach dem äußeren Eindruck in die Hand der Fachleute, die Fachleute rücken zu nah an politische Entscheidungen heran, die sie weder zu treffen noch zu verantworten haben. Und wenn sich die Wissenschaft korrigieren muss, weil vielleicht neue Erkenntnisse vorliegen oder weil neue Ereignisse ein verändertes Lagebild ergeben, dann läuft die Politik, wenn sie sich zu sehr allein auf wissenschaftliche Erkenntnisse beruft, den sich ändernden Einschätzungen nur noch hinterher.

Die Chancen der Krise nutzen

So zeigen sich Unterschiede auch im Charakter und der Führungsstärke des politischen Personals. Insgesamt ist erneut festzustellen, dass Deutschland das Glück hat, überwiegend mit Politikern ausgestattet zu sein, die das Geschehen überblicken und die Krise meistern können. Nicht nur ein Nebeneffekt ist, dass die Bevölkerung erkennt, wie sehr politische Entscheidungen in ihr Leben eingreifen können, wie sehr es also auch auf handelnde Personen ankommt. »Die da oben« sind plötzlich Menschen, die mit ihren Entscheidungen ringen, die rund um die Uhr arbeiten, die sich ihrer Verantwortung bewusst sind und auf die es ankommt. So ist es kein Wunder, dass in der Krise das Vertrauen der Bevölkerung in die Regierung und vor allem in die Regierungschefs im Bund und in den meisten Ländern zunimmt.

Wenn dieses Vertrauen kein flüchtiger Ausdruck des Augenblicks sein, sondern längerfristig bestehen bleiben soll, dann kommt es nach der akuten Bewältigung der Gesundheitsrisiken auf das langfristige Konzept an, wie wir aus den wirtschaftlichen und sozialen Verwerfungen wieder herauskommen, die Corona verursacht hat. Auch in dieser Krise entstehen Chancen. Im sozialen Leben unserer Gesellschaft machen wir viele Erfahrungen, die wir bewahren sollten. Der Wert unserer Freiheit wird uns bei den verfügten Einschränkungen im täglichen Leben wieder etwas besser bewusst. Die Digitalisierung unseres privaten und beruflichen Alltags bekommt einen ungeahnten Schub nach vorn. Und die Krise ist eine immens große Chance, den Transformationsprozess unserer Volkswirtschaft hin zu einer umwelt- und sozialverträglichen Wirtschaftsweise zu gestalten, die vor allem unserer Verantwortung zukünftigen Generationen gegenüber besser gerecht wird. Und nicht zuletzt wird sich einmal mehr zeigen, dass unsere Demokratie und die marktwirtschaftliche Ordnung bei all ihren Schwächen jeder autoritären Staatsform und jeder zentralen Verwaltungswirtschaft hoch überlegen sind. So kann aus der Krise in der längeren Perspektive eine bessere politische Ordnung auf der Welt und ein materieller Wohlstand entstehen, der im umfassenden Sinn den Grundsatz der Nachhaltigkeit achtet und damit Perspektiven eröffnet, die Anlass zur Zuversicht und zum Optimismus geben.

Zweites Kapitel
Die Soziale Marktwirtschaft ökologisch erneuern

70 Jahre Soziale Marktwirtschaft haben der Bundesrepublik Deutschland einen noch nie da gewesenen Wohlstand ermöglicht. Die Marktwirtschaft hat durch Wettbewerb für Effizienz und ständige Innovationen gesorgt. Der Wettbewerb hat den Preismechanismus von Angebot und Nachfrage ausgelöst und damit großen Teilen der Bevölkerung den Zugang zu Waren und Dienstleistungen ermöglicht, die beständig hochwertiger wurden. Die wirtschaftliche Leistung steigt dort am schnellsten, wo unverfälschter Wettbewerb besteht. Unverfälscht heißt aber nicht ungezügelt: Auch in der Marktwirtschaft gelten Regeln und Gesetze, der Staat bestimmt den Ordnungsrahmen, die Unternehmen und die Verbraucher füllen ihn aus, sie bringen Angebot und Nachfrage ins Gleichgewicht.

Doch der Preismechanismus versagt dort, wo Güter, Dienstleistungen und Produktionsprozesse keinen Preis haben. Im ungestümen Wachstum der deutschen Volkswirtschaft nach dem Zweiten Weltkrieg spielten Wasserverbrauch, Luftverschmutzung und Schadstoffeinträge in Böden und Gewässer keine große Rolle. »Die Schlote müssen rauchen!«, rief Ludwig Erhard den Menschen zu, und die Bevölkerung nahm die Folgen weitgehend klaglos hin, denn auf der Habenseite stand das »Wirtschaftswunder«, das schnelle Herauswachsen aus der Not der Nachkriegszeit und ein erster kleiner Wohlstand.

Die umweltpolitische Debatte in Deutschland bekam eine neue Richtung mit einer Rede, die Willy Brandt am 28. April 1961 in der Bonner Beethovenhalle zu Beginn des Bundestagswahlkampfs in diesem Jahr hielt. Er machte die Luft- und Wasserverschmutzung im Zuge der Industrieentwicklung vor allem im Ruhrgebiet zum Thema und benannte die erkennbaren Folgen für die Gesundheit der Menschen. »Der Himmel über dem Ruhrgebiet muss wieder blau werden!«, rief Willy Brandt den Familien zu, deren Männer im Ruhrbergbau an der Staublunge erkrankten und deren Frauen die Wäsche draußen vor lauter Luftverschmutzung nicht aufhängen konnten. Blauer Himmel über der Ruhr – auf diese ebenso einfache wie verständliche Forderung hatte die von CDU und CSU geführte Bundesregierung keine überzeugende Antwort, und sie verlor die absolute Mehrheit, die sie vier Jahre vorher noch errungen hatte.

Heute können wir feststellen, dass die in den 1960er-Jahren begonnene Umweltgesetzgebung den Schutz unserer Umwelt durchgreifend verbessert hat. Den blauen Himmel über der Ruhr gibt es, grüne Naherholungsgebiete entlang der Ruhr prägen dieses immer noch größte zusammenhängende Industriegebiet Europas. Die Luft ist sauber, das Wasser hat fast überall Trinkwasserqualität.

Die bleibende Gefährdung unserer natürlichen Lebensgrundlagen ist unsichtbar: Methan, CO_2 und andere chemische Verbindungen verstärken den natürlichen Treibhauseffekt, den wir brauchen und ohne den es auf der Erdoberfläche kein normales Leben geben würde. Doch jetzt wird es zu viel des Guten, die Erderwärmung steigt, und wir können die Folgen bereits deutlich erkennen. Starkregen und Überschwemmungen in der einen Region, Dürre und Wassermangel in der anderen, steigende Meeresspiegel und abschmelzende Gletscher – das ökologische Gleichgewicht auf der Welt ist in Gefahr.

Wir können lange darüber streiten, wie hoch der genaue Anteil des Menschen und unserer Lebensweise an dieser unbestreitbaren Veränderung des Klimas denn nun ist. Ja, das Klima hat sich über die Jahrmillionen auf der Erde immer wieder verändert. Aber so rapide, wie dies in den letzten fünfzig Jahren geschehen ist, hat es Veränderungen noch nie zuvor gegeben. Und daran haben wir mit unserer Lebensweise einen entscheidenden Anteil.

Politisch stellt sich damit die Frage, wie wir wenigstens den Anteil an der Erderwärmung zurückdrängen, den wir selbst zu verantworten haben. Diese Herausforderung stellt sich der ganzen Welt, denn Klimaschutz gelingt nicht im nationalen Alleingang. Trotzdem muss jedes Land eine Antwort auf die Frage geben, wie die auf die nationale Ebene heruntergebrochenen Anforderungen konkret erfüllt werden. Geht das nur mit einem politischen Systemwechsel, wie vor allem große Teile der Umweltbewegung behaupten, oder ist es auch mit und innerhalb unserer Wirtschaftsordnung möglich? Und schließlich: Hat die Beseitigung der wirtschaftlichen Folgen von Corona jetzt möglicherweise sogar Vorrang vor weiteren Maßnahmen zum Klimaschutz?

Klimaschutz bleibt Querschnittsaufgabe der Weltgemeinschaft

Nach intensiver politischer und wissenschaftlicher Diskussion hat sich fast die ganze Weltgemeinschaft in gemeinsamer Einschätzung der Folgen einer zu starken Erderwärmung im Klimaabkommen von Paris im Dezember 2015 dazu bekannt, den Anstieg der globalen Durchschnittstemperatur auf deutlich unter 2 Grad Celsius und möglichst sogar auf 1,5 Grad Celsius zu begrenzen. Auch Deutschland und die Europäische Union haben sich verpflichtet, ihren Beitrag dazu zu leisten. Diese Verpflichtung gilt und ist zwischenzeitlich im deutschen Klimaschutzgesetz fest verankert. Die eingegangenen Verpflichtungen sind anspruchsvoll. Im Ergebnis wollen wir bis zum Jahr 2030 die Treibhausgasemissionen um 55 Prozent senken und bis zum Jahr 2050 CO_2-Neutralität erreichen, das heißt: In 30 Jahren werden wir nur noch so viel CO_2 erzeugen, wie wir gleichzeitig binden und aus der Atmosphäre zurückgewinnen.

Der Klimaschutz bleibt damit eine, wenn nicht *die* zentrale politische Aufgabe unserer Zeit.

Natürlich ist richtig, dass wir diese Aufgabe nicht allein lösen können. In Deutschland lebt gegenwärtig gut 1 Prozent der Weltbevölkerung. Selbst wenn wir ab heute sofort keine einzige Tonne CO_2 mehr emittierten, würde sich an der Erderwärmung nichts ändern. Aber wir sind pro Kopf der Bevölkerung verantwortlich für fast 8 Tonnen CO_2 pro Jahr, und das ist rund doppelt so viel wie der Durchschnitt auf der Welt. Wenn wir ein weltweites Problem lösen wollen, zu dem wir so überdurchschnittlich beitragen, dann haben wir auch eine überdurchschnittlich hohe Verantwortung zur Lösung des Problems. Im Übrigen: Wenn schon die rechtsstaatlich organisierten Demokratien Zweifel daran hätten, ob sie internationale Vereinbarungen einhalten wollen, wie sollen wir es dann erst von anderen erwarten? Klimaschutz ist ein globales öffentliches Gut. Wir müssen auf Regeltreue anderer drängen. Das können wir aber nur, wenn wir uns selbst an unsere Verpflichtungen halten.

Die Rezession im Jahr 2020 hilft uns dabei sogar ein wenig. Denn mit der zurückgehenden Wirtschaftsleistung sind auf der ganzen Welt die Treibhausgase zurückgegangen. Aber dieser Rückgang wird nur temporärer Natur sein. Spätestens dann, wenn die Wirtschaft wieder vollständig in Gang kommt und die Reisetätigkeit wieder zunimmt, werden auch die Emissionen wieder zunehmen. Deshalb ist »Corona« keine Entschuldigung für Nichtstun und keine Rechtfertigung für Verzögerungen. Der Klimawandel ist da, und deshalb muss die Weltgemeinschaft handeln.

Viel erreicht, noch viel zu tun

Schon vor dem Pariser Klimaschutzabkommen hat es internationale Vereinbarungen zum Klimaschutz gegeben. Zu Recht gilt das Kyoto-Protokoll vom 11. Dezember 1997 als der erste wichtige Meilenstein in der internationalen Klimapolitik. Es enthielt erstmals rechtsverbindliche Begrenzungs- und Reduzierungsverpflichtungen der 191 Vertragsstaaten, darunter aller EU-Mitgliedstaaten. Die dritte Vertragsstaatenkonferenz des Kyoto-Protokolls legte zwei Verpflichtungsperioden fest, die erste von 2008 bis 2012, die zweite von 2013 bis 2020. Für die erste Periode verpflichteten sich die Europäische Union und ihre Mitgliedstaaten zu einer Reduzierung ihrer Emissionen um insgesamt 8 Prozent gegenüber dem Referenzjahr 1990. Innerhalb der EU, die damals noch aus 15 Mitgliedstaaten bestand, gab es eine interne Lastenverteilung, innerhalb derer sich Deutschland verpflichtete, 21 Prozent weniger Treibhausgase zu erzeugen. Die Europäische Umweltagentur hat den 15 EU-Staaten für den Zeitraum von 2008 bis 2012 einen Rückgang der Emissionen um durchschnittlich 11,7 Prozent bestätigt, Deutschland hat sein Soll mit 23,6 Prozent ebenfalls übererfüllt. Für die zweite Periode verpflichtete sich die EU, ihre Emissionen bis 2020 um weitere 20 Prozent zu reduzieren, insgesamt sollte damit in der Zeit bis 2020 eine Reduktion um 40 Prozent gegenüber dem Bezugsjahr 1990 erreicht werden. Nach den gegenwärtigen Schätzungen des Umweltbundesamts liegen die Treibhausgasemissionen zum Jahresende 2019 bei knapp 36 Prozent unter dem Niveau des Jahres 1990. Wir haben das Ziel also fast erreicht!

Dies ist ein großer Erfolg der europäischen und der deutschen Umweltpolitik. Er widerlegt die Behauptung, dass in Europa und in Deutschland in den letzten Jahren zu wenig oder gar nichts für den Klimaschutz getan worden sei.

Dieser Erfolg wird noch eindrucksvoller, wenn wir unser Wirtschaftswachstum in Bezug zu den CO_2-Emissionen setzen. In der Zeit, in der unsere CO_2-Emissionen um 36 Prozent zurückgegangen sind, ist die Wirtschaftsleistung unseres Landes von knapp 1,6 Billionen Euro auf über 3,4 Billionen Euro gewachsen! Mit anderen Worten: Obwohl sich unsere Wirtschaftsleistung mehr als verdoppelt hat, sind die CO_2-Emissionen um mehr als ein Drittel zurückgegangen. Und es wäre auch nicht so schlecht gewesen, wenn diejenigen, die sich so aktiv für Umweltschutz und Klimaschutz engagieren, diesen Erfolg einmal anerkannt hätten. Sie dürfen auch jederzeit noch mehr Engagement und noch größeren Ehrgeiz von der Politik und der Gesellschaft erwarten. Aber die Behauptung von Greta Thunberg, die heute politisch Verantwortlichen hätten ihrer Generation »die Träume und die Kindheit gestohlen«, ist ein abwegiger und anmaßender Vorwurf; in unserem Teil der Welt, in dem auch Greta Thunberg herangewachsen ist, hat noch nie eine junge Generation eine so gute und chancenreiche Jugend erlebt wie die heutige. Der berechtigten Frage, ob dies auch noch für die nächsten Generationen so gilt, müssen wir uns alle stellen.

Ein Marathonlauf geht über 42,2 Kilometer, und die erste Hälfte haben wir geschafft. Der schwierigere Teil ist die zweite Hälfte, nicht die erste. Es bleibt also noch sehr viel zu tun.

Klimaschutz und Marktwirtschaft

Möglich wurde dieser erste Erfolg nicht allein, aber auch, weil die Europäische Union im Jahr 2005 mit dem Europäischen Emissionshandel ein zentrales, über den Preis reguliertes Klimaschutzinstrument eingeführt hat. Einbezogen waren zunächst nur die Anlagen der Energiewirtschaft und einige wenige, energieintensive Industrien. Seit 2012 ist auch der innereuropäische Luftverkehr in das System aufgenommen worden. Nach den festgelegten Obergrenzen der Treibhausgasemissionen geben die Mitgliedstaaten eine entsprechende Anzahl von Zertifikaten aus, die auf dem Markt über die European Energy Exchange (EEX) an der Börse in Leipzig frei gehandelt werden. Der Preis bestimmt die Anreize für die Unternehmen, ihre Treibhausgase und damit die Menge der emittierten Treibhausgase zu reduzieren. Dadurch, dass die Zahl der zugeteilten Berechtigungen über einen Zeitraum von acht Jahren in der gegenwärtig geltenden Handelsperiode Jahr für Jahr reduziert wird, steigen die Preise der Zertifikate, und die Reduktion von Treibhausgasen wird in jedem Unternehmen und in jedem Jahr sinnvoller und notwendiger. Die Freisetzung von Treibhausgasen kostet jetzt etwas, diese Kosten werden einbezogen in die betriebswirtschaftliche Rechnung, die Kosten der Nutzung eines öffentlichen Guts werden internalisiert. So überträgt sich marktwirtschaftliche Effizienz mit den richtigen Instrumenten auf den Klimaschutz.

Trotzdem gibt es Schwachstellen in diesem mengenbasierten System: Wir können in Europa so gut sein wie möglich, wenn andere Länder außerhalb Europas nur vereinzelt und viele gar nicht daran teilnehmen, werden die Klimaschutzziele nicht erreicht, durch Abwanderung von Industrien möglicherweise sogar konterkariert. Die Vertragsstaaten des Pariser Klimaschutzabkommens, das die marktwirtschaftlichen Instrumente ausdrücklich vorsieht, verhandeln daher seit einiger Zeit über ein vergleichbares internationales Regime und über grenzüberschreitende Kooperationen.

Außerdem könnte sich die Einbeziehung des Gebäudesektors und des Verkehrssektors in ein reines Mengengerüst, das über den Preis gesteuert wird, als sozialpolitisch problematisch erweisen. Wenn zum Schluss – wunschgemäß – nur noch geringe Mengen CO_2 und hohe Preise übrig bleiben, dann können sich normal verdienende Haushalte das Heizen im Winter und die Autofahrt zur Arbeitsstelle nicht mehr leisten.

Deshalb ist auch eine staatlich angeordnete Bepreisung des CO_2-Ausstoßes eine sinnvolle marktwirtschaftliche Ergänzung. Eine solche Bepreisung wird ihre Wirkung allerdings im Hinblick auf das Ziel, nämlich den CO_2-Ausstoß zu verringern, nur erreichen, wenn es einen sektorübergreifenden, einheitlichen CO_2-Preis gibt und die Belastung der privaten Haushalte mit Steuern und Abgaben insgesamt nicht weiter steigt.

Alle diese Ziele werden sich ausschließlich durch marktwirtschaftliche Lösungen so schnell, wie wir sie tatsächlich brauchen, nicht erreichen lassen. Neben dem Emissionshandel und einer weiteren CO_2-Bepreisung muss der Staat auch hier weitere Rahmenbedingungen über Standards und das Ordnungsrecht setzen, damit sich im Markt bis zum Jahr 2050 die besten Alternativen und Antworten durchsetzen, um die Ziele des Pariser Abkommens auch wirklich zu erreichen.

Klimaschutz und neue Technologien

In der Energieerzeugung geht Deutschland einen singulären Weg. Kein Land der Welt steigt in so kurzer Folge nacheinander aus der Nutzung der Steinkohle, der Kernenergie und der Braunkohle aus. Mit dem Stromeinspeisungsgesetz, aus dem später das Erneuerbare-Energien-Gesetz (EEG) wurde, versucht Deutschland, die Erzeugung von Strom aus Wind, Wasserkraft, Biomasse und Sonne ebenfalls schneller zu erreichen als jedes andere Land unter vergleichbaren Bedingungen. Wegen des dreifachen Ausstiegs sind wir darauf auch besonders angewiesen.

Der Strombedarf wird in Deutschland zudem weiter stark steigen, gerade wegen der Umstellung auf emissionsärmere Technologien. Allein die Umstellung der chemischen Industrie in Deutschland auf CO_2-Neutralität löst für diese Industrie einen Strombedarf aus, der höher ist als die gesamte installierte Leistung heute. Nur aus regenerativen Energien werden wir diesen Bedarf nicht decken können. Neben der verstärkten Nutzung von Gas als einer ebenfalls CO_2-emittierenden Energiequelle bleiben nicht viele Optionen, um diese absehbare Lücke in unserer Energieversorgung aus heutiger Sicht zu schließen. Auch die Abhängigkeit von russischen Gaslieferungen ist heute schon sehr groß, ich meine: zu groß. Wir sollten nach dem nun zweimal und endgültig beschlossenen Ausstieg aus der Nutzung der Kernenergie daher wenigstens offen bleiben für neue Technologien in der Energieerzeugung.

Dazu zählen aus meiner Sicht die Wasserstofftechnologie und synthetische Kraftstoffe, aber auch die Kernfusion und neuere Entwicklungen in der Kernenergie. Wasserstoff könnte eine sektorübergreifende Rolle spielen, die Umwandlung von elektrischer Energie zu Wasserstoff eröffnet Speicherkapazitäten mit vielfältigen Nutzungsmöglichkeiten. Wasserstoff könnte für Brennstoffzellenfahrzeuge vor allem im Nutzfahrzeugbereich verwendet werden. Die Wirkungsgrade sind heute noch sehr niedrig, aber wir sollten nicht einseitig und ausschließlich auf E-Mobilität setzen, die technologische Entwicklung könnte perspektivisch auch anders verlaufen. Daher ist es in jedem Fall richtig, dass die Europäische Union im Rahmen der europäischen Wasserstoffstrategie die Investition in große Elektrolyseanlagen unterstützt. Auch Deutschland hat mit der Nationalen Wasserstoffstrategie, wenn auch spät, den Weg in diese Technologie eröffnet.

Aus der Nutzung der Kernenergie sind wir ausgestiegen, und ich stelle diese Entscheidung im Hinblick auf die bisherigen Reaktortypen nicht infrage. Aber weltweit wird an der Kernfusion weitergeforscht, auch in Deutschland. Es wird noch viele Jahre dauern, bis das erste Fusionskraftwerk läuft, und der Erfolg ist keineswegs sicher. Das Gleiche gilt für Thorium-Flüssigsalzreaktoren, die bereits seit den 1950er-Jahren erfolgreich erprobt werden, und den in Berlin am Institut für Festkörper-Kernphysik in jüngster Zeit entwickelten Dual-Fuel-Reaktor. Wir brauchen jenseits der heute zur Verfügung stehenden Energiequellen weitere Alternativen zur Energieerzeugung, Strom muss auch in Zukunft verlässlich, bezahlbar und umweltgerecht in großen Mengen zur Verfügung stehen. Ansonsten wird die Energiewende nicht gelingen und der Wirtschaftsstandort Deutschland Schaden nehmen. Nachdem wir nun über lange Zeit gewusst haben, was wir alles nicht wollen, sollten wir im Hinblick auf die Fortsetzung der Energiewende technologieoffen bleiben, denn wenn wir Wirtschaft und Umwelt versöhnen wollen, dann geht dies nur mit neuester und modernster Technologie. Nur auszusteigen, das reicht für den hoch entwickelten Industriestandort Deutschland auf Dauer nicht aus.

Klimaschutz und Preissteuerung

Die Neuausrichtung unserer Energiepolitik kostet die privaten Haushalte und die Unternehmen sehr viel Geld. Die reine Stromerzeugung macht zwar nur noch ein knappes Viertel der Verbraucherpreise aus, die Kosten sind nicht zuletzt durch den Europäischen Binnenmarkt in den letzten Jahrzehnten sogar immer weiter gesunken. Aber Stromsteuer, Umsatzsteuer, EEG-Umlage, die Abgabe für Kraft-Wärme-Kopplung, Konzessionsabgaben und Netzentgelte bestimmen heute mehr als drei Viertel des Endverbraucherpreises. Ein durchschnittlicher Drei-Personen-Haushalt mit 3500 Kilowattstunden Stromverbrauch zahlt im Jahr gut 1000 Euro für den Strom, davon mehr als 800 Euro Steuern und Abgaben. Deutschland hat für Unternehmen und private Haushalte die höchsten Stromkosten in allen Industrieländern der Welt. Allein die EEG-Umlage, mit der der Ausbau der Erneuerbaren Energien in Deutschland im Wesentlichen finanziert wird, summiert sich im Jahr 2019 auf 24 Milliarden Euro. Das ist mehr als dreimal so viel, wie im Jahr 1996 für den Absatz der deutschen Steinkohle gezahlt wurde, dem Jahr mit der höchsten Summe an Subventionen für diesen Sektor. Die Bergschäden im Ruhrgebiet bleiben eine »Ewigkeitslast«, aber die Veränderung unseres Landschaftsbildes mit Windenergieanlagen und die massive Bedrohung vieler Vogelarten durch diese Anlagen sind ein mindestens ebenso schwerwiegender Eingriff in Natur und Umwelt.

Trotzdem ist es aus meiner Sicht richtig, dass die Bundesregierung im Klimaschutzprogramm vom Herbst 2019 den Beginn der Preissteuerung für solche Branchen beschlossen hat, die bisher nicht vom europäischen Emissionsrechte-Handel erfasst sind. Mit dem Jahr 2021 beginnt der Einstieg in die mengenmäßige Begrenzung und Bepreisung von CO_2-Emissionen des Verkehrssektors und der Wärmeerzeugung in Gebäuden sowie der Energie- und Industrieanlagen außerhalb des europäischen Emissionsrechte-Systems.

An diesem geplanten nationalen System wurde vielfach kritisiert, dass der Einstieg zu zaghaft sei, weil er zunächst mit relativ niedrigen Preisen beginnt. Diese Kritik wird auch vom Sachverständigenrat Wirtschaft geteilt, der der Bundesregierung in einem Sondergutachten zur Klimapolitik höhere Preise und eine Konzentration auf ökonomische Prinzipien statt einer Vielzahl von kleinen Maßnahmen empfohlen hatte, deren Erfolg zweifelhaft sei. Aber immerhin, der Einstieg mit dem richtigen Instrumentenkasten ist gemacht. Das neue nationale Emissionshandelssystem kann in zweierlei Hinsicht trotzdem nur ein Zwischenschritt sein. Seine volle Effizienz kann eine preisliche Steuerung der CO_2-Reduktion nur haben, wenn sich branchen- und regionenübergreifend ein einheitlicher Preis für die Vermeidung einer Tonne CO_2 bilden kann. Denn nur dann wird CO_2 genau dort vermieden, wo die Vermeidungskosten gerade am geringsten und der Effekt am größten ist. Und wichtig bleibt auch die Überführung und Integration des nationalen Klimaschutzprogramms in das bestehende europäische Emissionshandelssystem. Nur so können auch Wirkungen für den Klimaschutz erzielt werden, die über unsere Grenzen hinaus reichen.

Zugleich müssen wir die Gesamtbelastung der privaten

Haushalte und der Unternehmen im Auge behalten. Klimaschutz kostet Geld und schützt dafür unsere Lebensgrundlagen. Diesen Zusammenhang erkennt die Bevölkerung, und deshalb gibt es für einen ambitionierten Klimaschutz in Deutschland auch große Unterstützung. Trotzdem darf die Politik Belastungsgrenzen nicht überschreiten. Das gilt für die privaten Haushalte ebenso wie für die Unternehmen. Die deutsche Klimapolitik darf sich nicht nur an den urbanen Eliten in den Großstädten ausrichten. Auch in den ländlichen Regionen, dort wo es keine U-Bahnen und Fahrradwege gibt, müssen Menschen die Kindertagesstätte und ihren Arbeitsplatz erreichen, und dafür brauchen sie das Auto. Wenn die CO_2-Bepreisung die Lebenshaltungskosten steigen lässt, und das ist die legitime Absicht, dann brauchen sozial schwache Familien einen Ausgleich, denn sonst wird die Akzeptanz in der Bevölkerung zurückgehen. Und Instrumente, die ihren Zweck erfüllt haben, dürfen nicht aus rein fiskalischen Gründen (»Der Staat braucht das Geld!«) aufrechterhalten bleiben. Das gilt auch für die EEG-Umlage und die damit einhergehenden Unwägbarkeiten für die Unternehmen, die – sofern sie als »energieintensiv« gelten – jedes Jahr erneut um die Befreiung ringen und bangen müssen. Die Klimapolitik muss insgesamt, und mit ihr vor allem die Energiepolitik, transparenter, widerspruchsfreier und kostenbewusster werden, sonst kann Deutschland seine Vorreiterrolle schnell verlieren.

Klimaschutz und Infrastruktur

Die wichtigste staatliche Aufgabe bleibt schließlich die Herstellung einer Infrastruktur, die es möglich macht, die Klimaziele zu erreichen. Wenn im Süden die Kernkraftwerke abgestellt und im Norden die großen Windparks aufgestellt werden, dann muss der Strom vom Norden in den Süden transportiert werden. Die letzten Kernkraftwerke in Deutschland werden spätestens im Jahr 2022 vom Netz gehen. Aus heutiger Sicht ist es sehr unwahrscheinlich, dass bis dahin auch nur annähernd die Stromtrassen zur Verfügung stehen, die erforderlich sind, um die Versorgung im Süden zu gewährleisten. Auch die Ladeinfrastruktur für die E-Mobilität bleibt hinter den Erwartungen und Notwendigkeiten weit zurück. Diese Ladeinfrastruktur ist wichtiger als jede staatliche Kaufprämie, denn der Verbraucher wird sich eher dann für ein E-Mobil entscheiden, wenn er sicher aufladen kann, nicht, wenn er eine einmalige Prämie bekommt.

Wir können darauf vertrauen, die anstehenden klimapolitischen Aufgaben meistern zu können, wenn wir in den kommenden Jahren nicht nachlassen und bereit sind, immer wieder nachzusteuern. Deutschland steht dabei in doppelter Hinsicht in der Pflicht: Wir müssen es durch eigene Maßnahmen schaffen, wieder Innovationsführer zu werden. Dabei gilt es nachzuweisen, dass ökologische Fortschritte mit wirtschaftlicher Wettbewerbsfähigkeit und sozialer Teilhabe einhergehen können. Andernfalls wird uns außerhalb Deutschlands niemand ernst nehmen. Wir müssen darüber hinaus auch politisch und diplomatisch unseren Beitrag dazu leisten, dass die wesentlichen umweltpolitischen Herausforderungen zumindest auf europäischer Ebene gemeinsam angenommen werden.

Das erfordert die Bereitschaft zu einer »Klima-Außenpolitik«, etwa indem wir umweltpolitische Schwerpunkte immer auch in der Entwicklungszusammenarbeit mitdenken und dabei auch schon einmal finanziell in Vorleistung gehen – und sei es, um von uns finanzierte Maßnahmen in anderen Teilen der Welt entsprechend Artikel 6 des Pariser Abkommens auf unsere Abbauverpflichtung anrechnen lassen zu können. Dies gilt ganz besonders für die Kooperation bei der Wasserstoffherstellung mit den Staaten des nördlichen Afrikas. Hierin liegen für beide Seiten große Entwicklungschancen.

Von Deutschland wird zu Recht Unterstützung bei der Ausgestaltung des europäischen »Green Deal« und eine enge Kooperation mit der EU-Kommission und unseren europäischen Partnern erwartet. Nur so kann Klimapolitik auf Dauer erfolgreich sein und beides miteinander verbinden: den Schutz unserer natürlichen Lebensgrundlagen und eine Perspektive für Wohlstand und soziale Gerechtigkeit auch der nachfolgenden Generationen. Mit den richtigen Instrumenten kann dies gelingen.

Drittes Kapitel
Deutschland 2030: Ein dynamisches und lebensfrohes Land

Die Corona-Krise ist Brennglas und Beschleuniger wichtiger Trends, die wir schon vorher erkennen konnten, die aber jetzt im Zeitraffer ablaufen und beherztes und entschlossenes politisches Handeln erfordern. Die digitale Transformation, der Multilateralismus, der Klimawandel, die Demografie, die Zukunft der Europäischen Union – und der liberalen Demokratie –plötzlich stehen all diese Themen nicht nur auf der politischen Agenda, da standen sie auch schon vorher, es gibt eine neue Dringlichkeit, Zeit wird ein noch wichtigerer Faktor als früher, es müssen politische Grundentscheidungen getroffen werden, und zwar in mehrfacher Hinsicht, fast alles gleichzeitig und unter großem Zeitdruck.

Können wir das schaffen? Haben wir die Kraft und den Willen, unser Land noch einmal mit einem neuen Schub zu versehen, neue Dynamiken zu entfalten, Freude am Neuen und Unbekannten zu haben, Risiken einzugehen, Fehler zu machen und trotzdem nicht aufzugeben, Deutschland einfach neu zu denken?

Ich bin fest davon überzeugt, dass wir das können. Mich stimmt außerordentlich optimistisch, mit welcher Freude und mit welchem Engagement vor allem viele junge Menschen ihre Zukunft planen, Ideen entwickeln und Spaß an neuen Technologien, an ihrem Beruf, an der Selbstständigkeit haben. Es gibt auch in Deutschland, nicht nur in den USA und China, begeisterte Firmengründer, die mit neuen Geschäftsideen auf den Markt kommen und Erfolg haben. Es gibt aber auch Erwartungen an die Politik und an die Gesellschaft, die Voraussetzungen in Deutschland dafür zu schaffen, dass diese Generation auf Dauer eine Zukunft hat und Deutschland nicht in alten Strukturen verharrt.

Deutschland kann sich neu erfinden – immer wieder

Die deutsche Geschichte ist eine Geschichte der Höhen und Tiefen, der großartigen Kunst, der Literatur und der Musik von Weltrang, des Erfindergeistes und der Ingenieurskunst, aber auch des vollkommenen moralischen Absturzes in den Nationalsozialismus und danach der erfolgreichen Rückkehr in den Kreis der Völkergemeinschaft. In keinem Land der Welt liegen Licht und dunkler Schatten in der Geschichte so dicht nebeneinander wie in Deutschland. Damit werden wir immer leben müssen, unsere Geschichte verlässt uns nie.

Es hat lange gedauert, bis eine intensive Beschäftigung mit den Ursachen und den Verstrickungen des Nationalsozialismus in Deutschland begann. Die Proteste der Studenten der späten 1960er-Jahre gaben einen Anstoß dazu, auch wenn sich Teile der politischen Linken einige Jahre später in den Terrorismus der RAF verirrten. In unserer Nachkriegsgeschichte gibt es auch andere Meilensteine, die fest verankert sind in unserem politischen Gedächtnis. Einer dieser Meilensteine für

Westdeutschland ist die Rede, die der damalige Bundespräsident Richard von Weizsäcker am 8. Mai 1985 in Bonn im Plenarsaal des Deutschen Bundestags in der Gedenkstunde zum 40. Jahrestag des Endes des Zweiten Weltkriegs gehalten hat. Er hat den 8. Mai 1945 auch für uns Deutsche als »Tag der Befreiung« bezeichnet, ein Tag, der auch uns befreit hat vom menschenverachtenden System der nationalsozialistischen Gewaltherrschaft. Zum Ende der Rede, die ich wenige Tage nach meiner Vereidigung als junger Richter am Amtsgericht in Saarbrücken am Fernsehen verfolgt und danach immer wieder nachgelesen habe, standen drei Sätze, die mich bis heute berühren und beschäftigen: »Bei uns«, so sagte Richard von Weizsäcker, »ist eine neue Generation in die politische Verantwortung hineingewachsen. Die Jungen sind nicht verantwortlich für das, was damals geschah. Aber sie sind verantwortlich für das, was in der Geschichte daraus wird.«

»Die Jungen« – das waren damals und sind heute erneut diejenigen, die in der politischen Verantwortung für Deutschland stehen, in der Bundesregierung und in den Landesregierungen, in den Kommunalparlamenten und in der ehrenamtlichen Arbeit der politischen Parteien. Sie alle, wir alle bleiben verantwortlich für das, »was in der Geschichte daraus wird«.

Mehrere Generationen haben sich dieser Verantwortung bis heute gestellt und sich ihr gewachsen gezeigt. Von Konrad Adenauer, Ludwig Erhard, Kurt-Georg Kiesinger über Helmut Kohl bis Angela Merkel haben Bundeskanzler aus den Reihen der CDU dieses Land geprägt und gestaltet. Die Union aus CDU und CSU hat in den gut 70 Jahren, in denen die Bundesrepublik Deutschland besteht, über 50 Jahre die Bundesregierungen geführt. Und auch wenn wir sie parteipolitisch hart bekämpft haben – Willy Brandt, Helmut Schmidt und Gerhard Schröder haben unserem Land ebenso gedient und auf ihre

Weise Geschichte in Verantwortung geschrieben. Regierungswechsel vollziehen sich friedlich und durch allgemeine, gleiche und geheime Wahlen. Die einst junge deutsche Demokratie ist erwachsen geworden.

Deutsche Regierungen haben in schwierigen Zeiten Mut zur Veränderung gezeigt. Schon vor der Geltung des Grundgesetzes hat Ludwig Erhard die D-Mark eingeführt und – wichtiger noch – die Bewirtschaftung zugunsten freier Preisbildung am Markt abgeschafft. Das klare und eindeutige Bekenntnis zur Sozialen Marktwirtschaft, zur Staatengemeinschaft des Westens, zur Europäischen Wirtschaftsgemeinschaft als der Vorläuferin der Europäischen Union, zur NATO und vor allem zum Wiedervereinigungsgebot unseres Grundgesetzes haben die Überwindung der Teilung unseres Landes und die Einheit Europas erst möglich gemacht. Deutschland hat Krisen gemeistert und große Herausforderungen bestanden, den Terrorismus der späten 1970er- und frühen 1980er-Jahre ebenso wie die Ölpreisschocks und die darauf folgenden Rezessionen. Die »blühenden Landschaften« sind später als erwartet, aber sie sind im Osten entstanden, auch wenn wir dort gemeinsam noch viel zu tun haben. Die Finanzkrise vor zehn Jahren haben wir erstaunlich schnell hinter uns gelassen, und auch die Corona-Krise werden wir in den Griff bekommen. Wir sind immer noch ein technologisch starkes Land und verdienen große Teile unseres Wohlstands mit dem Export unserer Produkte und Dienstleistungen in die ganze Welt. »Made in Germany« sollte einst der Schutz vor billiger und vermeintlich minderwertiger Importware aus Deutschland in Großbritannien sein und wurde zum Qualitätsbegriff unserer Produkte auf der ganzen Welt.

Nach dem Wiederaufbau, der Westbindung und der Wiedervereinigung müssen wir jetzt darangehen, unser Land fit zu machen für ein längst begonnenes neues Jahrhundert. Wir sind spät unterwegs, denn die politischen und technologischen Veränderungen zeichnen sich bereits seit vielen Jahren ab, und wir haben zu lange im Status quo verharrt. Deshalb gilt es jetzt, einiges aufzuholen und uns gründlich zu modernisieren.

In den folgenden Abschnitten möchte ich die Aufgaben benennen, von denen ich meine, dass sie mit besonderem Engagement angepackt werden müssen, die entscheidend sind für unsere Zukunft und vor allem die Zukunft jüngerer und kommender Generationen. Beginnen werde ich jeweils mit einer Beschreibung der Ausgangslage, die nicht immer besonders positiv ausfällt. Damit ist aber keine Kritik an Personen oder bisherigen Regierungen verbunden. Für den gegenwärtigen Zustand unseres Landes sind wir alle verantwortlich – für die Zukunft und ihre Gestaltung aber auch. Dieser neuen Verantwortung in neuer Zeit müssen wir uns stellen.

Starker Staat

Die notwendige Kraftanstrengung für unser Land gelingt nur, wenn Staat und Gesellschaft die erforderlichen Voraussetzungen dafür schaffen. Unsere Gesellschaft muss den Aufbruch und die Dynamik wollen, aber der Staat muss auch die notwendigen Rahmenbedingungen dafür setzen. Deshalb brauchen wir einen schlanken, aber auch einen starken Staat. Der Staat muss Teil der Lösung sein, nicht Teil des Problems.

Die Denkweise der libertären Schule, die heute vor allem in den USA immer noch sehr verbreitet ist, und die den Staat nur als Störenfried sieht, habe ich mir nie zu eigen gemacht. Es geht eben nicht ohne den Staat alles besser, im Gegenteil, ein funktionsfähiger Staat ist die Voraussetzung dafür, dass ein Gemeinwesen funktioniert und dass es möglichst vielen Menschen gut geht. In einem freiheitlichen Verständnis hat der Staat keinen Selbstzweck, sondern eine dienende Funktion. Er muss das Zusammenleben der Menschen in möglichst großer Freiheit ermöglichen, er muss für ihre Sicherheit sorgen und Voraussetzungen dafür schaffen, dass die Menschen und die Unternehmen ihre Zukunft in die Hand nehmen und so gestalten können, wie dies ihren Vorstellungen am besten entspricht.

Insbesondere die Gewährleistung einer möglichst großen Sicherheit ist eine originäre Staatsaufgabe. Würde er an dieser Aufgabe scheitern, wären zuerst die sozial Schwachen und die breite Mittelschicht betroffen, denn sie können sich keinen privaten Sicherheitsdienst und kein Wohnen in »Gated Areas« leisten. Wir wollen auch nicht, dass sich die Bevölkerung selbst bewaffnet, um sich zu schützen. Bei einer meiner vielen Reisen in die USA mit der Atlantik-Brücke waren wir bei einem Kongressabgeordneten in Oklahoma eingeladen. Er war früher Berufssoldat, mehrfach in Auslandseinsätzen und hatte sich danach eine berufliche Existenz aufgebaut mit einem Waffengeschäft, mit angeschlossener Schießbahn und mit eigener kleiner Waffenproduktion. Die Produktion bestand vor allem in einer Wiederherstellung der Gebrauchsfähigkeit verschrotteter russischer AK-47-Sturmgewehre aus den Kriegen im Mittleren Osten, die er dann mit Munition in seinem Ladengeschäft freihändig zum Verkauf anbot. Besonders gute Preise konnte er erzielen, wenn in den Holzschaft der Kalaschnikows noch arabische Schriftzeichen eingraviert waren.

Unvorstellbar für uns, ein solches Geschäft zu unterhalten, ganz zu schweigen von einem Abgeordneten! Aber in unserer Diskussion mit ihm über das amerikanische Waffenrecht wies er darauf hin, dass zu seinem abgelegenen Wohnhaus die Polizei mindestens zwei Stunden braucht, wenn er sie ruft, und er deshalb seine Töchter im Notfall selbst schützen wird – mit einer Waffe in jedem Raum des Hauses.

Wir können das aus unserer Sicht nur schwer verstehen, weil wir uns darauf verlassen wollen und können, dass die Polizei bei uns nach dem Notruf schnell verfügbar ist, allein sie das Gewaltmonopol des Staates ausübt und der Bürger daher nicht selbst zur Waffe greifen muss. Deshalb verdient unsere Polizei unser Vertrauen, und zwar auch dann, wenn sie einmal Fehler macht. Es gibt keinen systemischen Rassismus in unserer Polizei, und wenn es unzulässige Übergriffe einzelner Beamter gibt, dann haben wir alle Mittel des Rechtsstaats zur Verfügung, diese auch zu ahnden.

Wir werden in Zukunft nur dann junge Menschen, Männer wie Frauen, auch solche mit Migrationshintergrund, finden, die bereit sind, bei der Polizei und anderen Sicherheitsbehörden Dienst zu tun, wenn die politischen Vertreter unserer Gesellschaft ihnen vertrauen und sie bei der oftmals schwierigen Arbeit unterstützen. Dazu zählt für mich, dass unsere Polizei mit modernster Ausrüstung ausgestattet wird, die die Prävention und die Strafverfolgung gleichermaßen erleichtert. Wir wissen aus vielen Untersuchungen, dass zum Beispiel die Videoüberwachung von besonders kritischen Orten und Plätzen nachhaltig zur Eindämmung der Kriminalität beiträgt. Nur rigoroses und konsequentes Vorgehen gegen Clankriminalität schafft Rechtssicherheit in Stadtteilen, die sich in der Vergangenheit oftmals zu rechtsfreien Räumen entwickelt haben. Und gegen gewaltbereite Demonstranten hilft vor allem die lückenlose Beweisführung durch Bodycams an den Uniformen der Polizeibeamten, deren Bildmaterial anschließend mit modernster, auf künstlicher Intelligenz aufbauender Auswertungssoftware bearbeitet wird, so, wie es die baden-württembergische (grün-schwarze!) Landesregierung in ihrem

Landespolizeigesetz ermöglicht hat. Schon bald wird die Ermittlung von Tätern selbst dann möglich sein, wenn sie im Schutz der Dunkelheit und vermummt unterwegs waren, denn die moderne Software erkennt Personen nicht mehr nur an ihren Gesichtern, sondern auch an ihrem Gang und ihrer Körperhaltung sogar bei sehr schlechten Lichtverhältnissen. Es mag noch eine gewisse Zeit dauern, bis unsere Gerichte diese Auswertungen als Beweismittel vollständig anerkennen, und das ist rechtsstaatlich vollkommen in Ordnung. Aber moderne Technologie in der Arbeit der Polizei, der Staatsanwaltschaften und der Gerichte wird die Kriminalitätsbekämpfung erheblich erleichtern und trotzdem weiterhin ein hohes Maß an Schutz der Privatsphäre ermöglichen. Klar muss nur sein: Der Datenschutz darf nicht zum Täterschutz werden, sonst wird der Rechtsstaat sein Vertrauen und seine Glaubwürdigkeit verlieren.

Das Vertrauen der Bürger in unseren Rechtsstaat hat in den letzten Jahren gelitten. Kleine Verkehrsdelikte, so erscheint es vielen, werden mit Rigorosität verfolgt, kriminelle Straftäter nach kurzer Personalfeststellung wieder auf freien Fuß gesetzt. Prozesse dauern Monate und Jahre, findige Strafverteidiger zögern Urteile mit allen Mitteln, die ihnen das Strafrecht an die Hand gibt, immer weiter hinaus. Manche Verfahren, wie zum Beispiel das Duisburger Verfahren um die Loveparade im Jahr 2010, werden eingestellt, weil eine Verjährung der möglichen Straftaten vor einer Urteilsfindung nicht mehr abzuwenden ist. Die Verfahren gegen bestimmte Straftäter, gegenwärtig vor allem die aus dem rechtsradikalen Milieu, bringen unseren Rechtsstaat nicht selten an die Grenzen seiner Leistungsfähigkeit. In der Wirtschaft machen sich gelegentlich Verhaltensweisen breit, die mit dem Anstand eines »ehrbaren Kaufmanns« nichts mehr zu tun haben.

Und trotzdem: Wir leben in einem der sichersten Länder der Welt, bei allen Fehlern, die natürlich vorkommen können, funktioniert unser Rechtsstaat, und wir haben eine weitgehend korruptionsfreie, gute Verwaltung.

Unseren Rechtsstaat brauchen wir auch als Gesetzes- und Verordnungsgeber außerhalb des Strafrechts. Gesetze und Verordnungen sind die Grundlagen eines modernen Staats, in dem allerdings auch der Satz gilt, dass grundsätzlich alles erlaubt ist, was nicht ausdrücklich verboten ist. Das unterscheidet uns von autoritären politischen Systemen, in denen grundsätzlich alles verboten ist, was nicht ausdrücklich erlaubt ist. Der Staat muss auch die Grundlagen des wirtschaftlichen Handelns bestimmen, bis hin zur Aufsicht über Unternehmen, von denen Gefahren ausgehen – sei es für die Umwelt und die Gesundheit der Menschen, sei es für den Schutz des Eigentums, sei es für den Kapitalmarkt. Die Kompetenzen des Staates enden allerdings da, wo er sich an die Stelle der freien Meinungs- und Willensbildung der Menschen setzt oder gar glaubt, der bessere Unternehmer zu sein. Das ist er nachweislich nicht, im Gegenteil, in der Regel wirtschaftet der Staat schlechter als private Unternehmer, und er verbraucht zudem das Geld der Steuerzahler, das ihm nur treuhänderisch zu allgemeinwohlorientierten Zwecken überlassen ist, nicht, um damit selbst Geschäfte zu machen. Der jährliche Beteiligungsbericht des Bundes listet mehrere Hundert Unternehmen auf, an denen der Bund beteiligt ist. Allein die Liste der Unternehmen, die dem Bund über die Deutsche Bahn AG als alleinigem Eigentümer zuzurechnen sind, füllt auf fast 22 Seiten eine Aufzählung mit mehr als 500 Unternehmen verteilt auf der ganzen Welt. Mittelbar und unmittelbar ist der Bund nach dem vom Bundesministerium der Finanzen herausgegebenen Beteiligungsbericht des Bundes 2019 zurzeit an weiteren 537 Unternehmen beteiligt, darunter findet sich die stille Einlage bei der Commerzbank AG ebenso wie die Minderheitsbeteiligung bei der Deutschen Telekom, der Deutschen Post DHL Group und vielen weiteren. Mit den Rettungspaketen in Corona-Zeiten wird die Liste jetzt noch einmal jeden Tag länger. Der Bund ist eine der größten Private-Equity-Gesellschaften in Deutschland, möglicherweise sogar die größte.

Was macht der Bund damit? Sind das Finanzbeteiligungen? Sind das strategische Beteiligungen? Wenn ja: Welche Strategien verbinden sich damit? Diese Fragen muss ein Staat beantworten, wenn er sich so tief in das Wirtschaftsgeschehen einmischt, das in unserer Wirtschaftsordnung im Grundsatz und richtigerweise privaten Eigentümern vorbehalten ist.

Lebendige Demokratie

Das Wesensmerkmal unserer Demokratie ist, dass alle Staatsgewalt vom Volke ausgeht, wie es in Artikel 20 Absatz 2 unseres Grundgesetzes heißt. Die Ausübung dieser Staatsgewalt zeigt sich in Wahlen und Abstimmungen und durch die Organe der Gesetzgebung, der vollziehenden Gewalt (Exekutive) und der Rechtsprechung (Judikative).

Diese Bestimmungen unserer Verfassung haben eine lange Tradition. Sie finden sich in ähnlicher Form bereits in der amerikanischen Verfassung von 1787 und in der französischen Verfassung von 1791. Beiden Verfassungen standen die grundlegenden Erkenntnisse des französischen Staatsrechtlers, Historikers und Philosophen Charles de Montesquieu zur Seite, der in seinem Werk *De l'Esprit des Lois* (*Vom Geist der Gesetze*) den Grundsatz der Gewaltenteilung entwickelt hat, der heute in fast allen Verfassungen demokratisch regierter Länder in dieser oder abgewandelter Form zu finden ist.

Die Autoren unseres Grundgesetzes haben sich für eine parlamentarisch-repräsentative Demokratie entschieden, mit anderen Worten: für das Parlament als herausgehobenes Verfassungsorgan. Ich habe das Parlament immer als den wichtigsten Ort politischer Meinungsbildung und Entscheidung angesehen, und angesichts der vielen Ungewissheiten in der Welt und der immer ausdifferenzierter werdenden politischen Meinungen auch in unserem Land ist diese Rolle in jüngster Zeit noch wichtiger geworden. Der frühere Bundestagspräsident Norbert Lammert hat das Verhältnis zwischen Regierung und Parlament einmal auf die einfache Formel gebracht: »Nicht die Bundesregierung hält sich ein Parlament, der Deutsche Bundestag hält sich eine Regierung.« So ist es, auch wenn der Eindruck in der Öffentlichkeit häufig ein anderer ist.

Dieses Selbstbewusstsein wünsche ich mir von allen Abgeordneten, auch von denen der Regierungsfraktionen. Die »Verschränkung der Gewalten«, wie das Bundesverfassungsgericht den Sachverhalt kennzeichnet, dass die meisten Regierungsmitglieder, also die Vertreter der Exekutive, zugleich auch Mitglieder des Parlaments sind, trägt nicht zur Stärke und zum Selbstbewusstsein des Parlaments bei. Dass dies auch anders geht, kann man am amerikanischen Kongress beobachten, in dem insbesondere die Senatoren eine äußerst starke Stellung gegenüber der Regierung haben – auch wenn der gegenwärtige Präsident seine Machtbefugnisse mit »executive orders« in einer bisher nicht gekannten Weise am Kongress vorbei ausübt und die Senatoren der Republikanischen Partei dies in einer ebenfalls bisher nicht gekannten Weise akzeptieren.

Selbstbewusst und standhaft sollte der Deutsche Bundestag auch gegenüber allen Versuchen sein, das Prinzip der repräsentativen Demokratie mit starken plebiszitären Elementen auszuhöhlen. Das Letztentscheidungsrecht in Angelegenheiten der Gesetzgebung muss beim gewählten Parlament bleiben und sollte nicht mit (vermeintlich) einfachen Ja-oder-Nein-Entscheidungen in die Hand der Bevölkerung gelegt werden. Ich habe nichts gegen Volksbefragungen oder Volksinitiativen, die können die Demokratie durchaus beleben. Aber nur ein Parlament kann abwägen, Kompromisse erzielen und Entscheidungen, die sich als untauglich oder zumindest als unzureichend erweisen, auch schnell wieder korrigieren. Der Volksentscheid vom 23. Juni 2016 in Großbritannien, immerhin dem »Mutterland der Demokratie«, die Europäische Union zu verlassen, sollte uns allen ein warnendes Beispiel sein. Für diesen Austritt haben nur 37,4 Prozent aller Wahlberechtigten gestimmt, 34,6 Prozent waren für den Verbleib, 28,8 Prozent haben an der Abstimmung nicht teilgenommen. Im Unterhaus hat es bis zu den Neuwahlen im Dezember 2019 zu keinem Zeitpunkt eine Mehrheit für den Austritt gegeben. Von den älteren Wählerinnen und Wählern, die für den Austritt gestimmt haben, sind in der Zwischenzeit einer Untersuchung einer großen Zeitung in Großbritannien zufolge schon mehr als eine Million gestorben, die jüngeren waren in ihrer Mehrheit für den Verbleib (auch wenn deren Wahlbeteiligung hätte durchaus höher sein können!) und müssen jetzt mit den Folgen leben.

Volksentscheide schwächen die Parlamente, insbesondere wenn vermeintlich besonders »wichtige« Entscheidungen zum Gegenstand von Volksabstimmungen gemacht werden. Was bleibt denn dann noch für die Parlamente? Die weniger wichtigen Entscheidungen? Und wer trifft die Auswahl zwischen »wichtig« und »weniger wichtig«? »Volksabstimmungen« – so sagt der Philosoph Peter Sloterdijk in einem Interview mit der

Zeit, »tragen das Potenzial in sich, Demokratien mit demokratischen Mitteln zu beenden.«

Das Grundgesetz gibt uns auch zu diesem Thema eine weitsichtige Antwort. Nur in zwei Ausnahmefällen, nämlich bei der Neugliederung des Bundes in die Länder und der Neukonstituierung der Bundesrepublik Deutschland durch eine (neue) Verfassung sieht das Grundgesetz Volksabstimmungen vor. Einzig der Gründung des Landes Baden-Württemberg am 25. April 1952 durch die Fusion der Länder Baden, Württemberg-Baden und Württemberg-Hohenzollern war eine zustimmende Volksabstimmung am 9. Dezember 1951 vorausgegangen, die – eigentlich richtige und notwendige – Vereinigung der Länder Berlin und Brandenburg scheiterte am 5. Mai 1996 dagegen deutlich an einer Mehrheit der Bürger in Brandenburg.

Schließlich können wir rückblickend feststellen, dass eine ganze Reihe von politischen Entscheidungen in Deutschland zum Zeitpunkt ihrer jeweiligen Beschlussfassung im Deutschen Bundestag die Zustimmung einer Mehrheit der Bevölkerung nicht gefunden hätte. Das gilt für die Wiederaufstellung der Bundeswehr Anfang der 1950er-Jahre ebenso wie für den NATO-Doppelbeschluss, über den Helmut Schmidt die Gefolgschaft seiner Partei und später auch das Amt des Bundeskanzlers verloren hat. Wir wissen heute, dass die Geschichte unseres Landes und des europäischen Kontinents ohne diese beiden Entscheidungen anders und gewiss nicht besser verlaufen wäre und wir die Wiedervereinigung in Freiheit wohl nicht erreicht hätten. Parlamentarische Demokratie ist eben auch politische Führung mit Entscheidungen, die die Zustimmung in der Demoskopie zunächst nicht erreichen, die aber sehr wohl der Verantwortung einer handelnden Regierung und eines ebenso in der Verantwortung stehenden Parlaments entsprechen.

Es wäre deshalb aus meiner Sicht sehr wünschenswert gewesen, dass der Deutsche Bundestag auch in eigener Sache gezeigt hätte, dass er zu Veränderungen und Entscheidungen in der Lage ist. Vor mehr als acht Jahren hat das Bundesverfassungsgericht das bis dahin geltende Wahlrecht im Hinblick auf die sogenannten Überhangmandate für verfassungswidrig erklärt. Diese Mandate, die zustande kommen, wenn eine Partei in einem Bundesland mehr Wahlkreise gewinnt, als ihr nach dem Anteil der Parteistimmen im Verhältnis zu den anderen Parteien eigentlich zustehen, müssen zugunsten der übrigen Parteien ausgeglichen werden mit der Folge, dass der Deutsche Bundestag bei der letzten Wahl im Jahr 2017 auf insgesamt 709 Abgeordnete angewachsen ist. Darunter sind wie schon bei früheren Wahlen immer noch 299 direkt gewählte Wahlkreisabgeordnete, aber nunmehr 410 Abgeordnete, die über die Landeslisten der Parteien in den Bundestag eingezogen sind. Allein diese Relation macht deutlich, wie weit sich die Zusammensetzung des Bundestags von dem Leitbild entfernt hat, je zur Hälfte aus direkt gewählten Abgeordneten und Abgeordneten über die Wahllisten der Parteien zusammengesetzt zu sein. Nun ist es nur zu einer ganz kleinen Lösung für 2021 gekommen, die größere für 2025 soll und muss folgen.

Die einfachste Lösung wäre ein Wahlrecht, das zwischen Wahlkreisabgeordneten und Listenmandaten strikt trennt und je die Hälfte nach Personenwahl in den Wahlkreisen und Kandidaten über die Listen zum Zuge kommen lässt. Dafür gibt es außer bei CDU und CSU im Deutschen Bundestag aber erkennbar keine Mehrheit, denn nach wie vor gewinnt die Union die große Zahl der Wahlkreise und hätte zusammen mit den Listenmandaten bei der letzten Bundestagswahl mit 32,7 Prozent der Stimmen für CDU und CSU sogar die absolute Mehrheit der Sitze im Deutschen Bundestag erreicht. Unser Wahlrecht wäre – anders als ursprünglich vorgesehen – kein personalisiertes Verhältniswahlrecht mehr, sondern zur Hälfte ein reines Mehrheitswahlrecht geworden. Da war die frühere Regelung überzeugender, auch wenn einzuräumen ist, dass allein durch die größer gewordene Zahl der im Bundestag vertretenen politischen Parteien die Zahl der Überhangmandate beständig zugenommen hat, denn Wahlkreise können heute schon bei einem Erststimmenanteil von rund 30 Prozent und darunter gewonnen werden – in einer Zeit, zu der nur CDU/CSU und SPD um die Direktmandate ernsthaft miteinander konkurrierten, undenkbar.

Hätte es trotzdem eine Lösung geben können, die für alle Parteien zustimmungsfähig gewesen wäre? Das Bundesverfassungsgericht hat dem Parlament einen kleinen Spielraum beim Ausgleich der Überhangmandate gelassen und zugleich nur den Weg eröffnet, die Zahl der Wahlkreise zu verringern. Der zwischenzeitlich ernsthaft von der SPD unterbreitete Vorschlag, die Mandate mit den schlechtesten Wahlkreisergebnissen »nicht zuzuteilen«, trägt den erneuten Verstoß gegen das Grundgesetz geradezu auf der Stirn geschrieben und wurde deshalb auch alsbald fallen gelassen. Wahlkreise werden gewonnen oder verloren, aber nicht »zugeteilt«. Doch auch eine nur geringfügig kleinere Zahl von Wahlkreisen löst bei einer gleich mehrfachen Zahl von Wahlkreisen das Erfordernis neuer Zuschnitte aus, die wiederum Rücksicht nehmen müssen auf Landesgrenzen und eine gleichmäßig große Zahl von Wahlberechtigten. Es war im Übrigen bisher guter Brauch, Änderungen im Wahlrecht immer erst für die übernächste Wahlperiode zu beschließen, um Zeit für Anpassungen zu geben und auch Rücksicht auf die jeweilig betroffenen Abgeordneten zu nehmen. An der jetzt eingetretenen Lage ist in diesem Sinn nicht mehr viel zu ändern. Es zeigt sich einmal mehr, dass die Dinge nicht besser werden, wenn sie lange liegen bleiben.

Eine Demokratie lebt aber nicht allein von ihren hauptberuflichen Repräsentanten, im Gegenteil. Das Fundament einer freiheitlichen Ordnung muss auf kommunaler und regionaler Ebene stabil sein, dort, wo sich Menschen im Alltag begegnen, dort, wo sie ihre Prägung erhalten, die sie befähigen soll, ein selbstbestimmtes und erfülltes Leben zu führen. Die Kommunalpolitik ist die Mutter der Demokratie, die örtliche Gemeinschaft ist die Gemeinschaft, die sich selbst organisiert und die ihren unmittelbaren Alltag im Dorf, in der Gemeinde und in der Stadt gestaltet. Die kommunale Selbstverwaltung steht nicht ohne Grund unter der Verfassungsgarantie des Grundgesetzes und der überwiegenden Zahl der Landesverfassungen. Die ersten Erfahrungen mit der Demokratie machen die meisten Menschen in ihrer örtlichen Gemeinschaft, und wenn wir die Zustimmung zur Demokratie erhalten wollen, dann müssen auf dieser Ebene die Erfahrungen mit der Demokratie gute Erfahrungen sein.

Umso schwerer wiegt, dass politisch motivierter Hass heute noch nicht einmal vor ehrenamtlich tätigen Bürgermeistern und anderen Kommunalpolitikern haltmacht. Aus einer Umfrage, die im Frühjahr 2020 unter 2500 Bürgermeistern durchgeführt wurde, ergibt sich ein erschreckendes Bild. Fast zwei Drittel der befragten Bürgermeister berichten von Erfahrungen mit Beschimpfungen und Beleidigungen, fast jeder zehnte war schon einmal körperlichen Angriffen ausgesetzt. So überrascht es nicht, dass viele Bürgermeister aufgeben und sich – auch mit Rücksicht auf ihre Familien – nicht erneut zur Wahl stellen. Diese Verrohung unserer Gesellschaft dürfen wir nicht hinnehmen. »Jetzt erst recht« muss die Antwort lauten, und die große Mehrheit der Menschen, die friedlich und sicher miteinander leben wollen, muss sich jeder Form von Beleidigung und Gewalttätigkeit entgegenstellen, ohne Unterschied, ob es sich um Parteifreunde oder politische Gegner handelt, die betroffen sind. Und im Zweifel müssen die Täter strafrechtlich verfolgt und zur Rechenschaft gezogen werden. Auch auf kommunaler Ebene gilt: Keine Toleranz gegenüber der Intoleranz. »Wenn wir der Intoleranz den Rechtsanspruch zugestehen, toleriert zu werden, dann zerstören wir die Toleranz und den Rechtsstaat. Das war das Schicksal der Weimarer Republik.« (Karl Popper)

Neben engagierten Kommunalpolitikern ist die kommunale Selbstverwaltung heute mehr denn je von einer angemessenen Finanzausstattung der Gemeinden abhängig. Die Gemeinden erhalten durch den Bund und die Länder, deren Bestandteil sie sind, immer neue Aufgaben, aber längst nicht immer die dazu notwendigen finanziellen Mittel. »Daseinsvorsorge«, also die Grundversorgung der Bevölkerung mit Gütern und Dienstleistungen, ist eine vornehmliche, wenn auch nicht ausschließliche Aufgabe der Gemeinden. Dazu müssen sie dann aber auch imstande sein. Im Abschnitt »Ein modernes Steuersystem« werde ich gerade unter diesem Aspekt deshalb noch einmal auf die finanzielle Ausstattung der Gemeinden eingehen.

Angesichts der großen Veränderungen, vor denen wir heute stehen und die unser Leben so sehr verändern werden, muss man gerade die jüngeren Menschen zu mehr Engagement in ihrer Gemeinde und ihrer Stadt, aber auch in den Schulen, Vereinen und Parteien auffordern. Tut etwas für eure Stadt, ihr könnt dort viel bewegen! Und wer Freude an der ehrenamtlichen Arbeit gewonnen hat, der ist auch eher bereit, einmal auf Zeit oder vielleicht sogar auf Dauer in die Parlamente zu gehen und dort Verantwortung zu übernehmen. Unser Schicksal ist überwiegend menschengemacht, und deshalb müssen reale

Menschen auch unser Schicksal in die Hand nehmen. Gute politische Entscheidungen ergeben sich in einer Demokratie nicht von selbst, sie sind in der Regel das Ergebnis eines politischen Ringens, eines Abwägens guter und weniger guter Argumente, ja sogar des offenen und heftigen politischen Streits (Rödder, Andreas: Konservativ 21.0 Den Grundsatzentscheidungen unserer Republik waren ohne Ausnahme hitzige politische Diskussionen vorangegangen, in den Parlamenten und außerhalb. Manche politische Entscheidung wurde getroffen, obwohl die Mehrheit der Bevölkerung sich dahinter zunächst nicht versammeln mochte. In den meisten Fällen hat sich politische Führung dann aber doch ausgezahlt, und nur demokratisch gewählte Regierungen und Parlamente haben das Recht, so zu entscheiden – sie haben sogar die Pflicht, so zu handeln.

Und trotzdem gilt in unserer Demokratie nicht der Grundsatz »The winner takes it all«. Das ist nicht unser Verständnis von Demokratie. Im Gegenteil, eine Demokratie schützt die Minderheiten, im Parlament genauso wie in der ganzen Gesellschaft. Auch die Mehrheit kann irren, die Minderheit kann nach den nächsten Wahlen die neue Mehrheit sein. Deshalb hat in unserer parlamentarischen Demokratie die Minderheit Rechte auf Beteiligung und Mitwirkung, die Opposition von heute kann die Regierung von morgen sein.

Dieses Verständnis von Demokratie teilen wir offensichtlich nicht mehr mit allen Regierungen und Regierungsparteien innerhalb der Europäischen Union. In Ungarn, in Polen und anderen europäischen Staaten wird nicht nur die parteipolitische Minderheit systematisch ausgegrenzt. Auch die Pressefreiheit wird eingeschränkt und die Unabhängigkeit der Justiz angegriffen. Das sind besorgniserregende Entwicklungen. Ich werde darauf im vierten Kapitel »Europa – Champions League oder Kreisklasse« noch einmal zurückkommen.

Auch wir müssen an der politischen Kultur in unserem Land beständig arbeiten. Ich war immer und bleibe ein Befürworter einer klaren und notfalls harten politischen Auseinandersetzung – in der Sache, nicht gegen Personen. Es könnte sein, und dies ist (fast) immer meine innere Annahme, dass mein Gegenüber auch recht haben könnte. Aber in der Demokratie müssen vor jedem notwendigen Kompromiss Unterschiede herausgearbeitet werden, die Wählerinnen und Wähler müssen erkennen, wie sich die politischen Parteien und ihre Repräsentanten voneinander unterscheiden.

Dieser politische Meinungsstreit wird nicht nur in den Parlamenten ausgetragen, auch die Medien und der öffentliche Raum sind Austragungsorte für politischen Meinungsstreit. Das Demonstrationsrecht ist neben der Pressefreiheit eine der Säulen unserer freiheitlichen Ordnung. Deshalb freue ich mich auch sehr über das Engagement vieler junger Menschen für den Klimaschutz. »Fridays for Future« ist eine Bereicherung unserer politischen Kultur, und wir müssen in der gesamten Gesellschaft geradezu dankbar dafür sein, dass sich junge Menschen so engagieren. Ich mache allerdings zwei Einschränkungen: Die Demonstrationen müssen friedlich und gewaltfrei stattfinden. Das kann man über die meisten Aktionen von »Extinction Rebellion« und einigen anderen leider nicht sagen. Die Ausschreitungen und Besetzungen im Hambacher Forst etwa sind von der Demonstrationsfreiheit nicht mehr gedeckt, dies sind politisch motivierte Straftaten und zum Teil reiner Vandalismus. Und die zweite Bedingung ist: Ihr müsst auch bereit sein zuzuhören. Der Absolutheitsanspruch und die Attitüde des »Wenn-die-Politik-nicht-macht-was-wir-wollen-geht-die-Welt-unter« ist reine Hybris und widerspricht dem Anspruch an eine redliche und zielführende Debattenkultur. Wenn sich der Eindruck verfestigen sollte, dass »Fridays for Future« eine Bewegung von Kindern und Jugendlichen aus wohlhabenden Elternhäusern ist, die mit einer gewissen Überheblichkeit auf Regionen und Familien herabblicken, die etwa vom sofortigen Ausstieg aus der Energieerzeugung aus fossilen Brennstoffen massiv betroffen wären (Clemens Traub *Future for Fridays?* Streitschrift eines jungen »Fridays for Future«-Kritikers), dann droht der Protest seine Glaubwürdigkeit zu verlieren und den gesellschaftlichen Zusammenhalt zu gefährden.

Offene Gesellschaft

Führungsverantwortung kann die Politik auf Dauer nur erfolgreich wahrnehmen, wenn sie sich in einem Raum der Freiheit, der Toleranz und des Rechts bewegt. Es ist leider notwendig geworden, auf diese Voraussetzungen einer freiheitlichen und liberalen Gesellschaft so deutlich hinzuweisen, denn wir erleben seit geraumer Zeit, wie der politische Meinungsraum in zahlreichen Ländern der Welt, die sich Demokratien nennen, erheblich eingeschränkt wird. Die digitalen Medien tragen zu dieser Entwicklung bei, denn sie sind mittlerweile der entscheidende Resonanzboden für die gesellschaftspolitische Meinungsbildung. Hier machen sich in einem medialen Raum, der eigentlich gedacht war als Plattform für einen breiten Meinungsaustausch, von dem niemand ausgeschlossen ist, Intoleranz und Einschüchterung in einem besorgniserregenden Ausmaß breit.

Schon vor Jahren war zu beobachten, wie diese Entwicklung vor allem an amerikanischen Universitäten einsetzte und dann sukzessive auch auf Europa übergriff. Professorinnen und Professoren sind nun auch bei uns einem immer härter werdenden Druck der Studierenden ausgesetzt, welche Meinungen sie noch vertreten dürfen und vor allem welche nicht. So werden einige unserer führenden Historiker und Politikwissenschaftler seit Jahren von gut organisierten Gruppen – natürlich im Schutz der Anonymität – massiv kritisiert. Ihre Vorlesungen werden aufgezeichnet, Satz für Satz seziert und anschließend systematisch mit Rassismus-, Sexismus- und Militarismusvorwürfen überzogen. In der Regel geschieht dies in Blogs, deren Autoren sich beharrlich weigern, aus dem Schutz der Anonymität herauszutreten und sich einer offenen Diskussion zu stellen. Fakultäten und Universitätsleitungen weichen in der Regel ängstlich zurück und überlassen es den Betroffenen selbst, sich zur Wehr zu setzen. Professoren, die politisch in Ungnade gefallen sind, wie der frühere AfD-Vorsitzende Bernd Lucke, können ihre Vorlesungen nur unter Polizeischutz halten, unliebsamen Politikern wird der Zugang zu Gastvorträgen gewaltsam verwehrt. Das freie Vertreten von Lehrmeinungen und Lehrmethoden, der offene und tolerante Austausch von Wissen und Meinungen, die Befähigung zum eigenen Urteil auf der Basis von breiten Kenntnissen und erlerntem Wissen, all das wird von einer Minderheit in unserer Gesellschaft infrage gestellt, es ist der »Triumph der Gesinnung über die Urteilskraft« (Hermann Lübbe).

Politischer Moralismus erfasst mittlerweile auch die Medien. Die strikte Trennung von Meinung und Berichterstattung scheint nicht mehr zu den allgemein anerkannten Grundsätzen eines guten Journalismus zu zählen. Wie weit dies im Extremfall gehen kann, zeigen Fox News und CNN in den USA, die sich zu reinen Propagandasendern der Republikaner (Fox) und der Demokraten (CNN) entwickelt haben. Die spektakuläre Kündigung von Bari Weiss, einer der Stars der Meinungsseiten in der *New York Times*, hat im Sommer 2020 einen Eklat ausgelöst, der die gesamte Medienwelt erschüttert. Sie spricht in ihrem Kündigungsschreiben von Mobbing und vorgegebenem Meinungsdruck in der Redaktion, Twitter sei der eigentliche Chefredakteur der einst hoch angesehenen Zeitung geworden. »Lügnerin«, »Fanatikerin«, »Rassistin«, »Nazi« – so gingen ihre Kolleginnen und Kollegen mit ihr um, sie müsse »wie Unkraut entfernt« werden. Intellektuelle Neugier werde zur Belastung, Selbstzensur sei zur Norm geworden. »Cancel Culture« wird dieser auch bei uns stärker werdende Trend der Ausgrenzung von unbequemen Meinungen genannt, der systematische Boykott von Personen und Institutionen, auch hier spielen dic sozialen Medien eine große Rolle. Es entsteht ein Klima der Intoleranz, der Verängstigung und des Rückzugs aus dem öffentlichen Raum.

Wollen wir so etwas auch bei uns zulassen? Oder bewahren wir uns Toleranz und Rücksichtnahme auch auf unbequeme und vom Mainstream abweichende Meinungen? Sind wir vielleicht auch widerstandsfähig genug gegen die massiv zunehmenden Einflussnahmen auf die politische Meinungsbildung durch Internet-Trolle, Hassmails, Falschmeldungen und krude Verschwörungstheorien?

Auch hier hilft nur eine gute Bildung in den Schulen, die einen verantwortungsvollen Umgang mit Medien lehrt, und gute Medien, die sorgfältig recherchieren und berichten, zugleich meinungsstark sind und Vielfalt zulassen. Wir haben solche Medien, und wir haben Journalistinnen und Journalisten in Deutschland, die sich der Verantwortung ihres Berufs bewusst sind. Pressefreiheit ist nicht ohne Grund eine der Säulen unserer freiheitlichen Ordnung. Die Entwicklung in den USA sollte weder für unsere Universitäten (jedenfalls in dieser Hinsicht) noch für unsere Presse ein Vorbild sein.

Eine offene Gesellschaft lebt nicht zuletzt vom ehrenamtlichen Engagement der Menschen. Wir nennen diesen Teil unserer Gesellschaft »Zivilgesellschaft«, da er sich ohne staatlichen Zwang und Einfluss selbst organisiert. Was gelegentlich mit »Vereinsmeierei« abgetan wird, ist in Wahrheit ein Beweis für die Lebendigkeit der kleinen Einheiten, der Vereine in Sport und Kultur, der Hilfsorganisationen wie Feuerwehr, Rotes Kreuz, Technisches Hilfswerk und viele andere mehr. Diese gelebte Subsidiarität mag in den Großstädten und Ballungsräumen eine geringere Rolle spielen, in den ländlichen Regionen ist sie der Kitt der Gesellschaft. All diese Institutionen leisten einen unverzichtbaren Beitrag für die Prägung und Sozialisation insbesondere der jungen Generation, nicht zuletzt auch und gerade in den letzten Jahren für die Integration von Flüchtlingen und Familien mit Migrationshintergrund.

Soziale Marktwirtschaft

Mit Ausnahme der Linkspartei bekennen sich heute alle im Deutschen Bundestag vertretenen Parteien zur Sozialen Marktwirtschaft. Das ist historisch keineswegs selbstverständlich, denn bei ihrer Einführung nach dem Zweiten Weltkrieg war die Soziale Marktwirtschaft alles andere als unumstritten – ganz anders als zur Wiedervereinigung 1990, als sie in Ost und West eine sehr hohe Anerkennung genoss. Die breiten Vorbehalte Ende der 1940er-Jahre waren wenig verwunderlich angesichts des unmittelbar nach dem Krieg noch bestehenden starken Einflusses nationalsozialistischen und sozialistischen Gedankenguts, aber auch angesichts der Erfahrungen mit einem kapitalistischen Wirtschaftssystem, die gerade in Deutschland in der Weimarer Republik gemacht wurden.

Nicht zufällig gilt die von Ludwig Erhard am 20. Juni 1948

gegen den Willen der Alliierten durchgesetzte weitgehende Preisfreigabe und Abschaffung der Lebensmittelkarten als Geburtsstunde der Sozialen Marktwirtschaft. Die Preise sollten sich frei bilden können, um eine bessere Versorgung der Bevölkerung zu ermöglichen. Das starke Herausstellen der Vorzüge dieser freien Bildung von Preisen und damit des Marktsystems ist für heutige Leser auch beim Blick in die unmittelbar nach dem Zweiten Weltkrieg verfassten Schriften Alfred Müller-Armacks, des Begründers und Namensgebers der Sozialen Marktwirtschaft, besonders augenfällig. Die *Marktwirtschaft* war der wichtigste Baustein des Konzepts der Sozialen Marktwirtschaft.

Das war und ist bis heute ganz bewusst auch eine scharfe Abgrenzung von »Kapitalismus pur« und den altliberalen Vorstellungen, nach der sich die Gemeinwohlwirkung des eigennutzgetriebenen wirtschaftlichen Handelns in jedem Fall ohne weiteres Zutun und von ganz allein ergebe. Die Gründerväter der Sozialen Marktwirtschaft hatten erkannt, dass Marktwirtschaften eine Tendenz innewohnt, sich selbst außer Kraft zu setzen. Die historischen Erfahrungen mit »freien« Marktwirtschaften zeigten deutliche Entwicklungen zu Kartellbildung und Monopolisierung. Starke private wirtschaftliche Macht hatte sich aufgebaut, oft in einem interaktiven Prozess mit politischer Macht. Wenn der Wettbewerb ausgeschaltet ist, dann kann der Preismechanismus seine Aufgabe nicht mehr richtig erfüllen. Es kommt zu einer Verkrustung der Wirtschaft, zu weniger Innovationen und zu weniger Chancen für die Schwächeren. Nur dort, wo Wettbewerb herrscht, kann Aufstieg gelingen und das Bessere Bestehendes verdrängen.

Maßgeblich sind hier die »ordoliberalen« Wurzeln der Sozialen Marktwirtschaft. Der bekannteste Vertreter der ordoliberalen Freiburger Schule, Walter Eucken, betonte immer wieder den Abbau bestehender privater wirtschaftlicher Macht und das Verhindern des Entstehens neuer starker Machtpositionen als wichtiges Element der zu schaffenden Wirtschaftsordnung. Der Wettbewerbsmechanismus der Marktwirtschaft müsse, so war es seine Überzeugung, durch einen starken, das heißt einen gegen Partikularinteressen durchsetzungsfähigen Staat geschützt werden. Eine Marktwirtschaft, die als Wirtschaftsordnung geschützt werden sollte, war etwas Neues. Die Einrichtung einer unabhängigen Wettbewerbspolitik war die zentrale Säule der Sozialen Marktwirtschaft, und zwar aus dem Motiv heraus, Übermacht und Ausbeutung zu unterbinden und darüber die Weichen für den Erhalt des sozialen Nutzens der Marktwirtschaft zu stellen. Legendär bleibt die Auseinandersetzung des Bundeswirtschaftsministers Ludwig Erhard mit dem Bundesverband der Deutschen Industrie und seinem damaligen Präsidenten Fritz Berg um die Einführung des ersten deutschen Kartellgesetzes. Das Gesetz gegen Wettbewerbsbeschränkungen, wie es richtig heißt, wurde und wird bis heute zu Recht das »Grundgesetz der Sozialen Marktwirtschaft« genannt.

Diese gesellschaftliche Funktion einer nach den richtigen Ordnungsprinzipien aufgebauten Sozialen Marktwirtschaft ist elementar. Karitative Politik gibt es selbst in Diktaturen. Der deutsche Sozialstaat hatte seine Geburtsstunde unter Bismarck im Kaiserreich. Soziale Marktwirtschaft meint aber etwas gänzlich anderes, nämlich dass das Wirtschaftssystem selbst den Menschen dienen muss, dass es aus sich selbst heraus Chancen für alle geben und Wohlstand für alle ermöglichen kann. Soziale Marktwirtschaft ist nicht, wie oftmals verstanden, einfach Marktwirtschaft mit ein bisschen Sozialpolitik. Vielmehr ist die marktwirtschaftliche Ordnung selbst Teil und Grundlage des Sozialen.

Für die praktische Politik ist es letztlich keine relevante Kategorie, ob dieses historische Erbe um seiner selbst willen gewahrt bleibt. Entscheidend ist, ob uns die zugrunde liegenden Prinzipien auch heute und in Zukunft noch helfen können, die politischen Aufgaben zu lösen. Und genau das tun sie nach meiner Überzeugung. Manchmal muss man von außen auf die eigenen Angelegenheiten schauen, um Chancen besser identifizieren zu können. Im Juni 2020 hat die katholische Universität St. Thomas in Houston, Texas, eine Diskussionsveranstaltung zur Frage eines neuen Humanismus angesichts von Globalisierung und disruptivem technologischem Wandel veranstaltet (»A New Humanism in Church, Politics, and Science challenged by globalization and disruptive technology«). Es sprachen der aus Portugal stammende langjährige Präsident der EU-Kommission José Manuel Barroso, der aus Ghana stammende Kurienkardinal Peter K. A. Turksen und der aus den USA stammende Verhaltensökonom und Nobelpreisträger James Heckman. Drei Kontinente, drei unterschiedliche Wirkungsfelder, drei unterschiedliche Erfahrungswelten. Bemerkenswert und für deutsche Beobachter vielleicht auch ein wenig überraschend: Alle drei gingen bereits in ihrem Eingangsstatement auf die Ordnungsprinzipien der »Social Market Economy« ein und haben im Verlauf der Beiträge betont, wie wichtig es angesichts der globalen Herausforderungen gerade heute sei, solche Ordnungsprinzipien zu wahren. Im Geburtsland der Sozialen Marktwirtschaft sollten gerade uns solche Beiträge ein Ansporn sein, Lösungen für die anstehenden Aufgaben auch bei uns selbst von den Prinzipien der Sozialen Marktwirtschaft her zu denken.

Die marktwirtschaftliche Ordnung und die internationale Arbeitsteilung bleiben auch in Zukunft die wesentlichen Werttreiber für unsere Volkswirtschaft. Beide Parameter werden sich verändern. Die Marktwirtschaft muss erneut beweisen, dass sie in der richtigen Balance zwischen staatlicher Regulierung und unternehmerischer Freiheit das Wohlstandsversprechen für breite Teile der Bevölkerung einlösen kann. Zugleich müssen Mechanismen eingebaut werden, die den Klimawandel und seine Folgen berücksichtigen oder, grundlegender, den Schutz globaler Gemeinschaftsgüter wie Klima, Weltmeere, Artenvielfalt vor ihrer Übernutzung sicherstellen. Wir dürfen weder zu einer Klimapolitik kommen, die sich nur Gutverdienende leisten können, noch ist ein »Systemwechsel« der freiheitlich-sozialen Ordnung, wie ihn einige radikale Klimaaktivisten derzeit anstreben, auch nur im Ansatz akzeptabel. Und schließlich gilt auch hier das von Walter Eucken formulierte Prinzip der »Konstanz der Wirtschaftspolitik«: Wir können die Klima- und Energiepolitik nur begrenzt am Reißbrett völlig neu entwickeln. Die Marktteilnehmer müssen auch Vertrauen haben (können) in die Stringenz, Stetigkeit und Widerspruchsfreiheit der staatlichen Gesetzgebung, die Grundlage ist für alle Investitionsentscheidungen.

Es gibt einen Bereich, in dem für einige Jahre so etwas wie eine marktwirtschaftliche Ordnung auf Weltebene galt und diese auch entsprechende Wirkung entfalten konnte: die internationale Handelspolitik. Die Entwicklung des Allgemeinen Zoll- und Handelsabkommens (GATT) hin zur Welthandelsorganisation (WTO) sowie die schrittweise Einbeziehung nahezu der gesamten Welt in dieses Regelwerk und ihr tatsächliches Funktionieren einschließlich des Streitschlichtungsmechanismus waren eine Erfolgsgeschichte geordneter Globalisierung. Der WTO gehören heute 164 Länder an, die 98 Prozent des globalen Handels repräsentieren. Nicht zuletzt dank dieser Organisation und ihres Vorgängers sind Welthandel und Wirtschaftskraft pro Kopf über viele Jahre gewachsen, und es sind beachtliche Einkommensgewinne für viele Hundert Millionen Menschen in allen Kontinenten damit verbunden, für Menschen, die oft aus bitterster Armut und Perspektivlosigkeit zu bescheidenem Wohlstand kamen. Welthandel – richtig organisiert – schafft Wohlstand für alle.

Es ist deshalb mehr als nur bedauerlich, dass ein Land wie China, das 2001 der WTO beigetreten ist, die Regeln nur nach eigenem Ermessen anwendet und ausgerechnet ein Land wie die USA unter ihrer gegenwärtigen politischen Führung gleich die ganze Existenz der WTO infrage stellt. Durch die (schon unter Obama begonnene) verweigerte Nachbesetzung von vakant gewordenen Richterstellen ist die WTO heute von innen heraus funktionsunfähig geworden. Auch die Europäer sind nicht ganz unschuldig an dieser Entwicklung, denn auch wir befolgen die Regeln und früheren Entscheidungen der WTO-Schiedsgerichte vielfach nicht. So erleben wir mit der anhaltenden Krise der WTO eine Abwendung vieler Länder und Kontinente von einer multilateralen Weltordnung hin zu dem Versuch, internationale Abkommen und Institutionen durch bilaterale Abkommen zu ersetzen oder gleich nach dem Gesetz des Stärkeren ausschließlich eigene Interessen durchzusetzen.

Dahinter steht, vor allem in den USA, eine merkantilistisch geprägte, irritierende Ideologie eines »ökonomischen Nationalismus«, der auch den Handelskonflikt der USA mit China prägt. Gerade für uns Deutsche steckt in dieser Entwicklung politisch und ökonomisch eine große Gefahr, denn wir kommen immer häufiger in die Lage, uns – jedenfalls nach dem Willen dieser beiden Großmächte – für den einen von den beiden und damit gegen den jeweils anderen entscheiden zu müssen. Die mittlerweile über mehrere Jahre geführte Diskussion über die Ausrüstung unserer Telekom-Netze mit Komponenten des chinesischen Herstellers Huawei ist dafür nur eines von vielen Beispielen. Wir sehen uns massivem Druck von beiden Seiten ausgesetzt: China droht mit Vergeltung, wenn wir Huawei nicht zulassen, die Tatsache allerdings, dass kein europäischer Hersteller Zugang zum chinesischen Markt beim Ausbau des 5G-Netzes dort hat, wird in der Diskussion nicht thematisiert; und die USA drohen uns mit dem Ausschluss von Geheimdienstinformationen, wenn wir Huawei den Zugang zu unserer Infrastruktur gewähren.

Aus diesem Dilemma kommen wir nur heraus, wenn wir mit dafür sorgen, dass Europa ein gleich starker Spieler auf den globalen Märkten wird und selbst stark genug ist, Entscheidungen zu treffen und ökonomisch unabhängiger zu agieren. Ich werde dazu im Europa-Kapitel dieses Buches noch ausführlich Stellung nehmen. Besonders wichtig für uns ist im Zusammenhang mit der marktwirtschaftlichen Ordnung unser Engagement und unser Eintreten für Verträge und internationale Abkommen, die für uns Märkte öffnen und zugleich unsere Investitionen außerhalb des eigenen Landes schützen. Wie die Währungspolitik ist auch die Zuständigkeit für die Handelspolitik, und zwar schon mit der Gründung der Europäischen Wirtschaftsgemeinschaft am 25. März 1957, auf die europäischen Institutionen übergegangen. Europa ist aber immer nur so stark, wie seine Mitgliedstaaten es wollen. Und daher muss in unserem Land mehr Verständnis und mehr Zustimmung für solche Handelsverträge wie zum Beispiel für CETA, das Wirtschafts- und Handelsabkommen der EU mit Kanada, oder für TTIP, das Transatlantische Freihandelsabkommen der EU mit den USA, vorhanden sein. Europa darf auch in seinem bemühen nicht nachlassen, ein Handelsabkommen mit den wichtigsten südamerikanischen Staaten (Mercosur) abzuschließen.

Gegen TTIP ist vor allem in Deutschland heftig demonstriert worden, zum Teil mit Argumenten, die mit dem Vertrag selbst nichts zu tun hatten (»Chlorhühnchen«). Heute sollten die Kritiker von damals einräumen, dass es angesichts des gegenwärtigen Verhaltens der amerikanischen Regierung vielleicht doch nicht so schlecht wäre, mit Amerika ein Handelsabkommen zu haben und vielleicht sogar ein Schiedsgericht, vor dem Streitigkeiten auf neutralem Boden ausgetragen werden könnten. Die einseitigen und aus meiner Sicht inakzeptablen Sanktionen der amerikanischen Regierung und des amerikanischen Kongresses gegen alle am Bau der Gaspipeline Nordstream 2 beteiligten Länder, Unternehmen und Personen hätte Gegenstand eines solchen Schiedsverfahrens sein können. Jetzt kommt noch nicht einmal die WTO dafür infrage. Auch mit China könnte wenigstens ein Investitionsschutzabkommen dafür sorgen, dass europäische Investitionen und europäisches Know-how in China besser geschützt wären als gegenwärtig. Last but not least geben Handels- und Investitionsschutzabkommen immer auch die Möglichkeit, Normen und Standards weltweit zu setzen und somit im Verhältnis der Staaten zueinander das zu tun, was in jedem Land mit einer privatwirtschaftlichen Ordnung notwendig ist zu tun, nämlich Regeln zu setzen, an die sich die Marktteilnehmer zu halten haben.

Gut gelungen ist dies in Europa mit der Öffnung des Europäischen Binnenmarkts am 1. Januar 1993. Die Öffnung der Grenzen für den Personenverkehr, den Warenverkehr, für Dienstleistungen und den Kapitalverkehr ist eine große Erfolgsgeschichte. Das alles steht auf der Grundlage des Artikel 3 des Vertrages über die Arbeitsweise der Europäischen Union. Dort heißt es in Absatz 3: *Die Union errichtet einen Binnenmarkt. Sie wirkt auf die nachhaltige Entwicklung Europas auf der Grundlage eines ausgewogenen Wirtschaftswachstums und von*

Preisstabilität, eine in hohem Maße wettbewerbsfähige Soziale Marktwirtschaft, die auf Vollbeschäftigung und sozialen Fortschritt abzielt, sowie ein hohes Maß an Umweltschutz und Verbesserung der Umweltqualität hin.

Anders als im deutschen Grundgesetz wird die Soziale Marktwirtschaft im europäischen Primärrecht damit ausdrücklich als Grundlage der europäischen Wirtschaftsordnung genannt und festgeschrieben. Auf dieser Grundlage muss die Europäische Union weiterentwickelt und vertieft werden. Auf dieser Grundlage müssen aber auch die nationalen Herausforderungen angenommen werden. So viel Freiheit wie möglich und so viel Staat wie nötig, diese Maxime eröffnet Chancen und mobilisiert Potenziale in unserer Gesellschaft. Den Beweis ihres Erfolgs hat die Soziale Marktwirtschaft in den 70 Jahren ihres Bestehens eindrucksvoll erbracht.

Die kritische Auseinandersetzung mit einer allein auf die freien Marktkräfte setzenden Wirtschaftsordnung hat längst auch im Mutterland des Kapitalismus, in den USA, begonnen. Vor allem der alleinige Blick auf ökonomische Effizienz und die starke Rolle der Ökonomen in der politischen Diskussion wird dort zunehmend hinterfragt, nicht ohne Verweis auf das deutsche und das skandinavische und niederländische Modell eines starken Staats kombiniert mit offenen Märkten (Appelbaum, Binyamin, *The Economist's Hour*). In Amerika beginnt man die Vorteile unseres marktwirtschaftlichen Konzepts besser zu verstehen und zu respektieren.

Trotzdem können auch wir nicht allein auf vergangene Erfolge verweisen und auf ein Fortgelten der alten Regeln bestehen. Die Soziale Marktwirtschaft ist mehr als »nur« eine reine Wirtschaftsordnung, die man auch beliebig gegen eine andere austauschen kann. Schon einer ihrer geistigen Väter, der Marburger Nationalökonom und entschiedene Gegner des

Nationalsozialismus Wilhelm Röpke nannte das marktwirtschaftliche Konzept eine Werteordnung »jenseits von Angebot und Nachfrage«. Wenn Andreas Reckwitz vom »Ende der Illusion« spricht, dann meint er offenbar genau dies, dass wir uns im umfassenden Sinn einer sozialen Ordnungsbildung zuwenden müssen, durch die soziale und kulturelle Kompetenzen revitalisiert und durch die schließlich neue Rahmenbedingungen geschaffen werden, in der die Dynamiken der Globalisierung nicht eliminiert, sondern eingebettet werden. Das liberale Modell der Sozialen Marktwirtschaft verfügt dazu auch im Lichte dieser aktuellen Diskussion über die besten Voraussetzungen. »Nationalökonomie« im Sinne ihrer seinerzeitigen Lehrmeister greift dafür heute allerdings zu kurz, wir müssen uns selbst als aktiv mitgestaltenden Teil einer neuen globalen Ordnung verstehen – so anspruchsvoll und herausfordernd dies gerade heute erscheint.

Die digitale Revolution

Die Soziale Marktwirtschaft war und ist in Deutschland seit über 70 Jahren die Grundlage für unseren Wohlstand. Sie ermöglicht herausragende wirtschaftliche Stärke und einen leistungsfähigen Sozialstaat. Sie hat ihre Anpassungsfähigkeit und ihre Kraft zur Erneuerung auch durch ökologische Fortschritte und Umweltstandards längst belegt. Unsere Wirtschafts- und Sozialordnung bietet deshalb die besten Voraussetzungen, um auch die digitale Revolution zu einem Gewinn für uns alle zu machen.

Was um uns herum geschieht, was wir mitgestalten und vorantreiben wollen, ist mehr als »Digitalisierung«. Schon die Tiefe der Veränderungen von Fertigungs- und Arbeitsprozessen und aller Dienstleistungen zeigt: Wir sind Zeitzeugen der vierten industriellen Revolution. Sie hat eine disruptive Kraft, die der Erfindung des modernen Buchdrucks vor 570 Jahren in nichts nachsteht. Gutenbergs Erfindung beendete das Mittelalter. Globalisierung, Digitalisierung und künstliche Intelligenz (KI) katapultieren uns in die neue Zeit des 21. Jahrhunderts. Der französische Staatspräsident bezeichnete seine KI-Strategie als »interdisziplinäre Kreuzung aus Mathematik, Sozialwissenschaften, Technologie und Philosophie. Das ist« – so fügte er hinzu – »absolut kritisch« (Interview im Technologiemagazin *Wired* am 31. März 2018, zitiert nach Daniel Dettling, *Zukunftsintelligenz*).

»Kritisch« war nicht gemeint im Sinne von schwierig, gefährlich, unlösbar. Nein, Emmanuel Macron sieht den ersten Anwendungsbereich für seine KI-Strategie im Gesundheitssektor, dem am schnellsten wachsenden Sektor auch unserer Volkswirtschaft. Und er verweist auf die Chancen, die wir Europäer haben, wenn wir nicht nur Anwender der neuen Technologien sind, die in den USA und Asien entwickelt werden, sondern aktive Teilnehmer, die selbst entwickeln und Standards setzen. Auch für KI und ihre Anwendungsbereiche sollten wir in Europa auf möglichst viel europäische Zusammenarbeit setzen und zugleich dafür sorgen, dass nicht neue Monopolanbieter entstehen. Wir können mit unseren Start-ups und unseren mittelständischen Unternehmen bis hin zu europäischen Unternehmen ein dezentrales Gegenmodell sein zu den Unternehmen, die in ihren Ländern durch die Regierungen vor zu viel Wettbewerb geschützt werden (Viktor Mayer-Schönberger, *Reinventing Capitalism*).

Die digitale Revolution ist innerhalb nur einer Generation in alle Lebensbereiche vorgestoßen und aus dem Alltag eines jeden von uns nicht mehr wegzudenken. Wir lernen, arbeiten, kommunizieren, organisieren und konsumieren vollkommen anders als noch vor wenigen Jahren oder gar Jahrzehnten.

Über ungezählte und fast täglich zunehmende Erleichterungen, Hilfen, Kontakt-, Bildungs-, Informations-, Mitwirkungs-, Einkaufs- und Handlungsmöglichkeiten freuen wir uns. Vieles ist faszinierend, manches lenkt uns ab. Die Zahl der Angebote und die Geschwindigkeit ihrer Zunahme bedeuten nicht immer Qualität, Tiefe und Transparenz. Insbesondere im verantwortungsvollen Umgang mit den »sozialen Medien« könnte so manche Lernkurve steiler sein.

Eine häufig festzustellende generelle Skepsis, wenn nicht sogar Kulturkritik und Ängstlichkeit gegenüber dem Neuen, das jetzt schon da ist, ist unbegründet. Das gilt auch im Hinblick auf die Auswirkungen auf den Arbeitsmarkt. Jeder Modernisierungsschub der letzten Jahrhunderte hat Berufsbilder überflüssig gemacht – und viele neue geschaffen.

Die Angst vor der Veränderung ist gleichwohl verständlich und verdient Beachtung in der öffentlichen Diskussion. Wir kennen sehr genau das, was wir verlieren, aber wir haben allenfalls eine ungefähre Vorstellung von dem, was wir neu gewinnen. Pessimismus zu verbreiten ist leicht, Optimismus hat immer auch etwas Spekulatives, etwas Hoffendes. Und auch in den Medien sind eben »bad news good news« – eine »Studie«, wie viele Millionen Arbeitsplätze mit der Digitalisierung verloren gehen, kommt immer auf die erste Seite. Das Bild eines Roboters und die Überschrift »Fortschritt macht arbeitslos« bekam die *Spiegel*-Titelgeschichte am 17. April 1978. Heute wissen wir: Automatisierung und Robotik zählen zu den wichtigsten Arbeitgebern in Deutschland. Das Ende der Arbeitsgesellschaft folgt der digitalen Revolution ebenso wenig wie zuvor die Dampfmaschine oder der Einsatz moderner Technik in der Landwirtschaft. Wirtschaftshistorische Rückblicke zeigen, dass bisher jeder epochale Innovationsschub am Ende mehr Beschäftigung durch neue Arbeitsplätze hervorgebracht und neuen Wohlstand generiert hat. Die Arbeit im digitalen Zeitalter wird anders sein als bisher, sie wird anders organisiert, sie schafft mehr Freiräume, sie gibt mehr individuelle Verantwortung – Grund genug, den Wandel anzunehmen, ihn optimistisch zu gestalten und die Chancen zu ergreifen.

Diese Aufgabe stellt sich insbesondere der Politik. Sie muss die Sorgen der Menschen ernst nehmen, den Sorgen aber auch entgegentreten und die Chancen aufzeigen. Dies gilt vor allem in Zeiten starker politischer Polarisierung. Politische Führung heute heißt, den Wandel umfassend und systemisch zu verstehen (Daniel Dettling, *Zukunftsintelligenz*) und darüber mit der Öffentlichkeit einen offenen Dialog zu führen. Reflexhafte Abwehr bedeutet Rückstand und Wohlstandsverlust.

Deutschland darf die Deutungshoheit über die digitale Revolution deshalb nicht denen überlassen, die gegen alles sind – gegen neue Technologien, gegen jede Veränderung und gegen jeden Fortschritt.

Dem Moore'schen Gesetz zufolge verdoppelt sich die Rechnerleistung integrierter Schaltkreise alle zwei Jahre. Diese bereits 1965 vom Mitgründer der Firma Intel, Gordon Earle Moore, getroffene Annahme bewahrheitet sich bis heute. Die Rechnerleistungen von heute waren noch vor wenigen Jahren unvorstellbar.

Keine Gesetzmäßigkeit sollte es dagegen sein, dass die größten Hard- und Softwarehersteller, fast alle großen Anbieter der Plattformökonomie und ein übergroßer Teil der weltweiten Speicherkapazitäten in den Vereinigten Staaten von Amerika oder in Asien, insbesondere in China, zu finden sind. Wir sind zu abhängig geworden von amerikanischen und chinesischen Rechnern und Speicherkapazitäten.

In einem gemeinsamen europäischen Weg liegt eine echte Chance. Manches lässt sich nicht auf- oder nachholen, aber Neues und Besseres zu denken und zu gestalten, kann und muss unsere gemeinsame Aufgabe sein. Nicht amerikanische Monopole oder chinesisches »social scoring«, sondern Veränderung im Wettbewerb um die besten Ideen und Geschäftsmodelle mit klaren gesetzlichen Rahmenbedingungen sind unser europäisches Modell, das ist Soziale Marktwirtschaft auch im digitalen Zeitalter. Dazu gehört unser Wettbewerbsrecht, dem sich auch amerikanische und chinesische Unternehmen unterzuordnen haben. Wer in Europa als Unternehmen tätig sein will, muss sich an europäische Regeln halten. Wir könnten sogar weltweit der Taktgeber sein, zum Beispiel mit guter europäischer Normierung im Recht der Datensicherheit. Die Chancen liegen dabei nicht so sehr in dem, was schon da ist, sondern in dem, was danach kommt. Wir diskutieren über »Sprunginnovationen«, also den nächsten großen Entwicklungsschub, der disruptiv das Alte infrage stellt. Disruptive Entwicklungen kommen aber so gut wie nie von den Dinosauriern der Gegenwart, sie kommen fast immer von außen. Darin liegen unsere Chancen als Europäer.

Die digitale Revolution ist eine friedliche Revolution – wenn sie dem Menschen dient und nicht gegen ihn gewendet wird. Es muss uns Europäern gelingen, Innovationen und Wandel, Offenheit für neue Wege und eine zupackende Chancenperspektive mit Freiheit und Verantwortung zu verbinden, dann könnte daraus ein entscheidender Wettbewerbsvorteil europäischer Anbieter und Technologien werden.

Davon sind wir allerdings noch weit entfernt. Weniger als fünf Prozent der Daten, die wir täglich auf unseren Rechnern in den Unternehmen, in privaten Haushalten und auf unseren Handys nutzen, liegen auf europäischen Servern, die Masse auf amerikanischen und zunehmend auf chinesischen Rechnern. Aber Daten sind der Rohstoff des 21. Jahrhunderts – und wenn wir leichtfertig zulassen, dass sie fast ausschließlich dort verarbeitet werden, wo man sie wie in den USA oder China als Ware und nicht als schützenswertes Individualgut sieht, dann begeben wir uns in Abhängigkeiten von Ländern, die wenig Rücksichten nehmen auf unsere Befindlichkeiten, unseren Wohlstand, unsere Gesetze und letztendlich auch auf unsere Demokratie.

Nicht Datenschutz ist deshalb das wichtigste Thema, sondern Datensicherheit und Datensouveränität. Zu Recht weist der Direktor des Hasso-Plattner-Instituts, Christoph Meinel, aber immer wieder darauf hin, dass Datensicherheit und Datensouveränität ohne digitale Infrastrukturen nicht möglich sind. Die digitale Infrastruktur in unserem Land liegt weit hinter jedem internationalen Standard und Vergleich zurück. So liegt der Anteil von Glasfaseranschlüssen an allen Festnetz-Breitbandanschlüssen in Südkorea bei 81,7 Prozent, in Schweden bei 68,9 Prozent, im OECD-Durchschnitt bei 26,8 Prozent und in Deutschland bei 15 Prozent (Zahlen Ende 2. Quartal 2020). Cloud-Lösungen für die Plattformökonomie und die großen Volumina zur Datenverarbeitung gibt es in Europa bislang praktisch nicht.

Wir müssen in Deutschland in diese digitale Infrastruktur mehr und langfristig orientiert investieren, und wir sollten nicht zu viel regulieren. Dort, wo wir regulieren, sollten wir Regulierungen mit einer Experimentierklausel versehen oder von vornherein zeitlich befristen, damit wir innovativ und veränderungsfähig bleiben.

Europa könnte mit dem »Green Deal« und dem Miteinander von Ökonomie und Ökologie gerade im IT-Bereich Maßstäbe setzen: »Clean-IT« weist in die richtige Richtung. Informationstechnik und digitale Revolution sorgen zurzeit für einen massiv ansteigenden Energieverbrauch, der CO_2-Ausstoß ist heute bereits doppelt so hoch wie der des gesamten weltweiten Luftverkehrs vor Corona. KI, Cloud-Lösungen, die Verbindung mit regenerativen Energien und deren intelligente und effiziente Nutzung könnten auch hier ökonomische und ökologische Ziele miteinander verbinden.

Das Gleiche gilt für die Landwirtschaft: Mit vernetzten und intelligenten Maschinen, mit Algorithmen, Sensorik und großflächiger Datenanalyse lassen sich Qualität und Erträge im Bereich der Tier- und Pflanzenzüchtung ohne zu hohen Ressourcenverbrauch und mit geringerer Umweltbelastung steigern. Der Produktivitätszuwachs durch »Smart Farming« kann bis zu 30 Prozent betragen – bei einer wachsenden Weltbevölkerung ein geradezu unverzichtbarer Beitrag zur Welternährung. In mehr als der Hälfte der deutschen landwirtschaftlichen Betriebe werden bereits digitale Lösungen eingesetzt, führende Unternehmen der Agrartechnik und der Saatgutveredelung kommen aus Deutschland.

Die deutsche Grundlagenforschung genießt unverändert Weltruf. Aber nach wie vor wandern zu viele junge Unternehmen an andere Standorte ab, vor allem dorthin, wo die Kapitalmärkte besser und die Märkte größer sind. Das MP3-Verfahren zur Kompression digital gespeicherter Audiodateien wurde in Deutschland mithilfe von Steuermitteln entwickelt – und wurde von Apple kommerziell zum Erfolg geführt. Doch es gibt auch andere Beispiele: Insbesondere in Berlin hat sich eine aktive und sehr erfolgreiche Gründerszene etabliert, und die Politik hat verstanden, dass wir die Unternehmen, die wichtige neue Verfahren und Produkte entwickeln, langfristig in Deutschland und in Europa halten müssen, wenn wir den digitalen Wandel mitgestalten und mitbestimmen wollen. Die

Weichen dazu werden jetzt gestellt, in diesen Wochen und Monaten. Viel Zeit bleibt uns nicht mehr.

Ein modernes Steuersystem

Auf dem Leipziger Parteitag der CDU am 1. und 2. Dezember 2003 habe ich der Partei ein neues Einkommensteuerrecht vorgeschlagen. Der einstimmig gefasste Beschluss ist als »Bierdeckel-Steuer« in die Geschichte der zahlreichen Steuerreformvorschläge eingegangen. Ich hatte in meiner Rede gesagt, das Steuerrecht müsse so einfach sein, dass sich jeder Arbeitnehmer auf einem Bierdeckel ausrechnen könne, wie hoch seine Steuerschuld sei. Daraus ist in dem weiteren Narrativ die »Steuererklärung auf dem Bierdeckel« geworden, und bis heute werde ich immer wieder gebeten, Bierdeckel mit meinem Autogramm zu versehen. Auch unser Leipziger Vorschlag teilt aber leider das Schicksal so vieler Reformvorschläge: Er ist nie verwirklicht worden.

Ich würde diesen Vorschlag von damals heute nicht mehr wiederholen. Die Zeit ist darüber hinweggegangen, vor allem können wir heute den Anspruch nicht mehr einlösen, die Unternehmen und die privaten Haushalte ungefähr in gleicher Höhe steuerlich zu belasten.

Gleichwohl kann und muss unser Steuersystem grundlegend vereinfacht werden. Ich habe über viele Monate in der Steuerreformkommission der Stiftung Marktwirtschaft unter der Leitung des renommierten Direktors des Instituts für Steuerrecht an der Universität Köln, Professor Joachim Lang, mitgearbeitet. Unser Vorschlag einer Strukturreform der deutschen Ertragsteuern folgt einigen steuerpolitischen Grundsätzen, die ich für richtig halte, und denen der Gesetzgeber in der nächsten Wahlperiode des Deutschen Bundestags folgen sollte:

- Das zukünftige Steuersystem muss sich in das internationale Steuerrecht einpassen, insbesondere in die bestehenden Doppelbesteuerungsabkommen zum Beispiel mit den USA. Ansonsten drohen kostspielige Konflikte mit anderen Ländern und Wettbewerbsnachteile für deutsche Unternehmen.
- Die Unternehmenssteuern müssen so bemessen sein, dass sie die Wettbewerbssituation unserer Unternehmen verbessern und ihre Bürokratielast verringern.
- Das zukünftige Steuersystem muss die Kommunen stärken, Anreize zu guten Standortbedingungen schaffen und den Kommunen eine verlässliche Einnahmebasis geben.
- Das Steuersystem muss die richtigen Impulse setzen für nachhaltiges wirtschaftliches Wachstum und die Schonung der Ressourcen.
- Es muss schließlich nachvollziehbar und berechenbar sein und Vertrauen schaffen für Investitionen und Konsum.

Diesen Grundsätzen zur Geltung zu verhelfen ist keine steuerpolitisch-akademische Übung für Feinschmecker, die vielleicht intellektuell Freude macht, aber ansonsten ohne größere politische Relevanz bleibt. Die Steuern sind in Deutschland in der Gesamtbelastung für die Unternehmen und die privaten Haushalte zu hoch, die Ausnahmen und Gestaltungsmöglichkeiten nach wie vor zu zahlreich. Die privaten Haushalte werden zusätzlich mit den Sozialversicherungsbeiträgen belastet, die immer größere Gehaltsbestandteile auffressen. Die Unternehmen stehen im internationalen Wettbewerb, die Steuern sind mittlerweile ein wesentlicher Teil der Kosten, die über die Wettbewerbsfähigkeit ihrer Produkte entscheiden. Last but not least: Die Finanzausstattung der Gemeinden wird immer abhängiger von punktuell geänderten Zuweisungen aus Bundes- und Landesmitteln, immer weniger von einer eigenen Steuerautonomie.

Wie könnte ein solches zukunftsfähiges Steuersystem aussehen? Grundsätzlich sollten wir ein einheitliches Unternehmenssteuerrecht schaffen, das die Steuerbelastung der Unternehmen insgesamt, also auch der Personengesellschaften, von der Tarifgestaltung der Einkommensteuer abkoppelt. Damit wäre ein erster wichtiger Schritt getan, ohne die Unternehmen in Deutschland zu zwingen, in eine Kapitalgesellschaft umzuwandeln. Die Unternehmensteuer selbst – zusammengefasst aus der heutigen Körperschaftsteuer und der Gewerbesteuer – dürfte nicht höher liegen als 30 Prozent auf ausgeschüttete Gewinne, reinvestierte Gewinne müssten niedriger besteuert werden. Eine solche Differenzierung verstößt streng genommen gegen das steuerliche Neutralitätsgebot, erscheint mir aber im Angesicht der schlechten Eigenkapitalausstattung der Unternehmen, die wir nach der Corona-Krise vielfach zu befürchten haben, wenigstens auf Zeit gerechtfertigt zu sein.

Mit Unternehmensteuer vorbelastete Ausschüttungen an Gesellschafter oder Aktionäre können dort nicht mehr mit dem vollen Satz der Einkommensteuer zusätzlich belastet werden. Deshalb lassen sich Kapitalerträge auch nicht so einfach der »normalen« Einkommensteuer unterwerfen, wie dies vor allem von der politischen Linken in Deutschland gern gefordert wird. Entweder muss die heutige pauschale Kapitalertragsteuer erhalten bleiben oder das frühere Halbeinkünfteverfahren wieder eingeführt werden. Die pauschale Besteuerung von Dividendeneinkünften ist eigentlich schon jetzt zu hoch, nimmt man die Vorbelastung durch die Besteuerung auf der Unternehmensebene hinzu, und sie widerspricht in jedem Fall der Notwendigkeit, Ersparnisse und Vermögen in privaten Haushalten durch bessere Kapitalerträge zu ermöglichen. Um Unternehmensgründungen zu erleichtern, sollten Ausschüttungen und Verkaufserlöse meines Erachtens sogar für einen gewissen Zeitraum von der Einkommensteuer vollständig freigestellt werden, denn ansonsten verlieren die jungen Unternehmerinnen und Unternehmer die Freude daran, neue Unternehmen in Deutschland zu gründen und sie in Deutschland auch auf Dauer zu erhalten.

Neben dem Anteil an der Unternehmensteuer und der bereits reformierten Grundsteuer sollten die Gemeinden eine Beteiligung erhalten an der Lohnsteuer, die in den gemeindeansässigen Unternehmen und allen sonstigen Arbeitgebern, also auch in staatlichen Behörden und Einrichtungen, gezahlt wird. Bemessen wird dies an der Lohnsumme, die selbst in Krisenzeiten relativ stabil bleibt. Hier liegt das verstetigende Element für die kommunalen Einnahmen und ein zentraler Bestandteil einer besseren Kommunalfinanzierung anstelle der schwankungsanfälligen Gewerbesteuer, die ohnehin in den letzten Jahren eine Großbetriebssteuer geworden ist. Dazu verbindet sich mit diesem Vorschlag ein besserer Anreiz für die Kommunen zur Ansiedlung von Arbeitsplätzen, unabhängig von der Betriebsgröße oder der Art der Tätigkeit. Als vierte Säule käme der heute schon bestehende Anteil an der Einkommensteuer hinzu, der dann allerdings als kommunaler Anteil im Steuerbescheid offen ausgewiesen würde und auf den die Gemeinden auch ein Hebesatzrecht anwenden dürften (wie es heute bereits im Grundgesetz steht, aber noch nie praktiziert wurde).

Dieses Modell ist in den letzten Jahren auf Initiative der Stiftung Marktwirtschaft nicht nur entwickelt, sondern mit

Zahlen und Einwohnerdaten in zahlreichen Städten und Gemeinden verprobt und durchgerechnet worden. Eine zukünftige Bundesregierung sollte den unbedingten Willen haben, eine solche Reform unseres Steuersystems durchzusetzen. Insbesondere die Gemeinden würden damit in ihrer Autonomie gestärkt, sie wären wieder entwicklungsfähig und zugleich für Einnahmen und Ausgaben aus einer Hand politisch mehr verantwortlich als in der Vergangenheit. Die kleinste politische Einheit in unserem Staatsaufbau würde Gestaltungsspielräume zurückgewinnen, die Bürger würden eine tiefere Bindung zu ihrer Stadt entwickeln, weil sie wirklich etwas zu sagen und mit zu entscheiden hätten.

Ich bleibe schließlich ein Gegner einer Vermögensteuer oder einer situationsbedingten Vermögensabgabe. Wir haben immer noch ein formal geltendes Vermögensteuergesetz, das allerdings seit 1997 aufgrund einer Entscheidung des Bundesverfassungsgerichts nicht mehr angewendet werden darf. Die Diskussion über die Wiedereinführung einer Vermögensteuer reißt seitdem nicht ab, und natürlich war Corona Grund genug für die Sozialdemokraten, die Gewerkschaften und einige Sozialverbände, von der Linkspartei ganz abgesehen, wieder einmal die Erhebung einer Vermögensteuer oder wenigstens einer einmaligen Vermögensabgabe zu fordern. Dies geschieht wie immer mit dem Hinweis auf die gestiegenen Vermögen und die größer werdenden Einkommens- und Wohlstandsunterschiede in unserer Bevölkerung.

Richtig ist, dass die Vermögensabstände größer werden. Richtig ist aber auch, dass die großen Vermögen überwiegend im Betriebsvermögen der Familienunternehmen liegen, und eine Vermögensabgabe oder gar eine Vermögensteuer zwangsläufig in die Substanz dieser Unternehmen eingreifen und sie zu einem denkbar schlechten Zeitpunkt schwächen würde. Die wirtschaftlichen Folgen der Corona-Krise werden das Eigenkapital vieler Unternehmen ohnehin angreifen, eine Belastung dieses Eigenkapitals mit zusätzlichen Steuern würde unsere Unternehmen und damit auch den Arbeitsmarkt empfindlich schwächen. Selbst wenn man sich über all diese Argumente hinwegsetzen würde, die Wiedereinführung einer Vermögensteuer würde in Deutschland schon allein daran scheitern, dass es praktisch unmöglich ist, alle Vermögenswerte, die sich in privaten Haushalten befinden, so zu erfassen und zu bewerten, dass sie als Besteuerungsgrundlage den Ansprüchen genügen, die das Bundesverfassungsgericht an die Gleichmäßigkeit der Besteuerung nach den Grundsätzen des allgemeinen Gleichheitssatzes des Grundgesetzes gestellt hat. Der Aufwand zur Erhebung und Bewertung aller Vermögenswerte wäre so hoch, dass er große Teile des Steuerertrags wieder auffräße. Ich kenne den Einwand, dass aber eine Vermögensteuer doch in vielen anderen Ländern der Welt möglich ist, in Amerika und der Schweiz und vielen EU-Ländern. In diesen Ländern führt die Vermögensteuer ein Schattendasein, sie ist sehr häufig eine Vermögensteuer auf Grundbesitz, und eine solche Steuer haben wir mit der Grundsteuer in Deutschland auch. In keinem anderen Land der Welt gibt es schließlich eine vergleichbare Rechtsprechung wie bei uns zur Geltung des Gleichheitssatzes, der Pauschalierungen und Verallgemeinerungen gerade im Steuerrecht sehr enge Grenzen setzt. Deshalb gibt es von den Befürwortern der Wiedererhebung einer Vermögensteuer außer dahingehenden allgemeinen politischen Forderungen auch keinen Gesetzesvorschlag, der diesen Vorgaben des Bundesverfassungsgerichts entspricht. Meine Vermutung ist: Es wird ihn auch in Zukunft nicht geben.

Unser Steuersystem sollte daher weitgehend auf die Besteuerung der Substanz verzichten und sich auf die Besteuerung des Verbrauchs, des Umsatzes sowie der Einkommen und Gewinne konzentrieren. Eine Entlastung der Unternehmen ist dabei vordringlich, und zwar im Interesse des Erhalts der Arbeitsplätze. Die Unternehmer unterliegen mit ihren Einkommen der Einkommensteuer, und die steigt auch in Zukunft progressiv an, das heißt, hohe Einkommen tragen auch in Zukunft nicht nur der Höhe nach, sondern auch proportional, also im Verhältnis zu ihrem Einkommen sehr viel mehr zum Steueraufkommen bei als mittlere und untere Einkommen. »Breite Schultern« tragen bei uns schon heute eine große Last, immerhin zahlen die 10 Prozent der höchsten Einkommen fast 50 Prozent der Einkommensteuern. Angesichts der absehbaren hohen Belastungen der öffentlichen Haushalte mit den Folgen der Corona-Infektionen kann ich eine Senkung der Einkommensteuer heute nicht in Aussicht stellen. Ich werde allerdings dem Gerede von den »starken Schultern«, die angeblich noch mehr tragen müssen als gegenwärtig, klar und deutlich entgegentreten. Vielleicht sollten wir umgekehrt diesen Steuerzahlern, die ehrlich sind und keine Tricks versuchen, einfach hin und wieder auch einmal danken für den Beitrag, den sie für unser Gemeinwesen leisten.

Offen bleibt aus meiner Sicht die Frage, ob und wieweit wir in Zukunft die kommerzielle Nutzung von Daten steuerlich behandeln sollten. Das könnte für Europa dann ein Thema werden, wenn wir nachvollziehen, dass Daten der neue Rohstoff der Zukunft sind und damit große Geschäftsmodelle aufgebaut werden. Wir sind in Europa noch nicht so weit, aber wir werden dahin kommen und auch kommen müssen, und dann stellt sich in Abgrenzung zu den bisherigen Besteuerungsgrundlagen des Einkommens und des Ertrags auch hier die Steuerfrage.

Chancengerechtigkeit und ein leistungsfähiger Sozialstaat

Die Steuern des Jahres 2019, die Bund, Länder und Gemeinden eingenommen haben, lagen bei knapp 800 Milliarden Euro. Die Sozialversicherungen haben im gleichen Zeitraum rund 730 Milliarden Euro eingenommen. Pro Kopf der Bevölkerung, vom Neugeborenen bis zum Rentner, ergibt dies eine statistische staatliche Abgabenlast von etwa 20.000 Euro im Jahr. Nicht mit eingerechnet sind private Versicherungen wie etwa die private Kranken- und Pflegeversicherung noch einmal in Höhe von gut 40 Milliarden Euro. Hinzu kommen weitere staatliche Nutzungslasten für die öffentliche Infrastruktur wie Grundbesitzabgaben, EEG-Umlage, Rundfunk- und Fernsehgebühren und vieles mehr, Abgaben, die hier aus Vereinfachungsgründen außer Betracht bleiben sollen. Allein mit Steuern und Sozialversicherungsbeiträgen hat unser Staat im Jahr 2019 genau 41,4 Prozent des Bruttoinlandproduktes für sich in Anspruch genommen, 3 Prozentpunkte mehr als noch vor zehn Jahren.

Betrachtet man die Summen, die hinter diesen Prozentzahlen stehen, so wird die Dimension unserer Abgabenbelastung erst richtig deutlich: Vor zehn Jahren haben wir in Deutschland gut 2,5 Billionen Euro erwirtschaftet, danach ging es jedes Jahr weiter aufwärts, im Jahr 2019 waren es schon mehr als 3,4 Billionen Euro. Noch stärker gestiegen sind allerdings die Abgaben, die Steuerlast ebenso wie die Sozialversicherungsbeiträge. 3 Prozentpunkte höhere Abgaben vom ohnehin steigenden Sozialprodukt bedeuten heute eine Mehrbelastung im Jahr von rund 100 Milliarden Euro im Vergleich zu 2009. Mit anderen Worten: Die Steuer- und Abgabenbelastung ist stärker gestiegen als die Wirtschaftsleistung. Deshalb ist es keine wirkliche Überraschung, dass der Bund trotz steigender Ausgaben den Haushalt ausgleichen konnte – ein anhaltendes Wirtschaftswachstum sowie die steigende Abgabenlast der Unternehmen und der privaten Haushalte haben es möglich gemacht, nicht eine sparsame Haushaltsführung. Der Preis für den Haushaltsausgleich ist die zweithöchste Steuer- und Abgabenbelastung aller OECD-Länder, nur noch überboten von Belgien. Die Länder, mit denen wir besonders stark im Standortwettbewerb stehen, haben dagegen in den letzten Jahren vor allem die Steuern deutlich gesenkt. Die Abstände waren in den letzten Jahrzehnten nicht so hoch wie gegenwärtig.

Auch ohne Corona hätte dies nicht so weitergehen können. Mit Corona wird die Lage der staatlichen Haushalte und der Sozialversicherungen in den nächsten Jahren äußerst angespannt. Denn jetzt verändern sich auch sukzessive die Relationen zwischen Erwerbstätigen und Rentnern. Die Babyboomer gehen in Rente, die geburtenschwachen Jahrgänge kommen in den Arbeitsmarkt. Das Verhältnis zwischen Leistungsbeziehern und Beitragszahlern verändert sich in den nächsten Jahren kontinuierlich zulasten der Beitragszahler und zugunsten der Rentner. Ohne eine weitere Reform insbesondere der Rentenversicherung lässt sich das Ziel der gegenwärtigen Koalition, den Beitragssatz für die Rentenversicherung nicht über 20 Prozent des Bruttoarbeitslohns steigen und das Rentenniveau nicht unter 48 Prozent des letzten Bruttoarbeitsentgelts sinken zu lassen (»doppelte Haltelinie«) nur einhalten, wenn der Zuschuss aus dem Bundeshaushalt in die Rentenversicherung deutlich ansteigt. Da zugleich die Ausgaben der Gesetzlichen Krankenversicherung ebenso ansteigen werden wie die der Arbeitslosenversicherung, und auch die Pflegeversicherung spätestens im nächsten Jahr gleichfalls vor Beitragserhöhungen und einem Zuschussbedarf aus dem Bundeshaushalt steht, stellt sich die Grundsatzfrage nach der Zukunftsfähigkeit unseres gesamten Sozialversicherungssystems.

Ich stimme überein mit denen, die, wie Bernd Raffelhüschen, die gesamte Entwicklung immer auch unter dem Aspekt der Generationengerechtigkeit bewerten, sowie mit den kritischen und mahnenden Stimmen aus dem Sachverständigenrat und aus fast der gesamten Wissenschaft. Insbesondere die demografische Entwicklung zwingt die nächste Bundesregierung und den nächsten Deutschen Bundestag zum Handeln.

Ich will aber auch sehr deutlich hinzufügen, es gilt auch der Sozialstaatsauftrag unserer Verfassung. Auch die berechtigte Hoffnung und Erwartung der Bevölkerung in einen funktionsfähigen Sozialstaat darf nicht enttäuscht werden. Unser Sozialstaat ist derzeit funktions- und leistungsfähig. Er trägt in hohem Maß zum sozialen Frieden in Deutschland bei. Dieser soziale Friede und der sich daraus ergebende gesellschaftliche Zusammenhalt sind hohe und wertvolle Güter. In Deutschland muss niemand existenzielle Not leiden. Auch die vielfach wiederholte Behauptung von einer zunehmenden Verarmung großer Teile unserer Bevölkerung ist falsch. Leider stimmen in diesen Chor immer wieder auch Teile der deutschen Sozialverbände und Gewerkschaften mit ein. Insbesondere einer der Verbände sticht regelmäßig hervor, jüngst mit seiner Behauptung, »Millionen Menschen« seien »abgekoppelt, ausgegrenzt, und werden immer weiter abgehängt«. Kein Wort in dieser Darstellung davon, dass seit der Flüchtlingskrise 2015 und 2016 zusätzlich 800.000 Menschen aus Syrien, dem Irak, Afghanistan und den anderen Herkunftsländern der Asylantragsteller zu den Hartz-IV-Empfängern zählen und im gleichen Zeitraum die Zahl der deutschen Hartz-IV-Bezieher um eine Million gesunken ist. Warum machen die Autoren dieser Stellungnahmen so etwas? Warum werden diese vollkommen irreführenden Zahlen in zahlreichen Medien einfach kritiklos wiedergegeben? Hier wird offensichtlich versucht, unseren Sozialstaat in seiner grundlegenden Ausrichtung zu diskreditieren und Angst, Neid und Missgunst in der Bevölkerung zu schüren.

Wenn wir in Deutschland über »Armut« sprechen, geht es immer um relative, nicht um absolute Armut. Sozialer Ausgleich ist ein Wesensmerkmal unserer Demokratie und unserer Gesellschaft. Kein Sozialstaat ist so gut, dass man daran nicht auch noch etwas verbessern könnte. Wenn unser Sozialstaat allerdings so leistungsfähig bleiben soll, wie er es in der Vergangenheit nachweislich war, dann muss sich einiges ändern.

Das gilt in besonderem Maße für unsere Alterssicherungssysteme. An dieser Stelle lässt sich nicht nachholen, was zahlreiche Kommissionen in den letzten Jahren nicht vermocht haben zu leisten. Leider ist auch die von der Bundesregierung eingesetzte letzte Renten-Kommission nicht zu einer tragfähigen Lösung gekommen. Zu groß waren die Meinungsunterschiede insbesondere bei der Frage, ob denn das beitragsfinanzierte Rentensystem auch in Zukunft in der Lage sein sollte, den wesentlichen Teil der Altersversorgung zu tragen und wie weit der Kreis der Versicherten gezogen werden sollte. Ich kann hier nur einige Grundsätze formulieren, die aus meiner Sicht für ein zukunftsfähiges Altersversorgungsmodell gelten sollten:

Man kann über den Kreis der Versicherten trefflich streiten. Diejenigen, die gesetzlich rentenversichert sind und über keine nennenswerte zusätzliche Altersvorsorge verfügen, sind schon heute von einer deutlichen Verschlechterung ihres Lebensstandards im Alter betroffen. Es macht daher aus meiner

Sicht keinen Sinn, noch mehr Versicherte in dieses System zu zwingen, etwa Beamte, Selbstständige, Einkommensbezieher oberhalb der Pflichtversicherungsgrenze bis hin zu den Abgeordneten. Eine solche Ausweitung des Kreises der Pflichtversicherten würde das Problem nur in die Zukunft verschieben, denn auch für diese Versicherten entstehen Leistungsansprüche, die eines Tages bezahlt werden müssen. Ein notleidendes System wird nicht dadurch besser, indem man die Zahl der Betroffenen erhöht.

Der weiteren Umverteilung im Steuer- und Abgabensystem sind Grenzen gesetzt. Wir verteilen ja nicht nur in großem Maßstab durch das Steuersystem um. Umverteilung zugunsten der Schwächeren in unserer Gesellschaft findet auch im Sozialsystem statt, insbesondere in der Krankenversicherung. Im weltweiten Vergleich des Ausmaßes der Umverteilung von Bessergestellten zu Schwächeren findet sich Deutschland heute schon unter den fünf führenden Ländern – weil wir, anders als zum Beispiel die skandinavischen Länder, eine starke Umverteilung über Steuern mit einer weiteren Umverteilung über die Sozialbeiträge kombinieren. Innerhalb der 37 Mitgliedstaaten der Organisation für wirtschaftliche Zusammenarbeit und Entwicklung OECD ist Deutschland mittlerweile der Spitzenreiter: Das Gehalt eines Singles wurde 2019 im Mittel mit 39,3 Prozent Steuern und Sozialabgaben belastet, im OECD-Schnitt waren es nur 25,9 Prozent.

Das gesamte Ausmaß der Umverteilung sollte auch nicht für sich genommen schon als Ausweis von »Gerechtigkeit« dienen – es kommt auf die Zielgenauigkeit der Umverteilung an. Was und wen erreichen wir? Was bewirken wir, und welche Anreize setzen wir? Verteilungsgerechtigkeit ist wichtig und erfährt in öffentlichen Debatten immer besondere Aufmerksamkeit. Sie ist aber nur ein Teil von »Gerechtigkeit«. Leistungsgerechtigkeit ist nicht weniger bedeutend – und wenn wir sie immer wieder missachten, haben wir am Ende nichts mehr zu verteilen. Gerechtigkeit erweist sich im Alltag schließlich dort am wirkungsvollsten, wo Chancengerechtigkeit besteht. Die Menschen sind nicht alle gleich und auch nicht alle gleich begabt – aber alle sollten vergleichbare und faire Chancen haben, ihren eigenen Weg zu gehen, ihr eigenes Glück zu finden und ihren Beitrag zum Wohl der Gemeinschaft leisten zu können. Ohne Gelegenheiten und Willen zum Aufstieg, ohne soziale Durchlässigkeit erstarren das Land und die Gesellschaft, nimmt die Akzeptanz auch für unsere Wirtschaftsordnung ab.

Auf Dauer und nachhaltig kann nur ausgegeben werden, was vorher auch erwirtschaftet wurde. Deshalb muss im Rahmen unserer Sozialordnung immer wieder über die richtige Balance zwischen Einnahmen und Ausgaben gerungen werden. Aber schlicht nicht durchzuhalten ist ein weiterer Anstieg des Anteils der Sozialausgaben im Bundeshaushalt. Der Bundeshaushalt musste schon lange vor Corona immer wieder als Reparaturbetrieb für die Sozialversicherungen herhalten, je nach Kassenlage wurde auch immer wieder in die Rentenformel eingegriffen. Innerhalb der letzten 50 Jahre ist der Anteil der Sozialausgaben im Bundeshaushalt von weniger als 20 Prozent auf heute über 50 Prozent gestiegen, die Folgekosten von Corona und die wegbrechenden Steuereinnahmen durch die Rezession nicht mit eingerechnet.

Auch einer weiteren Schuldenaufnahme sind Grenzen gesetzt. Schon die expliziten Schulden, also alle aufgenommenen Kredite und alten Lasten, steigen durch die Folgen der Pandemie kurzfristig von gut zwei Billionen auf wohl über 2,5 Billionen Euro an und erreichen damit wieder wie in der Finanzkrise einen Anteil von 80 Prozent unserer jährlichen

Wirtschaftsleistung. Und leider ist es mit den Schulden wie mit einem Eisberg: Der sichtbare Teil ist der kleinere. Der weitaus größere Teil des Eisbergs, die »impliziten Schulden« bestehen aus Verbindlichkeiten und späteren Lasten, aus Leistungszusagen wie die Beamtenpensionen, für die keine Rücklagen bestehen oder Rückstellungen gebildet wurden. Die Höhe dieser kommenden Ausgaben kann man aber heute schon mithilfe der »Generationenbilanz« berechnen. Wir wissen heute schon relativ genau, wer in Deutschland welche durchschnittliche Lebenserwartung hat, wer welche Krankheits- und Pflegerisiken im Durchschnitt aufweist, wer wie viele Steuern und Sozialbeiträge im Mittel zahlt und vieles mehr. In Deutschland hat das Freiburger Forschungszentrum für Generationenverträge diese Methode eingeführt, nach der inzwischen auch die Bundesregierung und die Europäische Kommission die Staatsschulden und damit auch die Belastungen zukünftiger Generationen realistischer rechnen.

Hintergrund dieses Vorgehens ist das kaum bestreitbar richtige Ziel fiskalischer Nachhaltigkeit: die Strukturen von Einnahmen und Ausgaben so in Balance zu bringen, dass das heutige Leistungsniveau möglichst dauerhaft gehalten und alle entsprechenden Leistungszusagen eingehalten werden können, ohne zukünftigen Generationen offene Rechnungen zu hinterlassen. Von diesem Ziel hat sich Deutschland leider schon vor der Pandemie trotz der »schwarzen Null« weiter entfernt. Nun, mit den Corona-bedingten Nachtragshaushalten in Bund und Ländern und einschließlich aller versteckten Verbindlichkeiten, betragen die ehrlich kalkulierten Schulden von Bund, Ländern, Kommunen und Sozialversicherungen Stand Mitte 2020 und mit einem vorsichtig optimistischen Szenario kaum fassbare 11,9 Billionen Euro, nicht 60 oder 80 Prozent unseres BIP, sondern mehr als das Dreifache unserer gegenwärtigen jährlichen Wirtschaftsleistung.

Zahlen sind nicht alles, aber gegen solche Zahlen ist kein nachhaltiger Sozialstaat zu realisieren. Wenn Kürzungen und noch mehr Schulden zulasten der Jüngeren heute vermieden werden müssen, kann das nur heißen: Neue und zusätzliche Sozialleistungen, also weitere Ausgaben für den Sozialstaat sind nur dann denkbar und verantwortbar, wenn an anderer Stelle in gleichem Umfang eingespart wird.

Wir dürfen den Sozialstaat schon in guten Zeiten nicht überdehnen. Gerade die Corona-Pandemie hat gezeigt, wie schnell neue Herausforderungen kommen können, wie wichtig staatliche und insbesondere sozialstaatliche Handlungsfähigkeit ist. Diese Handlungsfähigkeit erhalten wir nur, wenn wir in guten Zeiten sorgsamer mit unserem Sozialstaat umgehen.

Deshalb braucht Deutschland ein Moratorium für die Gesamthöhe der Sozialausgaben. Nur so bleiben genügend große Spielräume für Zukunftsinvestitionen und zentrale staatliche Aufgaben wie die äußere und innere Sicherheit. Ansonsten wird die heutige Generation ihrer Verantwortung für die Zukunftschancen nachfolgender Generationen nicht gerecht.

Generationengerechtigkeit ist ohnehin die neue soziale Frage. Nirgendwo sonst hat sich in den vergangenen Jahren ein größerer gesellschaftlicher Graben aufgetan. Der überwiegende Teil des Wohlstandszuwachses der letzten 30 Jahre kommt den über 55-Jährigen zugute, die inzwischen auch die Mehrheit der Wähler stellen. In den Altersgruppen darunter ist das inflationsbereinigte Netto zwischen 1990 und 2020 nur noch geringfügig gestiegen. Zugleich sind die unter 45-Jährigen die Verlierer und Zahler der 2014 und 2018 beschlossenen Rentenpakete, die vornehmlich der heutigen Rentnergeneration und den Babyboomern zugutekommen. Die ausgewiesenen Schulden der Corona-Krise, die in Deutschland zwischen 2023 und 2040 und in der EU mit etwas mehr Verzug getilgt werden sollen, fallen ebenfalls den heute Jüngeren auf die Füße. So zeitinkonsistent – Nutzen der Politik heute, Rechnung an die Jungen morgen – dürfen wir nicht länger handeln.

Aus all diesen Gründen und eben auch im Sinne eines neuen und fairen Generationenvertrags sollte deshalb im Hier und Jetzt unser Blick neu darauf gerichtet werden, wie wir die wirklich Bedürftigen besser erreichen und noch besser Hilfe zur Selbsthilfe leisten können. Die eigene Verantwortung muss immer im Vordergrund stehen, erst dann tritt die Solidargemeinschaft ein. Das gilt auch für das Verhältnis von Transferleistungen und erreichbaren Nettolöhnen. Es muss sich lohnen, sich anzustrengen und zu arbeiten. Dieser Satz klingt so banal und ist so oft wiederholt, er bleibt trotzdem richtig für unseren Sozialstaat.

Dieser Satz schließt ein, dass wir nicht ständig weitere »Gerechtigkeitslücken« entdecken. Man könnte den Eindruck gewinnen, dass die Zahl der »Gerechtigkeitslücken« mit steigendem Wohlstand ebenfalls ansteigt, wo sie doch eigentlich sinken müsste. Wenn man die steuerfinanzierte Grundrente allerdings als Beitrag zum Schließen einer »Gerechtigkeitslücke« sieht, dann entstehen mit dieser geschlossenen »Gerechtigkeitslücke« gleich neue »Gerechtigkeitslücken«, denn es ist alles andere als gerecht, die Grundrente denen zu gewähren, die 33 bis 35 Jahre Rentenzeiten nachweisen können, diejenigen, die einen Monat weniger gearbeitet haben, aber leer ausgehen zu lassen. Wenn – wie von der politischen Linken in Deutschland gefordert – auch die Kindergrundsicherung für alle und ohne Bedürftigkeitsprüfung kommt, dann gilt es nur noch, die dadurch entstandene größte »Gerechtigkeitslücke« zu schließen, nämlich alle diejenigen zu bedenken, die nicht mehr Kind sind, aber auch noch nicht Rentner. Dann sind wir beim staatlich gezahlten Grundeinkommen für alle, dessen bescheidene Höhe von 800 Euro, so, wie es die Befürworter vorschlagen, allerdings angesichts der allgemeinen Lohn- und Gehaltsentwicklung relativ bald ebenfalls als eine weitere »Gerechtigkeitslücke« identifiziert werden dürfte.

Wie schnell so etwas geht, beobachten wir seit geraumer Zeit bei der wieder aufgeflammten Diskussion um den gesetzlichen Mindestlohn. Ich war immer ein Befürworter eines gemäßigten, staatlich festgelegten Mindestlohns. Ich kannte und kenne alle Argumente, die dagegensprechen, aber ich konnte und kann mich bis heute nicht mit dem Gedanken abfinden, dass Menschen zu Löhnen beschäftigt werden, die selbst bei Vollzeitbeschäftigung unterhalb des Existenzminimums bleiben. Was sind das für Arbeiten, die angeblich nur so bezahlt werden können? Was sind das für Unternehmer und Verbraucher, die nicht bereit sind, für eine Arbeit oder eine Dienstleistung mehr zu bezahlen? Und die Erfahrung mit dem Mindestlohn in Deutschland hat gezeigt, dass die Befürchtungen, dass die Arbeit in größerem Umfang in die Schattenwirtschaft verdrängt wird, eben nicht eingetreten sind. Es werden in den Bereichen, in denen das früher angeblich nicht möglich war, heute bessere Löhne bezahlt, und das ist richtig und notwendig.

Richtig war auch der Mechanismus, mit dem die Festlegung und die Anpassung des Mindestlohns geschehen sollte. Der Staat sollte nicht die alleinige Entscheidung treffen, sondern auf ein Votum einer Mindestlohnkommission zurückgreifen, die aus Vertretern der Arbeitgeber, der Arbeitnehmer und der Wissenschaft besetzt ist und die für ihre Entscheidung in einer

Gesamtabwägung prüft, welche Höhe des Mindestlohns geeignet ist, wie er zu einem angemessenen Schutz der Arbeitnehmerinnen und Arbeitnehmer beitragen kann, wie faire und funktionierende Wettbewerbsbedingungen zu ermöglichen sind, und wie weit er die Beschäftigung nicht gefährdet. Die Mindestlohnkommission orientiert sich bei ihrer Empfehlung nachlaufend an der Tarifentwicklung. So kam für 2020 ein gesetzlicher Mindestlohn von 9,35 Euro zustande.

So weit, so gut. Aber seit einiger Zeit stehen Vorschläge im Raum, diesen Kriterienkatalog zu erweitern und den Mindestlohn auch am Median-Einkommen oder dem mittleren Einkommen in Deutschland zu orientieren. Dann wäre der gesetzliche Mindestlohn nicht mehr die Lohnuntergrenze oberhalb des Existenzminimums, sondern ein Preistreiber bei den Löhnen und Gehältern, der innerhalb kürzester Zeit unseren Arbeitsmarkt schwer beschädigen würde. Ein solches Vorgehen durch den Gesetzgeber würde die Tarifautonomie faktisch aufheben, denn alles, was unterhalb des Medians läge, wäre nicht mehr tariffähig, sondern bereits durch den Mindestlohn von Staats wegen vorgegeben. Das können auch die Gewerkschaften nicht wirklich wollen.

Damit auch hier kein Missverständnis entsteht: Die Freude über höhere Löhne und Gehälter teile ich. Dennoch weiß die Mehrheit der Beschäftigten, dass Arbeitsplätze nur erhalten bleiben, wenn die Arbeitskosten die Wettbewerbsfähigkeit der Unternehmen nicht gefährden. Wir haben mit der Tarifautonomie in Deutschland und mit der Lohnfindung durch die Sozialpartner außergewöhnlich gute Erfahrungen gemacht. Wir sollten das Erreichte nicht leichtfertig aufs Spiel setzen.

Auch unser Wohlstand und unsere gesamte soziale Absicherung stehen auf dem Spiel, wenn wir mit den Ressourcen, die wir haben, in Zukunft nicht ein wenig sorgfältiger umgehen. Die Quellen unseres Wohlstands liegen nicht im Ausmaß der Verteilung, sondern in der Summe dessen, was unsere Volkswirtschaft in der Lage ist zu erwirtschaften. Über lange Jahre wurden Wohlstand und Sozialstaat immer selbstverständlicher, die Wachstumsraten in der Wirtschaft aber kleiner und bei den Sozialausgaben größer. Das wird, jenseits der Bewältigung der Corona-Krise, allein aufgrund der Demografie jetzt auf den Prüfstand gestellt. Wir werden wieder mehr für eine Soziale Marktwirtschaft eintreten müssen, in der Menschen in Not weiter auf Hilfe und Solidarität zählen können, aber grundsätzlich erst einmal als zu Eigenverantwortung befähigte Bürger ernst genommen und nicht vornehmlich als Bedarfsempfänger und Bedürftige angesehen und vom Staat umsorgt werden müssen.

Es stellt sich ohnehin die Frage, ob mehr Umverteilung auch zu mehr Glück und Zufriedenheit bei den Betroffenen führt. Spätestens mit dem Wirtschaftsnobelpreis für den Amerikaner Angus Deaton im Jahr 2015 hat die sogenannte Glücksforschung mit ihren eher weichen Faktoren eine größere Bedeutung bekommen für das Maß an Zufriedenheit, das eine Gesellschaft ausmacht. Die Glücksforschung beschäftigt sich mit dem, was Menschen über den rein materiellen Teil ihres Lebens hinaus wirklich zufrieden macht. Viele verschiedene Einflussfaktoren werden dabei zu den »vier G« zusammengefasst: Gesundheit, genetische Veranlagung, vor allem Gemeinschaft und dann erst Geld. Eine zentrale Erkenntnis lautet: Am glücklichsten macht eine ausgewogene Mischung mehrerer Faktoren. Geld ist beileibe nicht alles – und selbst verdientes Geld macht zufriedener als zugewendetes. Darüber hinaus fällt ein deutlich stärkeres Maß an Lebenszufriedenheit bzw. Lebensglück bei ehrenamtlich engagierten, bei altruistisch und nachhaltig handelnden, am meisten bei in lebendigen Gemeinschaften eingebundenen Menschen auf. Gelebte Freundschaften, Familien, Engagement, Eigenverantwortung und Selbstbestimmtheit machen Lebensglück aus.

Unterstrichen wird durch die Glücksforschung auch manches, was wir eigentlich schon vorher wussten: Wer keine Arbeit hat und damit auch weniger Sozialkontakte und weniger Bestätigung der eigenen Arbeitsleistung, neigt eher zur Unzufriedenheit, die auch mit noch so gut gemeinten Transfers und Programmen nur begrenzt zu lindern ist. Alle Anstrengungen sollten noch mehr darauf ausgerichtet sein, dass und wie die Menschen durch Arbeit Teilhabe erfahren.

Joseph Kardinal Höffner, der der Katholischen Soziallehre eine besondere Prägung gab, sagte vor Jahrzehnten, es sei eine Art Versicherungsbetrug, nicht selbst für Notzeiten vorzusorgen und vor allem, sich auf das System der sozialen Sicherung zu verlassen. Dies würde er heute wohl nicht mehr so formulieren, zu sehr haben wir uns an die Allgegenwart der staatlichen Versicherungen gewöhnt. Sein Grundgedanke erinnert jedoch an ein Grundkonzept der katholischen Soziallehre und der protestantischen Sozialethik, an viele Schriften und Wortmeldungen von Oswald von Nell-Bräuning hierzu, nämlich an das Subsidiaritätsprinzip als zeitlos gültige Grundidee unserer nationalen Wirtschafts- und Gesellschaftsordnung. Demnach hat jeder Einzelne und jede kleine gesellschaftliche Einheit nicht nur das Recht, sondern auch die Pflicht zu leisten, was in seinen Kräften steht. Erst wenn diese Kräfte nicht ausreichen, soll vorübergehend die übergeordnete Ebene durch gezielte Hilfe zur Selbsthilfe zur Seite stehen. Klar formuliert die katholische Soziallehre, was heute wieder eine Diskussion verdiente: Es gehe nicht um die Frage, wie am besten umverteilt werden könne, sondern darum, wie für möglichst alle Glieder der Gesellschaft die Chancen zur Teilnahme am wirtschaftlich-sozialen, kulturellen und politischen Leben verbessert werden könnten.

Besonderes Augenmerk dabei galt zu Recht und gilt weiter der Familie als kleinstem Träger subsidiärer Sozialstaatlichkeit. Auch die moderne Glücksforschung unterstreicht: Das Glück, das die Menschen hier zu finden vermögen, die Zufriedenheit und Geborgenheit kann auch der beste Sozialstaat mit der besten Verwaltung, den besten hauptberuflichen Helfern und den höchsten Aufwendungen nicht erreichen.

Fundament Familie

Familien sind das Herz unserer Gesellschaft. Es mag etwas aus der Mode gekommen sein, dies zu sagen, aber die Lebenswirklichkeit zeigt, wie sehr gerade jüngere Menschen den Wert ihrer Familie zu schätzen wissen. Wir müssen die Familie als Einheit schützen, stützen und fördern. Zugleich muss es uns darum gehen, jedem einzelnen Familienmitglied hinreichende Entfaltungschancen zu ermöglichen. Beide Aufgaben richten sich zugleich an Staat, Berufswelt, gesellschaftliches Umfeld und nicht zuletzt an die Familien selbst. Die Möglichkeiten von Staat und Politik sind naturgemäß beschränkt. Der Staat muss nicht die »Lufthoheit über den Kinderbetten« erobern, wie es der damalige SPD-Generalsekretär Olaf Scholz 2002 formuliert hat. Dem Staat kommt in der Familienpolitik in erster Linie eine unterstützende und ermöglichende, Chancen eröffnende Rolle zu.

In den vergangenen zwei Jahrzehnten haben wir eine große Öffnung im Verständnis dessen erlebt, was Familien sind und was sie ausmacht. Diese Öffnung war notwendig und richtig. Es ist richtig, auch Patchworkfamilien, nicht nur verheiratete

Eltern und Alleinerziehende in den Blick zu nehmen und als Familien zu betrachten. Und es ist sehr gut nachvollziehbar, dass viele in langjährigen, verlässlichen Beziehungen lebende gleichgeschlechtliche Paare darauf hinweisen, sie würden letztlich konservative Werte leben. Das marginalisiert die »klassische« Familie aus Vater, Mutter und Kindern nicht. Nach wie vor leben rund drei Viertel der minderjährigen Kinder in Familien mit verheirateten Eltern (*Familienreport 2017 der Bundesregierung*). Auch ihnen muss Familienpolitik gerecht werden.

Dieses offene Familienbild gilt grundsätzlich auch für Familien mit Migrationshintergrund. Unsere Vorstellungen etwa von gleichen Chancen für Mädchen und Frauen wie für Jungen und Männer müssen auch dort gelten. Das Familieninteresse dagegen in jedem Fall über das Interesse des Einzelnen zu stellen und möglicherweise dazu noch einer eigenen (religiös begründeten) Rechtsordnung zu unterwerfen, wie wir dies in manchen Strukturen beobachten müssen, widerspricht unserem Gesellschaftsbild ebenso wie unserer Rechtsordnung.

In den letzten Jahren haben wir in der Familienpolitik einiges erreicht, um Familien gute Chancen auf Entfaltung zu geben. Wir müssen den eingeschlagenen Weg weitergehen, etwa in Bezug auf den Ausbau der familienunterstützenden Infrastruktur wie der Kinderbetreuungsangebote. Zugleich müssen wir einige Fehlentwicklungen korrigieren, indem wir zum Beispiel der Gefahr einer zu großen Ökonomisierung von Familien und Familienpolitik entgegenwirken. Familien müssen in erster Linie ein Ort der Aufmerksamkeit, der Liebe und der Fürsorge füreinander bleiben dürfen.

Die demografische Entwicklung hat dazu beigetragen, die Familienpolitik aus der politischen »Gedöns«-Ecke herauszuholen. Die Demografie trägt allerdings zugleich die Gefahr einer kollektiven »Indienstnahme« der Familien mit sich. Die Risiken zeigen sich in Bezug auf das Verhältnis der Generationen untereinander, aber auch in Bezug auf gesellschaftliche Erwartungen an Eltern im Allgemeinen und Frauen im Besonderen.

Wir haben ein gesamtgesellschaftliches Interesse daran, dass wieder mehr Kinder in Deutschland geboren werden. Unsere Bevölkerungspyramide steht auf dem Kopf. Ende 2019 lebten in Deutschland 768.000 Fünfjährige und mehr als 1,4 Millionen 55-Jährige. Eine solche Gesellschaft verliert Dynamik, Veränderungsbereitschaft und gegenseitige Rücksichtnahme. Welche Hürden und welche Mechanismen sprechen für viele Paare in Deutschland gegen ein Kind und vor allem gegen zwei und drei Kinder? Was können wir als Gesellschaft, was kann der Staat tun, um diese Hürden zu beseitigen?

Ich denke, neben der allgemeinen gesellschaftlichen Anerkennung der Familien gehört eine Arbeitswelt dazu, die Familie und Kinder mitdenkt und nicht als lästige Notwendigkeit mehr oder weniger anerkennt. Es geht nicht zuerst um den Kollektivnutzen zusätzlicher Kinder für den Erhalt unseres Wirtschafts- und Sozialsystems. Es geht um eine kinderfreundliche Gesellschaft an sich, um der Kinder wegen. Dieses Ziel lässt sich nur erreichen, wenn sich das gesamte Umfeld, in dem Familien leben und arbeiten, ändert.

Vor allem für Frauen heißt es viel zu oft »Eines ist zu wenig – beides ist zu viel«. Warum gibt es immer noch so wenig Betriebskindergärten? Warum ist die Betreuung von Kindern in Selbsthilfegruppen so schwierig und kompliziert, von Hygienestandards für die Waschbecken, Toiletten und Garderoben bis hin zu Versicherungsfragen? Warum werden nicht mehr Männer zu Kindergärtnern, Erziehern und Grundschullehrern ausgebildet? Warum lässt es das Aktienrecht nicht zu, aus einem Vorstand auf Zeit auszuscheiden und nach der Geburt und Betreuung eines Kindes durch einseitige Erklärung wieder einzutreten?

Die Erwerbsquote von Frauen steht für mich dabei nicht einmal allein im Vordergrund. Wir liegen mit einem Anteil von rund 77 Prozent Erwerbstätigen bei den 20- bis 64-jährigen Frauen zusammen mit den skandinavischen Ländern schon in der Spitzengruppe Europas. Auch die bewusste Entscheidung gegen eine Erwerbstätigkeit außer Haus verdient Respekt und Anerkennung, bei Männern und Frauen gleichermaßen. Es macht aber einen großen Unterschied, ob Menschen von sich aus sagen, sie haben viel in eine gute Ausbildung investiert, sie sind gerne im Beruf, sie wollen auch unabhängig bleiben und deswegen ihre Erwerbstätigkeit allenfalls einmal kurz unterbrechen, in jedem Fall aber »am Ball bleiben«, oder ob sie einen monetären oder gar gesellschaftlichen Druck empfinden, sich so oder so entscheiden zu müssen. Das intrinsische Motiv lässt es zu, tatsächlich eigene Familien- und Berufsvorstellungen miteinander zu vereinbaren und nicht die familienbezogenen Wünsche zugunsten einer Dominanz der Berufstätigkeit zurückzustellen.

Wir brauchen einen echten Familiensinn in der gesamten Gesellschaft. Der Corona-Lockdown hat die Belastung von Familien noch einmal ganz anders gezeigt: Haushalt, Homeoffice, Homeschooling (soweit vorhanden), Kinderbetreuung und -versorgung ohne Kita und Schule, das ist nicht einfach unter einen Hut zu bekommen, schon gar nicht mit mehr als einem Kind. Und in der Praxis hing es oftmals vor allem an den Frauen, das alles irgendwie zu schaffen, und zwar nicht nur in der Durchführung, sondern auch in der ununterbrochenen Verantwortlichkeit für alle Lösungen und mit täglicher Improvisation.

Deshalb wird mehr Homeoffice zu normalen Zeiten, wann immer die denn zurückkehren mögen, nicht für alle Eltern eine Erleichterung sein. Eine solche Regelung kann sogar dazu beitragen, Familien mit der Frage der Vereinbarkeit von Familie und Beruf weiter alleinzulassen. Mit der Zunahme des Anteils von »Kopfarbeit« in der Volkswirtschaft droht ohnehin eine zunehmende Spaltung zwischen Eltern- und Nicht-Eltern im Berufsleben, die sich massiv auf Aufstiegschancen auswirkt. Dies mag gegenwärtig noch überwiegend eine Spaltung zwischen Männern und Frauen sein. Schon jetzt sind aber die Unterschiede zwischen Müttern und kinderlosen Frauen in den Berufsbiografien messbar. In dem Maße, wie sich auch Männer aus der jüngeren Generation aktiver am Familiengeschehen beteiligen wollen und müssen, wird sich eine entsprechende Spaltung zwischen Vätern und Kinderlosen auch hier stärker zeigen.

Eine ganzheitliche Familienpolitik muss daher tatsächlich auf die Vielfalt der Bedürfnisse von Familien und Familienmitgliedern abstellen. Sie muss in erster Linie von den Familien ausgehend gedacht werden.

Deshalb bleibt für mich auch das steuerliche »Ehegattensplitting« ein unverzichtbarer Baustein für die gerechte Behandlung von Familien durch den Staat. Das Ehegattensplitting schafft einen Schonraum für Eheleute, weil es völlig neutral ist in der Frage, wie die Partner Erwerbsarbeit aufteilen. Ein Euro Verdienst wird immer gleich besteuert, egal welcher der Partner ihn in das Familieneinkommen einbringt. Die gesellschaftliche Debatte darüber hätte eigentlich spätestens in dem Moment beendet sein müssen, als gleichgeschlechtliche Paare das Ehegattensplitting richtigerweise auch für sich durchgesetzt haben. Denn nachvollziehbarerweise haben sie auf die wechselseitigen finanziellen Einstandspflichten in Eingetragenen Lebenspartnerschaften verwiesen, so wie in der Erwerbs- und Unterhaltsgemeinschaft von Mann und Frau in der Ehe.

Bezeichnend ist, dass die Gegner des Ehegattensplittings seine Neutralität in Bezug auf die Aufteilung von Erwerbsarbeit gar nicht (mehr) bestreiten. Sie verweisen jetzt darauf, dass diese Neutralität im Ergebnis zu einem flexiblen Zweiverdiener-Modell ohne exakt gleich hohen Umfang der Erwerbstätigkeit unter den Partnern führe. Tatsächlich ist ein solches Modell in ganz Europa verbreitet, und zwar trotz großer Unterschiede in den steuerlichen und sonstigen Rahmenbedingungen (Hans Bertram, *Die Zweiverdiener-Familie: Ein europäischer Vergleich*). Eine Abschaffung des Ehegattensplittings würde vor allem die unteren und mittleren Einkommen des mehr verdienenden Partners höher belasten, die oberen Einkommen aber immer weniger treffen, da der Splittingvorteil mit dem steigenden Steuersatz bis auf null zurückgeht. Neben allen Steuer- und Gerechtigkeitserwägungen würde die Abschaffung der gemeinsamen Veranlagung der Eheleute und Partner tief in deren individuelle Entscheidung zwischen Beruf und Familie eingreifen. Warum sollten Eltern mit einem gemeinsamen Einkommen von insgesamt 60.000 Euro im Jahr mehr Steuern zahlen, wenn ein Partner 40.000 Euro und der andere 20.000 Euro verdient, als wenn beide jeweils 30.000 Euro verdienen? Eine solche Bevormundung von Familien ist inakzeptabel und widerspricht den Lebensrealitäten unserer Familien im Alltag.

In meiner Partei hat es in den letzten Jahren eine intensive Diskussion gegeben, das Ehegattensplitting zu einem Familiensplitting »weiterzuentwickeln«. Ich habe diese Diskussion immer mit einer gewissen Skepsis begleitet. Eltern und ihre Kinder leben in der Regel nicht in einer Erwerbsgemeinschaft, sondern in einer Unterhaltsgemeinschaft. Soweit Eltern ihren Kindern zum Unterhalt verpflichtet sind, mindert dieser Unterhalt die steuerliche Leistungsfähigkeit der Eltern. Deshalb gibt es Kinderfreibeträge, die nichts anderes sind als Teile des Einkommens der Eltern, die grundsätzlich dem Steuerzugriff des Staates entzogen sind, und zwar unabhängig davon, wie hoch das Einkommen der Eltern ist und welcher Elternteil es in welcher Höhe verdient. In einem Steuersystem, in dem die Steuerbelastung mit steigendem Einkommen progressiv steigt, führt ein Kinderfreibetrag zwangsläufig bis zum höchsten Grenzsteuersatz zu einer höheren steuerlichen Entlastung, je höher das Einkommen ist. Der Freibetrag senkt die Progressionsbelastung bei einem Einkommen, das die Eltern zuvor selbst verdient und nicht vom Staat zugeteilt bekommen haben. Mit den Kinderfreibeträgen wird also derjenige Teil des Erwerbseinkommens, der auf die Sicherung des Existenzminimums und der Ausbildung der Kinder entfällt, steuerfrei gestellt. Die Freibeträge kommen allen Eltern zugute. Das ist nicht nur verfassungsrechtlich geboten. Es zeigt auch ein Mindestmaß an Anerkennung für Eltern, die ihre Kinder selbst ernähren können, was der Regelfall sein sollte. Für diejenigen, die keinen so hohen Steuersatz aufweisen, gleichwohl aber nicht auf staatliche Transfers angewiesen sind, kommt im Ergebnis je nach Einkommenshöhe ein voller oder partieller Kindergeldbetrag hinzu.

In der öffentlichen Debatte wird diese Wirkungsweise oft und bewusst falsch dargestellt, auch weil die Union diesen Darstellungen über viele Jahre kaum noch entgegengetreten ist. Bei vielen Familien hat sich dadurch das völlig verzerrte Bild festgesetzt, Menschen mit einem höheren Einkommen erhielten eine stärkere finanzielle Förderung für ihre Kinder.

Das führt teils zu absurden politischen Entscheidungen. So

rühmt sich die aktuelle Parteispitze der SPD dafür, beim Corona-Konjunkturpaket im Sommer 2020 durchgesetzt zu haben, dass das Sonder-Kindergeld von 300 Euro vollständig mit der finanziellen Wirkung des steuerlichen Freibetrags verrechnet werde und daher nur den Kindern aus Familien mit unteren und mittleren Einkommen zugutekomme, da die »Reichen« diese Unterstützung nicht brauchen. Die Verrechnung mit dem Freibetrag führt aber dazu, dass für eine Alleinerziehende mit einem Kind der Kinderfreibetrag das »Sonder-Kindergeld« schon bei einem zu versteuernden Einkommen von 35.135 Euro im Jahr, also knapp 3000 Euro im Monat, vollständig aufzehrt (*BMF 2020, Datensammlung zur Steuerpolitik 2019*, S. 56, Tab. 2.8.3). Mit anderen Worten: Ab 3000 Euro im Monat muss sie das zuvor ausgezahlte reguläre Kindergeld im Rahmen ihrer Steuererklärung vollständig zurückzahlen. Und sie erhält auch kein Corona-Kindergeld, denn sie muss es im Rahmen der Steuererklärung zurückzahlen.

Die hier beispielhaft genannte Alleinerziehende ist vermutlich genauso, wenn nicht mehr als alle anderen von dem Lockdown getroffen worden, hat möglicherweise Homeoffice, Homeschooling, Haushalt und Kinderbetreuung in Einklang bringen müssen. Ihr bleibt nur noch der »Entlastungsbetrag« bei der Einkommensteuer, berufstätige Paare haben noch nicht einmal den. So verfestigt sich die politische Geringschätzung der steuerlichen Kinderfreibeträge, die letztlich eine Geringschätzung der Erwerbseinkommen der Eltern bedeutet und genau das Gegenteil einer guten Vereinbarkeit von Familie und Beruf darstellt.

Ein reines Familiensplitting hingegen würde tatsächlich zu einer sehr starken Begünstigung der hohen Einkommensbezieher mit vielen Kindern führen. Deutschland hat in Bezug auf Familiengrößen in der Familienförderung jedenfalls bisher eine andere Tradition. 2019 war die Hälfte der Familien mit kindergeldberechtigten Kindern Ein-Kind-Familien. Das betraf 30 Prozent aller kindergeldberechtigten Kinder. Bei künftigen Kindergelderhöhungen sollten wir wieder sehr viel stärker nach der Kinderzahl differenzieren, so, wie dies vor Antritt der rot-grünen Koalition 1998 bereits der Fall war. Dann würde für zweite, dritte und vierte Kinder ein spürbar höheres Kindergeld gezahlt als für das erste, denn der Mehrbedarf steigt vor allem jenseits von zwei Kindern erheblich und deutlich mehr als die 31 Euro, die es heute ab dem vierten Kind gegenüber dem ersten gibt.

Es ist viel darüber diskutiert worden, dass die deutsche Familienpolitik zu stark auf Geldleistungen und zu wenig auf familienunterstützende Infrastruktur setze. In der Tat gibt es bei der familienunterstützenden Infrastruktur einen Nachholbedarf. Ihr Ausbau hat auch für die kommenden Jahre Priorität. So muss es etwa darum gehen, die Betreuungskapazitäten, die zuletzt für Kleinst-, Kindergarten- und Vorschulkinder massiv ausgebaut wurden, entsprechend auch für Grundschulkinder anzubieten. Denn der Bedarf hört ja nicht im Alter von sechs Jahren schlagartig auf.

Es spricht sehr viel dafür, die finanziellen Ressourcen in diesem Handlungsfeld in den kommenden Jahren auf die Fortentwicklung des Angebots zu konzentrieren. In der gegenwärtigen Situation ist der quantitative und vor allem der qualitative Ausbau der Angebote wichtig. Die Erzieherinnen und Erzieher verdienen nicht nur eine höhere soziale Anerkennung, sondern auch eine bessere Ausbildung. Im Ergebnis geht es darum, mit der Lebenszeit der Kinder sorgfältig umzugehen und ihnen Reifung und Entfaltung zu ermöglichen. Das bedarf entsprechender pädagogischer Konzepte.

Die jahrelange Diskussion über die Grundrente hat in

Deutschland schließlich das tatsächliche Bild der Bedürftigkeit nach Altersgruppen verzerrt. Die Gruppe der Rentnerinnen und Rentner ist nämlich trotz aller Probleme, die es in dieser Gruppe gibt, die am wenigsten bedürftige Altersgruppe in Deutschland. Auf einen Rentner, der nach bisheriger Rechtslage Grundsicherung im Alter bezieht, kommen zwei Menschen im Erwerbsalter, die Hartz IV beziehen und sogar vier Kinder, die Sozialhilfe erhalten. Kinder, nicht das Lebensalter, sind in Deutschland immer noch das größte Armutsrisiko. Aber Kinder haben leider keine Lobby.

Einwanderung und Integration

Die Ereignisse im Spätsommer und Herbst des Jahres 2015, als eine hohe Anzahl von Flüchtlingen weitgehend unkontrolliert nach Deutschland kamen, beherrschte über Monate die politische Tagesordnung und hat in Deutschland zu schweren politischen Auseinandersetzungen geführt. Auch wenn die akute Flüchtlingskrise zurzeit beendet ist, führen wir eine unverändert kontroverse Diskussion darüber, wie die zu uns gekommenen Menschen, die größtenteils aus uns fremden Kulturräumen stammen, am besten integriert werden können und wie weit überhaupt unsere Aufnahmefähigkeit reicht.

Dabei ist die Tatsache, dass Deutschland Menschen aus anderen Ländern temporär oder dauerhaft aufnimmt, nicht neu. Die Bundesrepublik Deutschland war schon lange vor der jüngsten Flüchtlingskrise das größte Einwanderungsland Europas. Seit seiner Gründung im Jahr 1949 ist Deutschland weltweit zu einem Sehnsuchtsort für Menschen geworden, die sich und ihre Familien vor Krieg und Repression in Sicherheit bringen wollen oder das Bedürfnis haben, ein höheres Wohlstandsniveau zu erlangen – nicht selten sind es mehrere Beweggründe, die zusammenwirken und sich nicht immer voneinander trennen lassen.

Rückblickend lassen sich in der Geschichte der Bundesrepublik mindestens drei »Einwanderungswellen« erkennen, die der letzten Phase des verstärkten Zuzugs von Migranten vorausgingen. Unmittelbar nach dem Ende des Zweiten Weltkriegs kamen deutsche Flüchtlinge aus den ehemaligen deutschen Ostgebieten und aus Ost- und Südosteuropa in großer Zahl in die Bundesrepublik. Hinzu kamen Übersiedler aus der DDR, die den repressiven Verhältnissen in der sowjetischen Besatzungszone bzw. im neu gegründeten kommunistischen Staat zu entkommen versuchten. In den 50er-Jahren führten dann das »Wirtschaftswunder« und die Folgen der Kriegsverluste zu einem Arbeitskräftemangel, dem die Regierung Adenauer am 20. Dezember 1955 mit dem ersten Anwerbeabkommen mit Italien begegnete. Die sogenannten »Gastarbeiter« sollten – so die ursprüngliche Vorstellung auf allen Seiten – nur für kurze Zeit in Deutschland bleiben, bis die Konjunkturspitze vorüber war. Für sie wurden Baracken in der Nähe der Fabriken und Stollen errichtet, es kamen fast nur Männer. 1960 folgten Anwerbeabkommen mit Griechenland und Spanien, später mit der Türkei, Marokko, Portugal, Tunesien und Jugoslawien. Insgesamt waren bis 1973 14 Millionen Gastarbeiter in die Bundesrepublik gekommen, die größte landsmannschaftliche Gruppe waren die Italiener, von denen die meisten längst nach Italien zurückgekehrt sind. Andere – wie beispielsweise die Türken – blieben jedoch mehrheitlich in Deutschland, nicht zuletzt weil die deutschen Unternehmen nicht ständig neue Arbeitskräfte anlernen wollten. Und sie holten ihre Familien nach, insbesondere nachdem 1973 ein Anwerbestopp verfügt wurde und sie vor die Alternative gestellt wurden, zu bleiben oder in ihr Heimatland zurückzugehen. So wurde aus vorübergehender Anwerbung von Arbeitskräften millionenfache Einwanderung.

Die dritte Phase begann in den 80er-Jahren, als Bürgerkriegsflüchtlinge aus Südostasien, dem Mittleren Osten – insbesondere aus dem Libanon – und der Balkanregion in Deutschland aufgenommen wurden. In Reaktion auf diese Zuwanderung formierten sich damals die rechtspopulistischen Republikaner um den bayerischen Politiker Franz Schönhuber. Im Zuge intensiver Debatten, die ich damals als junger Abgeordneter im Europäischen Parlament miterlebte, wurde der sogenannte Asylkompromiss im Jahr 1993 beschlossen, der die Zuwanderungszahlen wieder senkte. Danach haben Personen, die zwar in ihrem Heimatstaat politisch verfolgt werden, aber über einen sicheren Drittstaat einreisen, keine Möglichkeit mehr, als Asylberechtigte in Deutschland anerkannt zu werden. Dieses Regime gilt bis heute fort und steht nach wie vor im Mittelpunkt unserer Diskussionen über eine gesamteuropäische Asyl- und Einwanderungspolitik.

Der Streit darüber, ob Deutschland nun ein Einwanderungsland ist oder nicht, ist mit dieser Einwanderungsgeschichte faktisch entschieden. Einwanderung nach Deutschland ist Realität – und Deutschland braucht sie auch, um die Folgen des Geburtenrückgangs und des daraus resultierenden Arbeitskräftemangels wenigstens teilweise zu kompensieren. Ohne Einwanderung wird Deutschland seinen Wohlstand nicht erhalten können. Schon heute hat rund ein Viertel der in Deutschland lebenden Menschen einen Migrationshintergrund, in einigen Bundesländern ist der Anteil sogar höher.

Wir sind also ein Einwanderungsland. Und doch tun wir uns nach wie vor schwer damit, vor allem aus zwei Gründen. Denn erstens geht in der öffentlichen Debatte völlig durcheinander, ob von Flucht- und Asylmigration die Rede ist oder von gesteuerter Arbeitsmigration – beides folgt aber völlig unterschiedlichen Logiken. Und zweitens wird viel zu wenig differenziert – während die einen, vor allem auf der linken Seite, Zuwanderung nach Deutschland in jedem Fall für etwas Gutes halten, machen sich auf der rechten Seite nationalistische Ressentiments breit. Politik aber, zumal eine erfolgreiche Migrations- und Integrationspolitik, beginnt mit einer realistischen Bestandsaufnahme der Wirklichkeit.

Durch Zuwanderung ist Deutschland bunter und vielfältiger geworden. In vielen Fällen ist die Integration der Zugewanderten gut gelungen, es gibt herausragende Künstler, Wissenschaftler, Sportler und Unternehmensführer unter ihnen. Gleichzeitig könnten viele Stellen in Unternehmen und Dienstleistungsberufen nicht mehr besetzt werden, wenn wir diese Mitbürgerinnen und Mitbürger in Deutschland nicht hätten. Wir könnten die meisten Krankenhäuser und Altenheime ohne sie nicht betreiben. Und in der Corona-Krise zeigt sich einmal mehr, wie sehr wir aufeinander angewiesen sind.

Die deutsche Gesellschaft hat sich für Einwanderung geöffnet und in der Flüchtlingskrise ein beeindruckendes Maß an Solidarität und Hilfsbereitschaft unter Beweis gestellt. Zugleich aber sind Defizite nicht zu übersehen: Mit dem Zuzug einer so großen Zahl von Flüchtlingen wie um die Jahreswende 2015/2016 sind Herausforderungen verbunden, die wir in dieser Dimension bisher nicht kannten. Die Sicherheitsbehörden waren und sind bis heute besorgt darüber, dass noch nicht einmal die ordnungsgemäße Registrierung aller Flüchtlinge gelungen ist. Das Bundesamt für Migration und Flüchtlinge konnte rund 900.000 Schutzsuchende erfassen. Mindestens 200.000 Flüchtlinge sind nach übereinstimmenden Schätzungen der Bundespolizei und der Hilfsorganisationen aber ohne Registrierung eingereist und leben in Deutschland mit unbekanntem Aufenthaltsort.

Wir werden aber auch mit vielen Problemen zu wenig gelungener Integration in der zweiten, dritten und bald auch vierten Generation der Einwanderer vor allem aus muslimisch geprägten Herkunftsländern konfrontiert. Statt sich in der deutschen Gesellschaft zu etablieren und sozial aufzusteigen, wie wir es Einwanderern wünschen, stauen sich Probleme am Rande der Gesellschaft. Hier erlebt Deutschland, so hat es Ruud Koopmans in *Das verfallene Haus des Islam* formuliert, »die Krise der islamischen Welt im Kleinformat«.

Damit sind wir bei dem immer wieder heftig umstrittenen Satz »Der Islam gehört zu Deutschland«, den der frühere Bundespräsident Christian Wulff sich am 3. Oktober 2010 in seiner Rede zum 20. Jahrestag der Deutschen Einheit zu eigen machte. Wenn mit dieser Formulierung gemeint ist, dass der Islam als Religionszugehörigkeit einer relevanten Gruppe von Menschen zu Deutschland gehört, so ist dieser Satz ebenso einfach wie richtig. In Deutschland leben nach Schätzungen des Bundesamts für Migration und Flüchtlinge knapp fünf Millionen Muslime, das sind etwa 6 Prozent der Bevölkerung.

Aber ganz so einfach ist es nicht. Als reine Religionszugehörigkeit wird der Islam von der Mehrheit der Bevölkerung nicht verstanden. In der öffentlichen Debatte wird der Islam oftmals mit islamistischem Terrorismus, der Unterdrückung der Frauen, der Haltung zur Homosexualität und der Ablehnung des Existenzrechts des Staates Israel bis hin zum offenen Antisemitismus in Verbindung gebracht. Dem wird zu Recht entgegengehalten, dass es »den« Islam gar nicht gibt – dann aber kann »der« Islam auch nicht zu Deutschland gehören (Ruud Koopmans, *Jahrestagung der Nationalstiftung 2017*). Vor diesem Hintergrund ist der Satz unterkomplex, er hilft uns nicht weiter. Wir müssen stärker differenzieren und versuchen, zielgenaue und realistische Lösungen zu finden.

Wo also liegen die zentralen Probleme? Das erste Problem hängt mit einem Teil der Einwanderer zusammen, die erst in jüngerer Zeit nach Deutschland gekommen sind und die wegen nicht abgeschlossener Asylverfahren lediglich einen Duldungsstatus besitzen oder aufgrund der Gefahrenlage in ihren Herkunftsländern subsidiären Schutz genießen. Die Silvesternacht von Köln zum Jahreswechsel 2015/2016 war der bisher schlimmste Fall von Massenstraftaten überwiegend gegen Frauen, verübt von einer Gruppe von bis zu 1000 Personen heraus. Diejenigen, deren Personalien von der Polizei festgestellt werden konnten, waren zum Großteil Asylbewerber aus Algerien, Marokko, dem Irak und Syrien, weniger als 10 Prozent waren deutsche Staatsangehörige. Eine größere Zahl der namentlich festgestellten Beschuldigten lebte illegal in Deutschland, bei einigen konnten Status und Herkunft nicht geklärt werden.

War das ein Einzelfall? Ja, jedenfalls bisher und in diesem Ausmaß. Jeden Tag aber erleben Polizistinnen und Polizisten, mit welcher Aggressivität ihnen vor allem junge Männer auf der Straße begegnen, die aus muslimischen Elternhäusern und Heimatländern stammen. In meiner Heimatstadt, einer ganz normalen mittelgroßen Stadt ohne besondere Brennpunkte, höre ich seit Jahren vor allem von Lehrerinnen, dass sie in ihren Klassen von der Grundschule an kaum noch in der Lage sind, Kinder mit muslimischem Hintergrund ordnungsgemäß zu unterrichten. Auch die Eltern dieser Kinder, allen voran die Väter, würden sich regelmäßig gegen sie stellen und ihnen als Frauen sogar das Recht absprechen, ihren Kindern, vor allem den Söhnen, überhaupt etwas zu sagen. Dies sind keine Einzelfälle, sondern erlebter Schulalltag vor allem in den großen Städten.

Im Juni und Juli 2020 kam es in Stuttgart und Frankfurt zu nächtlichen Ausschreitungen. Unter den 50 Personen, die in Stuttgart zumindest für eine kurze Zeit in Gewahrsam genommen werden konnten, waren lediglich acht deutsche Staatsangehörige, die nicht aus einer Einwanderungsfamilie stammten, und nur zwei Frauen. Die nicht deutschen Tatverdächtigen stammten aus Afghanistan, Nigeria, dem Irak, Marokko, Somalia, Portugal, Kroatien, Griechenland und einigen weiteren europäischen Ländern.

Spätestens an dieser Stelle wird mir vermutlich »Islamophobie« und Rassismus vorgeworfen. Darum möchte ich eine unverdächtige Person zu Wort kommen lassen, die sich beruflich mit diesen Geschehnissen befassen muss. Sie schrieb am 26. Juli 2020 unter voller Namensnennung in der *Frankfurter Allgemeinen Sonntagszeitung*:

Ich bin Strafrichterin. Und ich bin Mitglied bei den Grünen. Und verzweifle seit Jahren an meiner Partei und ihrer Lebenslüge vom grundsätzlich guten Geflüchteten und vom grundsätzlich bösen Überwachungsstaat. Die ganz große Mehrheit der Partei weigert sich hartnäckig, die vielen Probleme, die Migration neben Chancen eben auch mit sich bringt, zur Kenntnis zu nehmen. Weil nicht sein kann, was nicht sein darf. Beim Amtsgericht erlebe ich – leider – tagtäglich, dass es überproportional viele Straftäter mit Migrationshintergrund gibt. Dass viele, vor allem aus Nordafrika und dem Nahen Osten stammende Täter keinerlei Respekt vor der Polizei, dem Gericht oder überhaupt dem deutschen Staat haben. Dass Frauen ohne Begleitung durch Ehemann oder Bruder sexuelles Freiwild sind. Dass viele seit Jahren eine Straftat nach der anderen begehen und immer noch nicht abgeschoben sind. Und dass in erschreckend vielen Köpfen kein Verständnis für unsere regelbasierte, liberale Gesellschaftsordnung vorhanden ist. Das alles ist sehr unschön. Aber es ist die Realität. Solange die

Grünen sich da nicht ehrlich machen, sind sie nicht voll regierungsfähig.

Dieser Bericht aus dem Berufsalltag einer Richterin wird bestätigt durch Studien, die belegen, dass fast 70 Prozent der männlichen Teilnehmer einer Befragung, die alle selbsterklärte, gläubige Muslime im Schulalter waren, verlangen, dass die Gebote des Koran exakt befolgt werden müssten; 27 Prozent geben an, dass sie bereit seien, für den Islam zu kämpfen und gegebenenfalls auch ihr Leben zu riskieren; mehr als ein Drittel sagt, dass die brutalen Strafen der Scharia für Ehebruch und Homosexualität anstelle der deutschen Rechtslage gelten sollen (Christian Pfeiffer u. a., *Zur Entwicklung der Gewalt in Deutschland*).

Wir sollten uns daher eingestehen: Zu viele muslimische Migranten haben ein Problem mit der Werteordnung unseres westlichen europäischen Lebensstils. Hauptgrund dafür können weder Fremdenfeindlichkeit in den Aufnahmeländern noch mangelnde Sprachkenntnisse allein sein. Auch die in den 70er- und 80er-Jahren aus Vietnam eingewanderten Bürgerkriegsflüchtlinge kamen mit geringen Sprach- und Bildungskenntnissen nach Deutschland. Trotzdem gelang es nach relativ kurzer Zeit, diese Einwanderungsgruppe gut zu integrieren – und in den aktuellen Diskussionen über Einwanderung und Integration spielt diese Gruppe praktisch keine Rolle mehr. Die so deutlich auseinanderklaffenden Erfolgsbilanzen der Integration von muslimischen Migranten und jenen anderer religiöser und kultureller Prägung sind nur so zu erklären, dass Erstere sich anders als andere Einwanderergruppen oft ganz bewusst von der Bevölkerung ihres Aufnahmelandes abkapseln und Integration einfach nicht wollen (Thomas Sowell, *Migrations and Cultures: A World View*).

Schlechte bis gar nicht vorhandene Bildungssysteme, sehr

hohe Geburtenraten, die sozioökonomische Benachteiligung von Frauen, der Ehrbegriff in den Familien – all das sind religionsspezifische Hindernisse auf dem Weg hin zu einer erfolgreichen Integration in den europäischen Aufnahmeländern. Die faktische Isolierung vieler Frauen von ihrer neuen Umgebung, von den Schulen der Kinder angefangen bis hin zu sozialen und kulturellen Kontakten und Angeboten des Landes, in dem sie leben, hat mit dem Frauenbild zu tun, das fast überall in der islamischen Welt unverändert gilt und das mit den Standards westlicher Gesellschaften kollidiert (Ayan Hirsi Ali, *Immigration, Islam, and the Erosion of Women's Rights*).

Was folgt aus alledem? Wie könnte eine gut formulierte Einwanderungs- und Integrationspolitik aussehen, die einerseits gegenüber denjenigen, die zu uns kommen, fair und verständlich ist, und andererseits für die gesamte Bevölkerung tragbar ist? Es geht um nicht weniger als eine Migrationspolitik, die Humanität und Interessen verbindet, und um ein Integrationsverständnis, das die offene Gesellschaft und verbindliche Erwartungen kombiniert.

Eine realistische und zielgerichtete Migrationspolitik beginnt damit, das nationale und europäische Asyl- und Flüchtlingsrecht einschließlich der Genfer Flüchtlingskonvention vom Einwanderungsrecht zu unterscheiden. Das Asyl- und Flüchtlingsrecht definiert sich aus einer humanitären Grundhaltung gegenüber Flüchtlingen und Schutzsuchenden. Das Einwanderungsrecht orientiert sich an der Interessenlage des Einwanderungslandes – das gilt für alle Einwanderungsländer der Welt, die ein Einwanderungsrecht kennen. Mit dieser Unterscheidung würde auch die Diskussion über Deutschland als Einwanderungsland leichter fallen, denn dann ist Deutschland ein Land der gezielten Einwanderer mit einem Steuerungsprozess, den der Staat in der Hand behält.

Mit dem Asylkompromiss des Jahres 1993 ist das Grundrecht auf Asyl insoweit eingeschränkt worden, als Flüchtlinge, die über ein EU-Land oder ein anderes europäisches Land einreisen, keinen Anspruch auf Asyl mehr haben und sofort abgewiesen werden können. Auch Asylbewerber aus sicheren Herkunftsstaaten, also aus Ländern, in denen keine politische oder religiöse Verfolgung oder unmenschliche Behandlung droht, haben keinen Anspruch auf Asyl. Außerdem gelten die Transitzonen auf den Flughäfen als extraterritoriale Gebiete, in denen eingereiste Asylbewerber bis zu 19 Tagen festgehalten werden können, damit in dieser Zeit der Asylantrag geprüft werden kann.

2015 ist dieses System faktisch zusammengebrochen, als sich deutsches und europäisches Asylrecht, humanitäres Völkerrecht und die Rechtsprechung des Europäischen Gerichtshof für Menschenrechte (EGMR) so überlagert haben, dass sie sich gegenseitig blockierten und dysfunktional wurden.

Nach den Bestimmungen der Drittstaatenregelung, die auch in anderen europäischen Ländern gilt, und dem Dublin-Verfahren der EU hätten die Flüchtlinge auf der sogenannten Balkanroute in dem Land registriert werden müssen, in dem sie die Europäische Union betreten. Dieses in mehreren Verordnungen der EU geltende Verfahren soll sicherstellen, dass jeder Asylantrag nur in einem Mitgliedsland der EU gestellt und geprüft wird. Allein die große Zahl der Flüchtlinge hätte dies sehr erschwert, denn es wären vor allem die südosteuropäischen Länder verpflichtet gewesen, diese Registrierungen vorzunehmen. Deren mangelnde Bereitschaft, sich an die europäischen Vereinbarungen zu halten, hat genauso wie die »Willkommenskultur« in Deutschland dazu beigetragen, dass der größte Teil der Flüchtlinge nach Deutschland wollte und letztendlich auch hierhergekommen ist.

Über die deutsche Flüchtlingskrise ist viel diskutiert und geschrieben worden, es gab neben großer Zustimmung in Teilen der Bevölkerung auch harte Kritik und erhebliche politische Auseinandersetzungen. Heute besteht weitgehend Einigkeit darüber, dass sich eine solche unkontrollierte Zuwanderung nicht wiederholen darf. Notfalls müssen wir auch bereit sein, die innereuropäischen Grenzen wieder zu kontrollieren und zu schließen, wie es die Mitgliedstaaten der EU auf dem Höhepunkt der Corona-Krise getan haben, so schmerzhaft anzusehen und zu ertragen das für alle war, die sich – wie ich auch – dauerhaft ein Europa ohne Binnengrenzen so sehr wünschen. Vor allem aber besteht ein dringender europäischer Reformbedarf der Rechtswege, über die Menschen aus anderen Ländern zu uns kommen können. Hier ist nachdrückliches deutsches Engagement gefordert.

Rechtliche Reformen beantworten freilich noch nicht die entscheidende Frage, wie diejenigen, die längere Zeit in Deutschland bleiben wollen und können, wirksam in die deutsche Gesellschaft integriert werden können – und zwar so, dass sich diese Aufgabe nicht bei jeder Generation von Neuem stellt.

Die CDU wünscht die erfolgreiche Integration von Migranten und ihren Sozialaufstieg in der deutschen Gesellschaft. Anders als weite Teile der politischen Linken verstehen Christdemokraten unter Integration allerdings nicht allein den Abbau von Rassismus, Diskriminierung und Benachteiligung durch die Aufnahmegesellschaft. Ja, es gibt in Deutschland Rassismus, Diskriminierung und Benachteiligung von Menschen mit Migrationshintergrund. Muslime, die bereits vorher in anderen europäischen Ländern gelebt haben, etwa in Großbritannien, berichten von einem deutlich toleranteren Klima schon im Hinblick auf ihr äußeres Erscheinungsbild wie Bart,

Frisur und Kleidung (*Muslime in Deutschland, Befragung im Auftrag des BMI 2007*). Diese Intoleranz hat in Teilen der Gesellschaft in den letzten Jahren zugenommen bis hin zu offenem Ausländerhass im rechtsradikalen Parteienspektrum. Gegen diese grundsätzlich ausländerfeindliche Haltung müssen die gesellschaftlichen Institutionen, die Regierungen, die Parlamente, die Parteien, die Kirchen, die Gewerkschaften und Arbeitgeberverbände, die Sozialverbände und vor allem die vielen Vereine in unserem Land geschlossen und unmissverständlich zusammenstehen. Und auch das gehört zur Realität in Deutschland: Es gibt viele ermunternde Beispiele, dass dies geschieht, nicht immer mit dem Erfolg, den wir uns wünschen, aber dieses gesellschaftliche Engagement gegen Ausländerfeindlichkeit und Intoleranz zeichnet unsere Gesellschaft aus.

Aber Integration ist keine Einbahnstraße. Auch diejenigen, die nach Deutschland kommen und hier auf Dauer leben wollen, müssen ihren Beitrag zur Integration leisten. Grundsätzlich müssen wir erwarten, dass diejenigen, die in unser Land kommen, von sich aus die Regeln, Normen und Verhaltensweisen akzeptieren, die hier gelten und die sich hier über Jahrzehnte und länger entwickelt haben. Das ist eine Selbstverständlichkeit für jeden, der in ein anderes Land geht und dort leben möchte. Gesetze, Regeln, Normen und Gebräuche sind ein wesentlicher Teil unseres Zusammenlebens, auch des kulturellen Miteinanders. Dieses Gerüst mag mit »freiheitlich-demokratischer Leitkultur« unvollkommen ausgedrückt oder nicht vollumfänglich erfasst sein; aber die rein formale Anerkennung der Bestimmungen unseres Grundgesetzes allein reicht zur Integration nicht aus. Respekt und Höflichkeit im Umgang miteinander, auch im öffentlichen Leben, die uneingeschränkte Anerkennung der Frauen, geübte Toleranz gegenüber anderen politischen Meinungen bis hin zum Respekt vor christlichen Festen und Feiertagen, all das steht nicht im Grundgesetz und lässt sich auch nicht durch Gesetze anordnen. Es erfordert einen aktiven und auch einen emotionalen Beitrag zur Integration in Deutschland. Wir wollen, dass aus Einwanderern Staatsbürger unseres Landes werden. Staatsbürger haben Rechte *und* Pflichten gegenüber dem Land, in dem sie wohnen.

Dieser Zusammenhang erscheint mir nicht zuletzt angesichts der »identity politics«, die aus den Vereinigten Staaten von Amerika mehr und mehr auch nach Europa kommen und mittlerweile auch bei uns eine gewisse Konjunktur genießen, besonders wichtig. Der amerikanische Politikwissenschaftler Francis Fukuyama hat sich intensiv mit diesem Thema (*Identität: Wie der Verlust der Würde unsere Demokratie gefährdet*) beschäftigt, und er kommt zu dem sehr beunruhigenden Schluss, dass sich Teile der westlichen Gesellschaften in immer enger definierten Gruppen vom Rest der Gesellschaft abkapseln (»Siloing«) und dass daraus eine ernsthafte Bedrohung für den Fortbestand unserer liberalen Demokratie entstehen kann. Es muss auch in unserer Zeit möglich bleiben, einen lebendigen Pluralismus, in dem sich Individuen unterschiedlichster Herkunft, Religion, Ethnie, Sexualität und Geschlecht frei entfalten können, zu pflegen und gleichzeitig eine gemeinsame Verständnisgrundlage der alltagskulturellen Verhaltensregeln und Verhaltenserwartungen zu haben, die das gemeinsame Zusammenleben ermöglichen und auch eine innergesellschaftliche Bindung erzeugen, die uns die Robustheit zur Bewältigung externer Herausforderungen verleiht, die ein Land in bestimmten Situationen benötigt. Offenheit *und* Verbindlichkeit – das ist die Grundlage für ein neues Integrationsverständnis, das für alle gilt und das die unselige trennende Unterscheidung zwischen »uns« und »euch«, zwischen »wir« und »ihr« überwindet.

Wie könnte diese gemeinsame Verständnisgrundlage aussehen? Neben der unabdinglichen Voraussetzung, sich mittels der deutschen Sprache verständigen zu können, geht es um allgemeine Standards, die dem alltäglichen Umgang der Bürger miteinander zugrunde liegen sollten, und die über Recht und Grundgesetz hinausgehen. Dabei geht es nicht um »deutsche Tugenden«, sondern um Verhaltenserwartungen, die in einem weiten Sinne als »westlich« oder, wie bereits genannt, als »European way of life« bezeichnet werden können. Dazu gehören zum Beispiel Höflichkeit und Respekt im Umgang zu wahren und diese auch nicht als Schwäche zu verstehen. Verbindlichkeit bei Absprachen oder Vereinbarungen zu schätzen; Kompromissbereitschaft in Konfliktsituationen zu zeigen; vor allem: keinen absoluten Wahrheitsanspruch zu reklamieren. Darüber hinaus muss es auch darum gehen, gewisse gesellschaftspolitische »Haltungen« von allen Bürgern einzufordern: die Gleichberechtigung der Geschlechter anzuerkennen; die Gleichwertigkeit jedes Menschen zu akzeptieren und jegliche Diskriminierung zu unterlassen; die Achtung des Individuums, und dessen freie Selbstbestimmung, zu wahren; Respekt für die christlich-abendländische Kultur und das historische Erbe unseres Landes – einschließlich der besonderen Verantwortung, die sich für uns aus der Erfahrung des Holocaust ergibt. Das sind sozusagen die »Leitplanken«, innerhalb derer wir uns alle in unserer Unterschiedlichkeit frei bewegen dürfen und sollen, aber ohne solche Begrenzungen geht es nicht. Und wie gesagt: Es sind Erwartungen, die sich an alle richten, ob mit oder ohne Migrationshintergrund – Erwartungen, die nicht ausgrenzen, sondern integrieren.

Ein wesentlicher Bestandteil dieser Integrationsarbeit muss

die Einbeziehung der muslimischen Gemeinden und Verbände in einen offenen Dialog darüber sein. Ziel muss es sein, die muslimischen Verbände perspektivisch als Teil der Lösung zu gewinnen.

Von diesen Verbänden und Vereinen wird das muslimische Alltagsleben in Deutschland bestimmt, etwa von der Türkisch-Islamischen Union der Anstalt für Religion, kurz DITIB, als größtem Moscheeverband, der direkt der türkischen Regierung untersteht. Die Türkei entsendet Imame nach Deutschland, organisiert den Islamunterricht und finanziert den Bau von Moscheen in Deutschland. Solche Freiheiten sind für die katholische und evangelische Kirche in der Türkei vollkommen undenkbar. Finanzierung, inhaltliche Ausrichtung und Personalentscheidungen vieler muslimischer Verbände und Vereine bleiben undurchsichtig und öffnen dem Einfluss des politischen Islam aus den arabisch-muslimischen Ländern große Einflussmöglichkeiten. In der weitgehend abgeschotteten Welt der Moscheen und Koranschulen können sich Salafismus und Radikalisierung ausbreiten.

Offenheit und Verbindlichkeit als Leitlinien bedeuten in diesem Fall, den organisierten Islam zu einem dauerhaften Dialog mit staatlichen Institutionen, mit Regierungen und Parlamenten und mit der Zivilgesellschaft in Deutschland zu veranlassen. Wie schwierig dies ist, haben die mehr als zehn Jahre andauernden Gespräche und Verhandlungen im Rahmen der Deutschen Islam-Konferenz gezeigt. Allein die Zusammensetzung der DIK hat sich von Anfang an als kompliziert und streitanfällig erwiesen. In der ersten Phase waren es noch fünf Verbände, mittlerweile wird mit elf verschiedenen religiösen Organisationen des Islam in Deutschland gesprochen und diskutiert (Markus Kerber, in: *Rechtliche Optionen für Kooperationen zwischen deutschem Staat und muslimischen Gemeinschaften*).

Seit der Gründung der DIK war eines der übergeordneten Ziele die Verbesserung der religionsrechtlichen Integration und der gesellschaftlichen Teilhabe von Muslimen in Deutschland. Beides erscheint mir dringlich und herausfordernd zugleich. Ein zentrales Problem liegt dabei in der Anerkennung der muslimischen Verbände als Religionsgemeinschaften oder Religionsgesellschaften (zur Terminologie und zum verfassungsgeschichtlichen Hintergrund siehe Fabian Wittrek, in: *Rechtliche Optionen für Kooperationen zwischen deutschem Staat und muslimischen Gemeinschaften*), da die Erfahrungen mit den beiden christlichen Kirchen in Deutschland gegenwärtig nicht ohne Weiteres auf muslimische Verbände übertragbar sind. Für erwägenswert halte ich einen solchen Weg gleichwohl, denn anders als durch die Eingliederung der muslimischen Verbände in das System des deutschen Staatskirchenrechts bleibt es schwierig, in Deutschland verlässliche und belastbare Vereinbarungen zu treffen. An solchen Vereinbarungen müssen der deutsche Staat und in diesem Fall die Bundesländer aber ein hohes eigenes Interesse haben, wenn es zum Beispiel um die Gestaltung, Einbeziehung und Durchführung eines islamischen Religionsunterrichts in den staatlichen Schulunterricht und um die Ausübung der staatlichen Schulaufsicht geht. Denn »der Religionsunterricht ist in den öffentlichen Schulen mit Ausnahme der bekenntnisfreien Schulen ordentliches Lehrfach«. So heißt es in Art. 7 unseres Grundgesetzes, dessen erster Satz lautet: »Der gesamte Schulunterricht steht unter der Aufsicht des Staates.« Daher muss auch der islamische Religionsunterricht in den Schulunterricht der staatlichen Schulen einbezogen und der allgemeinen Schulaufsicht unterstellt werden.

Es ist also noch ein langer Weg zu gehen. Aber die deutsche Gesellschaft, ihre Repräsentanten und Regierungen, müssen diesen Weg selbstbewusst gehen, nicht anmaßend, aber im Sinne eines Gebens und Nehmens auf der Basis gegenseitigen Respekts und eines weltoffenen Patriotismus, zugleich getragen von dem unbedingten Willen, die Werte der Aufklärung und unserer Freiheit gegen all diejenigen zu verteidigen, die eine andere, möglicherweise eine einseitig religiös geprägte Gesellschaft gegen den säkularen Staat durchsetzen wollen. Die offene Gesellschaft braucht Verbindlichkeit und gelebten Konsens über ihre Grundlagen – ihn von allen einzufordern und zu praktizieren, ist der Schlüssel zu wirklich nachhaltiger Integration.

Bildung, Bildung, Bildung

Wenn man die Bürger in Deutschland danach befragt, welche politische Aufgabe aus ihrer Sicht die wichtigste ist, gelangt die Antwort »für gute Bildungsmöglichkeiten sorgen« regelmäßig auf Platz eins. Überraschend ist das nicht, denn die Menschen spüren, dass in einer Wissensgesellschaft der Zugang zu Bildung und Ausbildung über Lebenschancen entscheidet.

Corona löst für die ohnehin verbesserungsbedürftigen Bildungschancen einen schweren Rückschlag aus. Noch gravierender wird sein, dass erneut die Kinder aus bildungsfernen Elternhäusern weiter zurückfallen. Die Abstände werden noch größer, als sie ohnehin schon waren. Und anders als die überwiegende Zahl der Unternehmen, die schnell reagiert und auf Homeoffice und Videokonferenzen umgestellt haben, waren die Schulen weitgehend unvorbereitet und ratlos, wie sie mit dieser Herausforderung umgehen sollten. Deshalb ist es höchste Zeit, dass wir im Jahr 2020 einen weiteren offenen und ehrlichen Dialog über Bildung in Deutschland miteinander führen.

Uns liegen mittlerweile die ersten Untersuchungs- und Befragungsergebnisse vor über die Intensität des Lernens während der ab dem 15. März 2020 in Deutschland flächendeckend geschlossenen Schulen. Die Ergebnisse sind sicherlich noch vorläufig, sie sind dennoch im höchsten Maße alarmierend, wenn sie sich so bestätigen sollten. Nur rund 7 Prozent der Kinder haben in den ersten Wochen nach Ausbruch des Virus täglich Unterricht gehabt über Videotools, bei 80 Prozent war dies weniger als einmal pro Woche der Fall. Nur 14 Prozent der Lehrkräfte haben Unterrichtsstoff in Videokonferenzen vermittelt. An den Grundschulen haben 47 Prozent der Lehrkräfte angegeben, mit weniger als der Hälfte der Schülerinnen und Schüler regelmäßig Kontakt zu haben (Ludger Wößmann »Folgekosten ausbleibenden Lernens«, Ifo-Institut). Die Schülerinnen und Schüler haben sich demzufolge viel zu wenig mit schulbezogenen Tätigkeiten befasst, der Bildungsausfall wird erhebliche Folgen haben für die Kinder, für ihre Berufschancen und vor allem für die sozial Schwachen.

Es gab in den ersten Wochen der Corona-Krise auch viele Beispiele vorbildlich engagierter Lehrerinnen und Lehrer und dazu manche Elterninitiative, die mitgeholfen hat, diese kritischen Wochen zu meistern. Aber im Ergebnis wird man festhalten müssen: Das staatliche deutsche Bildungssystem hat in großen Teilen versagt. Die Schulen sind auf eine Umstellung von Präsenz- auf Digitalunterricht technisch nicht vorbereitet gewesen und haben die Umstellung auch während der Krise – anders als die Wirtschaft und auch anders als manche andere staatliche Verwaltung – nicht fertiggebracht. Der Aus- und Fortbildungsstand der meisten Lehrerinnen und Lehrer entspricht nicht den Anforderungen des digitalen Zeitalters.

Die Schulverwaltungen sind überwiegend nicht in der Lage, auf Herausforderungen wie die der Corona-Krise angemessen zu reagieren. Von Ausnahmen abgesehen, gehen zu viele Verantwortliche in den Landesregierungen, die die Hauptverantwortung für die Bildungspolitik tragen, den Konflikten mit Schülern, Eltern, Lehrern und ihren Verbänden eher aus dem Weg. Das System Schule – so deutlich muss man es nach den Erfahrungen mit Corona leider sagen – ist größtenteils den Anforderungen unserer Zeit nicht gewachsen.

Ist das ein zu scharfes Urteil? Ich denke, dass viele Eltern und auch viele Lehrerinnen und Lehrer mir zustimmen werden, aber mit eigener Kritik zurückhaltend sind, mit Rücksicht auf die Kinder und das kollegiale Miteinander in den Schulen. Und es ist sicher nicht gerecht, die Kritik bei den Schulen allein abzuladen. Im Gegenteil, wir haben nach meiner Beobachtung und Einschätzung ein politisches Führungsproblem. Wenn wir dieses Problem nicht lösen, werden wir die soziale Spaltung in unserer Gesellschaft vertiefen, und zwar von unten nach oben, von den Kindern, die es auf ihrem Lebensweg bis zum Ende mitnehmen; von den späteren Ausbildungs- und Berufschancen bis hin zu den Einkommensperspektiven; und nicht zuletzt im Hinblick auf die Fähigkeit unseres Landes, mit dem Wettbewerb auf der Welt mitzuhalten und ein wohlhabendes Land zu bleiben.

Corona hat alle diese Schwächen aufgedeckt, nicht ausgelöst. Ein Beispiel für dieses politische Führungsproblem ist der »DigitalPakt Schule«, ins Leben gerufen 2018, beschlossen einschließlich der Grundgesetzänderung 2019, ausgestattet mit 5 Milliarden Euro aus dem Bundeshaushalt bis 2023, aufgestockt von den kommunalen und privaten Schulträgern auf rund 5,55 Milliarden Euro. Bis zur Mitte des Jahres 2020 waren von diesen Mitteln noch nicht einmal 10 Prozent abgerufen und abgeflossen. Dabei stehen rein rechnerisch jeder der rund 40.000 Schulen in Deutschland etwa 140.000 Euro zur Verfügung, um die digitale Ausstattung der allgemeinbildenden Schulen zu finanzieren.

Eineinhalb Jahre nach der Bereitstellung dieser Mittel müssen wir feststellen, dass immer noch nur eine kleine Minderheit der Schulen mit WLAN ausgestattet ist, dass digitales Lernen in den Schulen immer noch die Ausnahme und nicht der Regelfall ist, dass Lehrer und Schüler immer noch keine E-Mail-Adressen auf einer eigenen Domain der Schule haben, dass Vernetzung und digitale Betreuung der Schüler einigen wenigen, gesondert geförderten Schulen vorbehalten bleibt und nach dem Willen der Bundesregierung erst im Jahr 2025 vollständig umgesetzt sein soll. Aber so viel Zeit haben wir nicht.

In den Planungs- und Umsetzungsabläufen kommt ein prinzipielles Problem der Politik, besser: der Zuständigkeitsvielfalt und des mangelnden Projektmanagements zum Ausdruck. Das System Schule ist komplex. Aber unsere Kinder werden uns in zehn Jahren nicht nach der Komplexität der Aufgabe, sondern ausschließlich nach der Effizienz und Geschwindigkeit der Lösung des Problems fragen. Der DigitalPakt Schule wird nur umgesetzt, so ist es jedenfalls gegenwärtig in Nordrhein-Westfalen, wenn in den Schulbezirken alle Schulen einen Medienplan abgegeben haben. Fehlt eine Schule, müssen alle anderen warten. Die Länder achten mit großem Eifer darauf, dass sie und nur sie allein das Geld für die Digitalisierung der Schulen ausgeben, nicht der Bund. Jedes Land hat seine eigenen Förderrichtlinien, die Schulen selbst können keine Anträge stellen, das ist den Schulträgern, also vor allem den Gemeinden vorbehalten. Eine länderübergreifende Schul-Cloud wird es trotz der vorhandenen technischen Möglichkeiten bis auf Weiteres nicht geben, jedes Land bestimmt Inhalt und Umfang der hinterlegten Daten und Lehrinhalte selbst. Betrieb, Support und Wartung der IT bleibt Aufgabe der Schulen selbst oder der Schulträger, also meistens der Kommunen und der kirchlichen Träger. Mit Verlaub: So kann das nichts werden!

Ich bin und bleibe ein großer Anhänger der kommunalen Selbstverwaltung. Aber für die IT-Ausstattung unserer Schulen, für den Betrieb, die Wartung, den Support muss es eine zentrale Einrichtung zumindest in jedem Bundesland geben. Ich sehe, wie die nordrhein-westfälische Justizverwaltung vorbildlich an diese Aufgabe herangegangen ist, einschließlich der Fortbildung der Richter und Staatsanwälte. Corona war für die Justiz im praktischen Alltag der Funktionsfähigkeit unserer Gerichte kein wirkliches Problem. Warum geht das nicht auch für unsere Schulen?

Das Thema Schule gehört in den Mittelpunkt unserer gesellschaftspolitischen Diskussion. Unsere Gesellschaft darf die Schulen in ihrer gegenwärtigen Überforderung nicht alleinlassen. Lehrerinnen und Lehrer verdienen bei ihrer wirklich schweren Aufgabe Respekt, Unterstützung und soziale Anerkennung. Der Beruf des Lehrers ist der wichtigste Beruf in unserem Land, kein zweiter Berufsstand hat so viel Einfluss auf die Erziehung, die Ausbildung, die sozialen Kompetenzen und damit die Zukunftschancen unserer Kinder. Lehrerinnen und Lehrer müssen sich dieser hohen Verantwortung aber auch bewusst sein und ihr gerecht werden. Wir Eltern dürfen und müssen Vertrauen in die pädagogischen Fähigkeiten der Lehrer unserer Kinder haben. Eltern gehören nicht in die Klassenzimmer, und genauso wenig können Eltern erwarten, dass sie ihre Kinder an der Schule abgeben und nach acht, zehn oder dreizehn Jahren einen gut erzogenen und ausgebildeten jungen Erwachsenen zurückbekommen. Die Erziehungsverantwortung der Eltern bleibt bestehen, und sie wird heute richtigerweise ergänzt durch ein breites, auch zeitlich verbessertes Schulangebot bis hin zur Ganztagsbetreuung und individuellen Begleitung bei besonderen Schwächen oder Stärken.

Ist das alles zu viel erwartet? Ein zu idealistisches Bild? Nein, das ist es nach meiner Überzeugung nicht, denn wir sehen, wie in vielen anderen Ländern bessere Bildungserfolge erzielt werden als bei uns, auch wenn sich die PISA-Werte in Mathematik, den Naturwissenschaften und der Lesefähigkeit in den letzten 15 Jahren leicht verbessert haben. Und wir sollten uns nicht von irreführenden Vergleichen leiten lassen. Die Abiturquoten, die regelmäßig von der OECD gemessen werden, zeigen angeblich immer noch zu wenig Abitur-Abschlüsse in Deutschland. Diese Vergleiche werden unserer ausdifferenzierten Bildungslandschaft nicht gerecht. Den meisten OECD-Ländern fehlt nämlich eine qualifizierte berufliche Bildung, wie wir sie über die Berufsschulen, die Berufskollegs und die Berufsakademien vermitteln. Damit haben wir einen großen Schatz in der Hand, denn die berufliche duale Ausbildung leistet einen sehr großen Beitrag zur Qualifizierung unserer Facharbeiter und der leistungsstarken Mitarbeiterinnen und Mitarbeiter in praktisch allen Unternehmen. China versucht auch hier, unser System zu kopieren. Bei meinen vielen Besuchen in den USA habe ich immer wieder beobachtet, wie auch dort versucht wird, das deutsche Berufsbildungssystem zu etablieren – es gelingt aber in der Regel nur, wenn sich deutsche Unternehmen daran auf lokaler Ebene dauerhaft beteiligen. Dem amerikanischen Bildungssystem ist eine solche praxisorientierte, im Wechsel zwischen Schule und Betrieb stattfindende Ausbildung weitgehend fremd. Seien wir dankbar dafür, dass dies in Deutschland anders ist und dass wir diese Schulen haben! Der Mensch beginnt nicht erst beim Abiturienten, und er erfährt auch nicht seine Vollendung im Akademiker. Eine gute Ausbildung in einem Handwerksberuf, in einem technischen oder kaufmännischen Beruf, die im Zeitalter der Digitalisierung ebenfalls immer anspruchsvoller werden, eröffnet beste berufliche und unternehmerische Perspektiven. Unsere Kinder sind nicht alle gleich, sie haben ganz unterschiedliche Fähigkeiten und Begabungen. Deshalb ist auch nicht Chancen*gleichheit* wichtig, sondern Chancen*gerechtigkeit*. Alle Kinder haben unabhängig vom Bildungshintergrund ihrer Eltern Anspruch darauf, eine gute Schulbildung zu bekommen, und jedes einzelne Kind hat Anspruch darauf, dass seine besonderen Fähigkeiten entdeckt und gefördert werden. Darum geht es in unserem gesamten Bildungssystem: Wir müssen unseren Kindern eine Chance geben, ihr Leben zu gestalten und Freude zu haben an ihren beruflichen Möglichkeiten. Dafür müssen wir aber auch die Voraussetzungen schaffen mit einem modernen, digital unterlegten Bildungssystem.

Last but not least: Bildung hört mit dem Schulbesuch, der Meisterprüfung oder dem Examen nicht auf. Es geht danach gleich weiter. Bildung und Fortbildung werden uns ein Leben lang begleiten müssen. Die vierte industrielle Revolution digitalisiert die gesamten Produktionsprozesse und alle Lieferketten. Menschen, Maschinen und Produkte werden direkt miteinander verbunden. Daten werden in großem Umfang zusammengeführt und ausgewertet. Produkte werden über ihren gesamten Lebenszyklus betrachtet und schon in Design und Materialverwendung auf ihre spätere Wiederverwertung ausgerichtet.

Mit jedem dieser Entwicklungsschübe hat sich die Arbeitsumgebung der Menschen und damit auch die Anforderungen an sie verändert. Die Erfindung der Dampfmaschine und der Elektrizität brachen die überwiegend landwirtschaftlich geprägten Strukturen auf. Die Menschen zogen in die Städte und erlernten neue Fertigkeiten, die ihnen in der Regel für ein gesamtes Berufsleben ausreichten. Jetzt wird das Arbeitsumfeld mehr und mehr von Informationstechnologie geprägt, die Grenzen zwischen digitaler und analoger Welt verschwimmen. Die Digitalisierung, der Einsatz von Robotern, künstliche Intelligenz, autonome Arbeitsprozesse werden unsere bekannte (Arbeits-)Welt noch einmal vollkommen verändern. Die Innovationsgeschwindigkeit nimmt gleichzeitig exponentiell zu. Bis rund die Hälfte der Weltbevölkerung eine neue Erfindung tatsächlich nutzen konnte, dauerte es beim analogen Telefon gut 70 Jahre, beim Mobiltelefon zehn Jahre, beim Internet fünf Jahre und bei Facebook gerade einmal drei Jahre. So wird es weitergehen. Und deshalb sieht die Arbeitswelt, in die heute ein junger Ingenieur eintritt, schon nach zehn Jahren völlig anders aus, und bei seinem Eintritt in den Ruhestand wird er von dem, was er einst an der Fachhochschule gelernt hat, nichts mehr gebrauchen können. Darauf muss sich unsere Arbeitswelt vorbereiten.

Ein größerer Teil der Arbeitszeit wird in Zukunft der Fortbildung dienen. Fortbildung wird vor allem im digitalen Labor stattfinden, vernetzt mit den besten Angeboten, die es auf der Welt gibt. Lebenslanges Lernen und vor allem die Bereitschaft dazu, dies auch zu wollen, werden über Erfolg und Misserfolg im Beruf zu entscheidenden Faktoren. Die Führungen der Unternehmen sowie der Behörden und öffentlichen Einrichtungen bis hin zu den Schulen müssen mit gutem Beispiel vorangehen und auf diese Weise die Mitarbeiter und Mitarbeiterinnen motivieren. Vielleicht müssen auch die Tarifvertragsparteien fantasievoller mit dem Thema Fortbildung umgehen. Zeit und Geld in Mitarbeiterinnen und Mitarbeiter zu investieren, die sich fortbilden, lohnt sich für beide Seiten. Die Arbeitswelt von morgen wird eine Welt des ständigen Lernens und Austauschs sein, die vor allem eine Fähigkeit voraussetzt: Freude zu haben an dem, was man noch besser machen kann als am Tag zuvor.

Die Arbeitswelt von morgen

Die Arbeitswelt verändert sich in den nächsten zehn Jahren vermutlich so grundlegend wie noch in keinem vergleichbaren Zeitraum zuvor. Ganz praktisch haben wir vor allem im zweiten Quartal 2020 einen kleinen Vorgeschmack auf diese neue Zeit bekommen: Homeoffice, Videokonferenzen, weniger Reisetätigkeit, ein Digitalisierungsschub für fast die gesamte Wirtschaft. Doch wer die Veränderungen der Arbeitswelt auf diese sichtbaren Umstände reduzieren würde, greift zu kurz. Der demografische Wandel, die nächste Phase der Globalisierung nach der Corona-Krise, die technologische Entwicklung und nicht zuletzt umfangreiche gesellschaftliche Veränderungen werden die Treiber struktureller Veränderungen unseres Alltags sein.

Für Deutschland bleibt die verarbeitende Industrie ein wichtiges Standbein des Wohlstands. Fast ein Viertel unseres Bruttoinlandsprodukts wird in der Industrie erwirtschaftet, und wir sind immer und zu Recht stolz gewesen auf unsere Industrie. Das darf uns nicht dazu verleiten, den Dienstleistungssektor zu vernachlässigen. Insbesondere in der IT-Wirtschaft liegen Potenziale, die wir vielfach nicht nutzen. Auch Dienstleistungsberufe in den Krankenhäusern, in den Alten- und Pflegeheimen werden in unserer immer älter werdenden Gesellschaft mehr denn je gebraucht, und wenn wir genügend

Arbeitskräfte dort haben wollen, dann müssen wir diese Berufe sozial aufwerten und besser bezahlen. Deshalb dürfen wir auch Industrie und Dienstleistung, Großunternehmen und Mittelstand, Land- und Forstwirtschaft, Handel, Handwerk und Gewerbe nicht gegeneinander ausspielen. Alle werden gebraucht und haben ihren Platz in unserer Volkswirtschaft. Diese Ausdifferenzierung ist nicht eine Schwäche, sondern eine unserer Stärken. Ein Blick auf andere Länder zeigt sehr schnell, über welchen Wert wir mit dieser breit aufgestellten Volkswirtschaft verfügen.

Aber nichts ist so gut, dass es nicht besser werden kann und angesichts der internationalen Herausforderungen auch schleunigst besser werden muss.

Vier zentrale Herausforderungen müssen meiner Ansicht nach für den Arbeitsmarkt von morgen schnell angepackt werden, damit die nächste Generation auch ihren Wohlstand erarbeiten und zugleich die Lebensgrundlagen unseres Landes aufrechterhalten kann:

– Wir werden flexibler arbeiten.
– Wir müssen technologische Führung übernehmen.
– Wir brauchen eine neue Gründerkultur.
– Die ländlichen Räume müssen aufholen.

Flexibler arbeiten

Vor Corona gab es in Deutschland laut Statistischem Bundesamt 44,5 Millionen Erwerbstätige. Das dürfte für lange Zeit der höchste Wert bleiben, den wir je erreicht haben. Kurzfristig wird die Zahl der Erwerbstätigen durch die Rezession, die wir für 2020 und möglicherweise auch für 2021 zu erwarten haben, deutlich zurückgehen. Die Arbeitslosigkeit wird nicht ganz in gleichem Umfang steigen, denn in den nächsten Jahren wird das Erwerbstätigenpotenzial aufgrund der demografischen Entwicklung kontinuierlich sinken. Die Babyboomer gehen in den Ruhestand, die geburtenschwachen Jahrgänge wachsen in den Arbeitsmarkt hinein. Nach der Corona-bedingten Rezession werden wir im nächsten Aufschwung neben zurückgehender Arbeitslosigkeit einen erneut deutlich ansteigenden Facharbeiterbedarf haben, der von der in Deutschland lebenden Bevölkerung nicht mehr vollständig gedeckt werden kann. Wir brauchen die qualifizierten Facharbeiter in den Unternehmen früher und länger, das Arbeitsleben selbst wird von weniger stetigen Erwerbsbiografien geprägt sein. Ausbildungsphasen, Arbeitsphasen im Homeoffice und im Unternehmen, Familienphasen und Fortbildungsphasen werden in einem neuen Verhältnis zueinander stehen. Gerade junge Eltern wollen mehr Zeit für ihre Kinder haben und suchen nach flexiblen Arbeitszeitmodellen. Bei vielen jungen Beschäftigten spielt Geld nicht mehr die wichtigste Rolle, Zufriedenheit und Erfüllung im Beruf sind genauso wichtig wie eine gute Balance zwischen Arbeit, Familie und Freizeit. Das heutige Arbeitszeitrecht passt nicht mehr zu diesen Anforderungen. Unternehmen und Mitarbeiter organisieren sich heute schon an diesen starren Regeln vorbei, aber gerade deshalb bleibt eine gesetzliche Regelung etwa im Hinblick auf eine maximale Wochenarbeitszeit statt einer festen Höchstarbeitszeit pro Werktag notwendig. Der Übergang in den Ruhestand wird für viele nicht mehr abrupt von einem Tag auf den anderen stattfinden, sondern eine Übergangsphase darstellen, die für beide Seiten, Unternehmen und Mitarbeiter, viele Vorteile haben kann, wenn man es richtig macht.

So wird der Arbeitsmarkt stärker bestimmt werden von gut und modern geführten Unternehmen (auch staatlichen Behörden und öffentlichen Institutionen), die den Anforderungen der Mitarbeiter an einen werthaltigen Arbeitsplatz genügen müssen. Das Verhältnis dreht sich also um: Unternehmen werden um gute Mitarbeiterinnen und Mitarbeiter werben müssen, sie müssen dafür etwas bieten, der Bewerber ist nicht mehr allein der Bittsteller um einen Arbeitsplatz, sondern Adressat des Einstellungsbemühens seines zukünftigen Arbeitgebers.

Dieser Prozess wird auch nicht länger allein auf der Basis von herkömmlichen Bewerbungen und Stellenausschreibungen stattfinden. Soziale Netzwerke werden die neuen Plattformen für Personalvermittlung und Weiterbildung sein. Das Ziel formuliert einer der Gründer wie folgt: »Langfristig ist unsere Vision, bessere Berufschancen für jeden Beschäftigten in der Welt zu schaffen – für alle drei Milliarden« (Jörg Dräger/Ralph Müller-Eiselt, *Die digitale Revolution*). Sein Ziel ist das automatische »Job-Matching«, das Zusammenbringen von Jobsuchenden und Jobangeboten auf der ganzen Welt. Schon heute haben über 700 Millionen Nutzer weltweit ihre Lebensläufe und Qualifikationen auf Netzwerken hinterlegt. Persönliche Beziehungen, die Zugehörigkeit zu bestimmten gesellschaftlichen Gruppen und Schichten entscheiden immer weniger über den beruflichen Erfolg, dafür erworbene Fähigkeiten und persönliche Skills, die im digitalen Fußabdruck der Ausbildungsbiografie nachvollziehbar und passgenau eingesetzt werden können, umso mehr.

Unternehmen selbst werden Teile von großen Netzwerken, Lieferketten werden nur noch digital erstellt und bearbeitet, Einstellungs-, Weiterbildungs- und Personalentwicklungskonzepte werden fester Bestandteil dieser Netzwerke. Die digitale Kompetenz von Unternehmen, Führungskräften und Mitarbeitern entscheidet über Erfolg oder Misserfolg der Unternehmen.

Ganze Arbeitsabläufe werden digitalisiert und automatisiert.

Je nach Branche und Tätigkeit erfolgt die Substitution in unterschiedlichem Ausmaß. Ein beachtlicher Teil der Tätigkeiten, die heute noch von Menschen ausgeübt werden, dürfte in den Unternehmen und den Behörden durch Automation ersetzt werden.

Das heißt nicht, dass diese Arbeitsplätze ersatzlos wegfallen. Es werden andere Qualifikationen und Fähigkeiten verlangt werden, auf die unser Bildungssystem reagieren muss. Der Bedarf an qualifiziertem Personal in den Dienstleistungsberufen ist heute schon offenkundig. Gleichzeitig werden wir auf gezielte und gesteuerte Einwanderung gerade im IT-Sektor dringend angewiesen sein. IT-Spezialisten werden wir in dem Umfang, in dem wir sie brauchen, gar nicht alle selbst ausbilden können. Mindestens 100.000 Fachkräfte werden wir pro Jahr brauchen, um allein diesen Bedarf in den nächsten Jahren zu decken. Mit der Frage, ob es denn außerhalb der EU überhaupt genügend gut ausgebildete Fachkräfte gibt, die wir im Rahmen einer qualifizierten Zuwanderung gewinnen können, habe ich mich im Rahmen des Abschnitts *Einwanderung und Integration* befasst.

Technologische Führung

Schritt halten werden wir in der Arbeitswelt von morgen mit gut bezahlten Arbeitsplätzen nur, wenn wir an uns selbst den Anspruch stellen, wieder ein Land der Ideen, der neuen Technologien, der modernen Prozesse und Verfahren und moderner Produkte zu sein. Wir haben in zu vielen Bereichen den Anschluss verloren. Wir wissen zwar mehrheitlich, was wir nicht wollen (Kernenergie, Gentechnik, Biotechnologie, fossile Brennstoffe, SUVs, Stromleitungen über Land, neue Autobahnen, Chemie, Handel mit Daten usw.), aber uns fehlt der Grundkonsens, dass wir und vor allem unsere Kinder nur mit neuen Technologien in den nächsten Jahren Geld verdienen können, denn trotz aller Liebe zu Natur und Umwelt: So ganz ohne Wertschöpfung wird es nicht gehen!

Dabei kommt es weniger auf fertige Listen an, die in den Amtsstuben der Regierung geschrieben werden und die die Industrien aufstellen, die wir gern hätten oder zumindest behalten wollen. Es kommt auf das Klima in unserer Gesellschaft an und die Fantasie und Kreativität von Forschung und Entwicklung sowie auf den Willen junger Menschen, etwas Neues zu wagen und vor allem sich für Technologie zu begeistern.

In den Köpfen von 80 Millionen Menschen in Deutschland und von über 400 Millionen in Europa können mehr Ideen und Geschäftsmodelle entstehen als in den Köpfen von 100 Regierungen und all ihren Beratern. Nur Freiheit schafft Wohlstand! Freiheit können Regierungen nicht anordnen, sie müssen sie gewähren und garantieren. Viele erfolgreiche Unternehmensgründungen stehen in keinem Green Deal und in keinem Strategiepapier des Bundeswirtschaftsministeriums. Eines der bekannten Serviceunternehmen für Frischedienste ist vor zehn Jahren in Berlin von drei mutigen jungen Leuten gegründet worden, hat heute fast 5000 Mitarbeiterinnen und Mitarbeiter, liefert im Jahr über 100 Millionen Frischeboxen an über vier Millionen Kunden in 14 Ländern der Welt aus und hat einen Unternehmenswert von mehr als sieben Milliarden Euro! Von solchen erfolgreichen Gründergeschichten brauchen wir mehr.

So unterschiedliche Systeme wie die USA und die Volksrepublik China zeigen, wie das geht. Amerika war immer schon ein Land großer Dynamik, ein Land von Pioniergeist und Sendungsbewusstsein. Um die Stanford University herum hat sich ein Cluster von Innovatoren und technologiebegeisterten Nerds etabliert, die innerhalb von zwei Jahrzehnten die größten Tech-Unternehmen der Welt geschaffen haben. China und seine autoritäre Staatsführung nehmen den Menschen jede politische Freiheit, geben der Bevölkerung aber das Ziel vor, im Jahr 2049 zum 100. Jahrestag der Staatsgründung das wirtschaftlich und politisch mächtigste Land der Welt zu sein. Dem ordnet sich jeder und alles unter, große Teile der Bevölkerung, die Wissenschaft und die staatlich eingesetzten Unternehmensführer ohnehin, die meisten sind begeistert bei der Sache, wer nicht mitmacht und dem entgegensteht, landet im Gefängnis.

Und was machen wir? Was motiviert uns, was treibt uns an? Wollen wir eines Tages die Fremdenführer sein für chinesische Touristengruppen durch das deutsche Industriemuseum und abends durch die Drosselgasse in Rüdesheim am Rhein (für die sich die Chinesen kaum noch interessieren, weil sie sie längst nachgebaut haben), oder wollen wir die Herausforderung annehmen und selbst anpacken?

Europa hatte schon einmal einen ähnlichen Gedanken. Im Jahr 2000 ist vom Europäischen Rat der Staats- und Regierungschefs in Lissabon eine »Strategie 2010« verabschiedet worden, die Europa innerhalb von zehn Jahren zum wettbewerbsfähigsten und dynamischsten, wissensbasierten Wirtschaftsraum der Welt werden lassen sollte. Mit dieser Strategie wollte Europa »im Rahmen des globalen Ziels der nachhaltigen Entwicklung ein Vorbild für den wirtschaftlichen, sozialen und ökologischen Fortschritt in der Welt sein«. Daraus ist nichts geworden. Der am 2. Februar 2010 von der EU-Kommission vorgelegte Schlussbericht konnte nur noch feststellen, dass die Kernziele der Strategie allesamt verfehlt wurden.

Haben wenigstens wir in Deutschland und nach Corona heute eine Idee, wie wir in zehn Jahren dastehen wollen? Können wir unsere Ideen vielleicht sogar in eine neue europäische

Gesamtstrategie für das vor uns liegende Jahrzehnt einbringen?

Mit Blick auf die junge Generation und deren Energie, die ich heute in Deutschland sehe, bin ich fest davon überzeugt, dass das geht. Die wichtigste Voraussetzung, die erfüllt sein muss, um ein solches Ziel zu erreichen, ist eine grundlegende Änderung unserer Haltung, besser: unseres Mindsets, unseres Denkens und unserer Herangehensweise an neue Dinge. Dafür müssen bürokratische Hindernisse beseitigt werden, und dies geht jetzt nicht mehr in kleinen Schritten. Die Bürokratie muss maximalinvasiv zurückgedrängt werden. Wir sollten prüfen, ob unsere aufwendigen Planfeststellungsverfahren mit einer Unzahl von Behörden, die alle zu beteiligen sind, nicht noch konzentrierter und mit engen Fristen durchgeführt werden können. Bürgerbeteiligung sollte dabei am Anfang der Planung eines Vorhabens stehen, im intensiven Dialog mit der Öffentlichkeit. Dabei können neue und vielleicht bessere Ideen eingebracht werden, bevor entschieden wird. Die Bürgerbeteiligung kommt bei uns in der Regel zu spät, wenn nämlich die Planungen in der Politik und in der Verwaltung bereits weit fortgeschritten sind. Rechtmäßigkeitsprüfungen gehören vor die Gerichte, aber die Konflikte um Lösungen und Prioritäten gehören in die Parlamente (Thomas Heilmann/Nadine Schön, *Neustaat*, Kap. 3.1). Ausschreibungen könnten auf Generalunternehmer konzentriert werden, die dann ihrerseits frei sein könnten, einzelne Aufträge an weitere Unternehmen zu vergeben. (Wäre so verfahren worden, wäre der Berliner Flughafen seit Jahren fertig, und der Staat hätte Milliarden sparen können.) Ich kenne die Einwände gegen solche Vorschläge. Wer bessere hat, soll sie nennen. Nur so wie bisher kann es im Interesse unserer Zukunft und unserer Kinder nicht weitergehen. Alle modernen Technologien, die IT und die digitale Infrastruktur, Blockchain und Plattformtechnologien, die Biotechnologie und die Gentechnik, die Mobilität der Zukunft und die dazu notwendige Infrastruktur einschließlich des Luftverkehrs der Zukunft, die Energieversorgung und die Dekarbonisierung, kurzum: Der Modernisierungsschub für unsere Volkswirtschaft muss jetzt, in den nächsten Monaten und Jahren kommen, sonst fallen wir so weit zurück, dass wir es dann nicht mehr schaffen.

Ein zu düsteres Bild? Vielleicht. Wir wundern uns ohnehin darüber, was in Deutschland trotz der langen Genehmigungsverfahren, trotz der Widerstände von Teilen der Bevölkerung, trotz der schlechten digitalen Infrastruktur alles immer noch ganz gut geht. Leider stimmt aber auch, dass wir in sehr vielen technologischen Entwicklungen der letzten Jahre auf hintere Ränge abgerutscht sind.

Wenn wir eine Landwirtschaft mit weniger Insektiziden und weniger Pestiziden wollen, dann geht dies nur mit gentechnisch veränderten Pflanzen. Selbst im klagefreudigen Amerika gibt es bis heute nicht einen Schadensersatzfall, der die in Europa und vor allem in Deutschland immer wieder und schon seit Langem geäußerten Gefährdungen dieser Technologie belegt. Selbstverständlich wollen wir alle am medizinischen Fortschritt teilnehmen, und alle wollen die modernste Medizin; aber mit der forschenden Pharmazie gehen uns auch die Produktion und mit der Produktion die Arbeitsplätze verloren. Nur mit Mühe konnte die österreichische Regierung verhindern, dass die letzte in Europa noch bestehende Penicillin-Produktion auch an einen chinesischen Investor verkauft wurde. Die lückenhafte Abdeckung durch unsere Mobilfunknetze spüren wir jeden Tag. Seit 20 Jahren werden bei uns Mobilfunklizenzen an private Unternehmen versteigert. Der Bundeshaushalt hat einschließlich der letzten Auktion im Jahr 2019 mittlerweile mehr als 65 Milliarden Euro an Auktionserlösen vereinnahmt. Aber danach hat es der Staat den Unternehmen weitgehend selbst überlassen, die Infrastruktur mit den erworbenen Lizenzen auszubauen. Andere Länder auf der Welt haben dies anders gemacht. Sie haben zwar sehr viele niedrigere Auktionserlöse vereinnahmt, aber mit der Vergabe der Lizenzen einen verbindlichen Infrastrukturauftrag verbunden, der zu wesentlich schnelleren Ergebnissen in der Netzabdeckung geführt hat. Bei der Netzabdeckung mit LTE/4G liegen wir (Stand Ende 2019) im Vergleich mit den USA und den EU-Ländern vor Irland auf dem vorletzten Platz. Die Netzgeschwindigkeit war in den letzten Jahren teilweise sogar rückläufig, nur die Polen, Italiener und Rumänen sind noch langsamer als wir unterwegs. Unser Bundeswirtschaftsminister schämt sich, mit Amtskollegen in Europa aus dem Auto heraus zu telefonieren, weil die Verbindungen ständig abbrechen. Die europäischen Telekom-Unternehmen insgesamt verschwinden in ihrer Größe gegen die globalen TK- und Internetgiganten aus den USA und aus China zu immer kleineren Spielern. Das muss sehr bald wieder in die andere Richtung gehen, und das müssen wir auch gemeinsam wollen. Ich werde dazu im Europa-Kapitel noch ausführlich Stellung nehmen.

Eine neue Gründerkultur

Eine neue Dynamik können in Deutschland Unternehmerinnen und Unternehmer auslösen, die ihre Ideen in Start-ups und jungen Unternehmen verwirklichen. Vor allem in Berlin hat sich in den letzten Jahren eine bunte Gründerszene etabliert, aus der heraus faszinierende Geschäftsmodelle entwickelt werden. Trotzdem sieht die Unternehmenslandschaft in Deutschland fast immer noch so aus wie vor 20, 50 oder gar 100 Jahren. Ungezählt sind die großen Feiern zu den großen

Firmenjubiläen. Aber wie viele Unternehmen sind im Deutschen Aktienindex DAX 30 vertreten, die in den letzten 20 Jahren neu gegründet worden sind? Es ist gerade einmal eines, und das versinkt gegenwärtig in einem der größten Betrugsfälle der Nachkriegsgeschichte. Wir sind zu Recht stolz auf unsere Familienunternehmen. Sie sind das Rückgrat der deutschen Wirtschaft und des deutschen Wohlstands. Aber wie viele von den Familienunternehmen, die heute einen Umsatz von mehr als einer Milliarde Euro machen und mehr als 1000 Mitarbeiter beschäftigen, sind in den letzten 25 Jahren gegründet worden? Es sind ganze drei, drei der größten 500 (Verena Pausder, *Das Neue Land*).

Wohin Gründungsdynamik führen kann, zeigen dagegen wieder einmal die USA und immer mehr auch die Volksrepublik China. Die vier großen Tech-Unternehmen in den USA, allesamt Gründungen der letzten drei Dekaden, haben heute zusammen eine Marktkapitalisierung, die größer ist als die gesamte volkswirtschaftliche Leistung der Bundesrepublik Deutschland. Mit anderen Worten: Sie sind mehr wert, als wir alle zusammen in einem ganzen Jahr in Deutschland erwirtschaften. Mehrere Unternehmen aus dem Kreis der Großen sind jeweils für sich allein mehr wert als alle Unternehmen im größten deutschen Aktienindex, dem DAX 30, zusammen!

Die Nutzung dieser Technologien, die Namen dieser Unternehmen, das alles bestimmt heute auch bei uns den Alltag – in jedem Unternehmen, in allen Behörden, in jedem Privathaushalt. Wir nehmen das heute alles als selbstverständlich an, es ist die tägliche Routine mit unseren Tablets und iPhones. Dabei gab es für das gerade erst auf den Markt gekommene iPhone im Jahr 2006 für die Fußballweltmeisterschaft in Deutschland auf der ganzen Welt noch keine einzige App! Das iPad ist gerade einmal zehn Jahre auf dem Markt, aber mit iPhone und iPad ist Apple heute eines der größten Tech-Unternehmen der Welt. Als Steve Jobs das iPhone auf den Markt brachte, waren in der Liste der 100 größten Unternehmen der Welt immerhin noch acht deutsche und 14 weitere Unternehmen aus der Europäischen Union vertreten. Heute (mit Börsenkursen vom 31. 03. 2020) sind es gerade noch ein deutsches Unternehmen und zehn weitere aus der EU. Die deutschen Industrie-Ikonen mit ihren klangvollen Namen fallen in der weltweiten Bedeutung immer weiter zurück. In Europa – außerhalb der Europäischen Union – behaupten sich allein die Briten und die Schweizer, überwiegend mit Energiekonzernen, Banken, Chemie- und Pharmaunternehmen. Aber die wollen wir ja nicht so gern haben in Deutschland.

Nun mag man einwenden, Marktkapitalisierung sei eine rein kapitalistisch betrachtete Stellgröße, es komme auch auf Umsatz, Gewinn und Zahl der Beschäftigten an. Das sehen andere Länder auch so, allen voran die Volksrepublik China. Chinesische Unternehmen verdrängen Jahr für Jahr etablierte Unternehmen aus der ganzen Welt in den einschlägigen Ranglisten. Nimmt man Umsatz, Gewinn und Beschäftigte zusammen (soweit die Daten vor allem aus China dies zuverlässig hergeben), so stellen chinesische Unternehmen bereits 20 unter den größten 100 der Welt, Amerika immerhin noch 32, aber die Europäer (EU) nur noch 15.

Können wir diesen Trend noch stoppen oder gar umkehren? Ja, vielleicht geht das. Aber dafür müssen die Rahmenbedingungen für junge Unternehmen und Neugründungen bei uns jetzt schnell verbessert werden. Fast alle großen Unternehmen haben einmal klein angefangen. Sie hatten eine Idee, fanden Menschen, die bereit waren, dafür Geld zu geben, konnten Produkte entwickeln, erste Umsätze mit hohen Verlusten erzielen, fanden erneut Investoren, die an sie glaubten, und hatten irgendwann den Durchbruch. Oder auch nicht, denn viele sind grandios gescheitert. Aber die meisten sind wieder aufgestanden, haben weitergemacht, neue Ideen entwickelt und irgendwann dann Erfolg gehabt.

Deshalb muss die erste Annahme für uns lauten: Scheitern gehört dazu! Es gibt Investoren, die geben ihr Geld grundsätzlich nur an Gründer, die schon einmal gescheitert sind, denn ihre ersten Fehler haben diese Gründer dann schon auf Kosten anderer gemacht.

Die zweite Bedingung ist: Wir brauchen ein anderes gesellschaftliches Klima für Unternehmer. Das fängt in den Schulen an. »Wie gründe ich ein Unternehmen?« – Diese Frage steht in Deutschland nicht auf dem Lehrplan. Aber dann muss in Deutschland wenigstens das schlechte Gerede über »die Wirtschaft« aufhören, auch in den Schulen. »Die Wirtschaft« ist die Grundlage dafür, dass es überhaupt Arbeitsplätze in der Wirtschaft gibt, und die erwirtschaften unser Sozialprodukt und die dazugehörigen Steuern, sodass 4,9 Millionen Beschäftigte im Öffentlichen Dienst, 1,7 Millionen Beamte und Richter und 1,7 Millionen Versorgungsempfänger in Deutschland jeden Monat bezahlt werden und während ihrer aktiven Berufstätigkeit ihre wichtige Arbeit leisten können. Die Wirtschaft müsse den Menschen dienen, nicht umgekehrt, so heißt es immer wieder. Das ist eine selbstverständliche und geradezu triviale Feststellung. Aber die Menschen müssen auch bereit sein, sich einer Aufgabe zu stellen, zu arbeiten, sich für etwas einzusetzen. Vom früheren Bundeswirtschaftsminister Karl Schiller (SPD) stammt der schöne Satz: »Wirtschaft ist nicht alles, aber ohne Wirtschaft ist alles nichts.« Gibt es in der SPD noch Wirtschaftspolitiker, die diesen Satz heute auch noch sagen würden? Deutschland befindet sich in einem immer härter werdenden internationalen Wettbewerb, der sich auch nach Corona fortsetzen wird. Wenn wir diesen Wettbewerb bestehen wollen, müssen wir aus unseren Wartehäuschen heraustreten und die Dinge selbst in die Hand nehmen. Unternehmensgründer tun dies.

Gründer müssen, drittens, in Deutschland nicht nur kurzfristig, sondern dauerhaft eine Perspektive haben. Das ist vermutlich der kritischste Punkt. Gründen geht in Deutschland. Aber viele gehen oder werden übernommen, sobald sie erste Erfolge verzeichnen. Dabei ist die Zahl der Patentanmeldungen – sicher nicht die einzige, aber eine wichtige Voraussetzung für Innovationen und neue Unternehmen – in Deutschland immer noch am höchsten im Vergleich zu allen anderen europäischen Ländern. Bei den Patenten, die für den Weltmarkt eine Relevanz entwickeln, die sich also in weltmarktfähigen Produkten wiederfinden, liegt Deutschland sogar vor den USA, vor Kanada und vor China weltweit deutlich an der Spitze. Nach wie vor sind auch viele schon lange bestehende Unternehmen, große Industrieunternehmen genauso wie mittelständische Unternehmen, sehr innovativ und an dieser Entwicklung beteiligt. Ohnehin findet in Europa ein großer Teil der Innovationen in bestehenden Unternehmen statt, während in den USA die Start-up-Szene traditionell einen größeren Anteil daran hat. Trotzdem muss es uns auch in Deutschland gelingen, vermehrt jungen Männern und Frauen Perspektiven für das eigene Unternehmen zu eröffnen, und zwar besonders dann, wenn sie aus der Vorgründungs- und Gründungsphase in die Markteinführung und danach in den Ausbau eines Produktions- und Vertriebssystems gehen. Zu diesem Zeitpunkt müssen die steuerlichen Rahmenbedingungen stimmen. Dazu konkret zwei Vorschläge: Verluste aus Venture-Capital-Investitionen sollten mit anderen Gewinneinkünften verrechnet werden dürfen. Das dürfte die Risikobereitschaft privater Investoren erheblich erhöhen. Und Veräußerungserlöse aus neu gegründeten Unternehmen sollten für die ersten zehn Jahre steuerfrei gestellt werden. Wenn das Unternehmen vorher verkauft wird, fällt für die Eigentümer die volle Besteuerung auch nachträglich an.

Auch hier höre ich alle bekannten Bedenken: Das schafft Steuervermeidungsmodelle und führt zu Steuerausfällen und so weiter und so fort. Das mag alles richtig sein. Aber ohne innovative junge Unternehmen sind die Steuerausfälle noch viel größer, von den Verlusten an zukunftsfähigen Arbeitsplätzen ganz abgesehen.

Kleine Städte und ländliche Räume

Innovationen, neues Arbeiten, eine angenehme Arbeitsumgebung, Familie und ein guter Job, das geht nicht nur in den großen Städten und Ballungsräumen. Palo Alto war bis weit in die 1980er-Jahre nicht viel mehr als ein Bahnhof und eine ruhige Professorenstadt der Stanford University. In diesem Umfeld hat sich ein Ökosystem etabliert, von dem aus vor allem die Informationstechnologie der Welt revolutioniert wurde und immer noch wird. Die Stadt selbst hat immer noch weniger als 70.000 Einwohner, aber im gesamten Umland des Silicon Valley leben rund drei Millionen Menschen, die Hightech-Region bietet rund 1,5 Millionen Arbeitsplätze mit einem Pro-Kopf-Einkommen, das etwa dreimal so hoch liegt wie in der deutschen Hauptstadt.

Das Silicon Valley lässt sich nicht kopieren. Aber auch in unseren kleinen Städten und den ländlichen Regionen steckt ein großes Potenzial für Unternehmen und Arbeitsplätze. Allerdings war der auf dem Land lebende Anteil der Bevölkerung seit 1871 nie geringer gewesen als heute. Das ist auch kein kurzfristiger Trend bestimmter Bundesländer, zum Beispiel im Osten. Es ist vielmehr ein sehr langfristiger Effekt, der sich insbesondere am Wohn- und Arbeitsverhalten der jüngeren Familien zeigt: 43 Prozent der einheimischen »Binnenmigranten« sind zwischen 18 und 29 Jahre alt, obwohl diese Altersgruppe nur 14 Prozent der Gesamtbevölkerung ausmacht. Von den insgesamt 6,9 Millionen Binnenmigranten zwischen 18 und 29 Jahren stammen 25 Prozent aus ländlichen Gebieten und 75 Prozent aus Städten. Aber nur 19 Prozent von ihnen ziehen in einen Landkreis um, während sich 81 Prozent für eine Stadt entscheiden. Daraus ergibt sich eine Wanderungslücke zulasten der ländlichen Räume von fast 460.000 Personen pro Jahr – und dies in einer Altersgruppe, die für die örtliche Entwicklung besonders wichtig ist.

Ich bin in Brilon im östlichen Sauerland groß geworden und lebe seit nunmehr 26 Jahren wieder in dieser Region, in der Stadt Arnsberg. Hier sind unsere Kinder groß geworden, und hier sind meine Frau und ich durch Beruf und Freundeskreis zu Hause. Ich bin durch meine politischen und noch mehr durch meine beruflichen Aufgaben viel herumgekommen und fühle mich in vielen Großstädten der Welt wohl. Aber das Leben und Arbeiten in einer kleineren Stadt empfinde ich als sehr viel ruhiger und konzentrierter, wir sind der Natur und der Erholung nahe, unsere »Life Balance« ist einfach gut. Diese Werbung für die kleinen Städte und den ländlichen Raum sei mir gestattet, denn ich bin davon überzeugt, dass allein die modernen Kommunikationsmöglichkeiten das Leben und vor allem das Arbeiten in kleineren Städten, ja selbst in kleinen Dörfern sehr viel einfacher macht als in der Vergangenheit. Wenn es gute Datennetze gibt, dann fehlt dort im Grunde nichts, was man zum Arbeiten wirklich braucht. Und anders als viele Länder der Welt, auch anders als viele Länder in Europa, verfügt Deutschland über einen breit und gut aufgestellten Mittelstand, der sich über das ganze Land verteilt und oftmals in kleinen Städten zu finden ist. Gemeint sind die »Hidden Champions«, die versteckten Unternehmen in der »Provinz«, die Weltmarktführer in ihrer Branche sind.

Wenn diese Unternehmen in der Zukunft attraktive Arbeitgeber bleiben sollen, dann müssen in den ländlichen Regionen aber nicht nur Glasfasernetze liegen. Gerade junge Familien richten sich nach den weichen Faktoren, nach guten Schulen, nach attraktiven kulturellen Angeboten, nach guten Sportmöglichkeiten, nach guten Verkehrsverbindungen. Viele Unternehmen beteiligen sich an einer solchen Stadtentwicklung, weil sie wissen, dass sie damit auch etwas für ihre Mitarbeiterinnen und Mitarbeiter und für ihre Attraktivität als Arbeitgeber tun. Die Digitalisierung kann geradezu einen Entwicklungsschub für das Umland großer Städte und die ländlichen Räume auslösen. Auch diese Chancen müssen wir nutzen.

Mit Vermögen in den Ruhestand

Ich habe bereits in dem Abschnitt »Chancengerechtigkeit und ein leistungsfähiger Sozialstaat« darauf hingewiesen, dass unser gegenwärtiges Rentensystem den Lebensstandard im Alter nicht mehr garantieren kann. Es müssen weitere Alterseinkommen hinzukommen, damit das Nettolohnniveau der letzten Berufsjahre wenigstens annähernd erreicht wird.

Für etwa ein Drittel der Sozialrentner ist die gesetzliche Rente die einzige Einkommensquelle im Alter. Ungefähr ein weiteres Drittel verfügt über eine betriebliche Altersversorgung, die einen nennenswerten Beitrag zum Alterseinkommen beiträgt und die aus einer der Durchführungswege der betrieblichen Altersversorgung finanziert wird, in der Regel aufgrund von Tarifverträgen oder Betriebsvereinbarungen als zusätzliche Leistung des Arbeitgebers für seine Mitarbeiterinnen und Mitarbeiter. Für das letzte Drittel ist diese Leistung des Arbeitgebers aus der betrieblichen Altersversorgung die wesentliche Einkommensquelle im Alter, sie übersteigt die Bezüge aus der Sozialrente.

Dagegen ist in Deutschland das System einer kapitalgedeckten zusätzlichen privaten Altersvorsorge unterentwickelt. Die deutschen Privathaushalte verfügen zwar insgesamt über rund 1,8 Billionen Euro Bargeld und Sichteinlagen auf Giro- und Tagesgeldkonten. 45 Prozent der Deutschen sparen immer noch auf dem Sparbuch und 40 Prozent (auch) auf dem Girokonto. Und immerhin besitzen knapp 30 Prozent der Erwachsenen eine Renten- oder Kapitallebensversicherung, aber nur 20 Prozent haben sich für die Riester-Rente entschieden, und nur 15 Prozent sparen in Aktien. Die Deutschen sind wohlhabende Menschen mit viel Geld auf den Sparkonten, aber sie sparen nicht richtig. Vor allem ist die Skepsis gegenüber dem Kapitalmarkt weit verbreitet. Dort aber läge für die privaten Haushalte die Chance, im Alter mit Vermögen in den Ruhestand zu gehen – so, wie viele andere Länder dies ihren Rentnerinnen und Rentnern seit Langem ermöglichen.

Als Beispiel seien nur die Niederlande und Dänemark genannt. Die Niederlande verfügen über ein austariertes Drei-Säulen-Modell, das aus einer steuerfinanzierten Grundrente, einer von den Sozialpartnern verantworteten und verwalteten kapitalgedeckten Altersversorgung und einer privaten Absicherung besteht, die etwa im Verhältnis 50:40:10 das Gesamteinkommen im Alter sichert. Ähnlich ist das dänische Drei-Säulen-Modell aufgebaut, dessen zweite Säule aber einen weit größeren Teil der Versorgung ausmacht, und zwar als kapitalgedeckte Betriebsrente in Form von beitragsorientierten Versicherungsverträgen, die auf der Basis von Tarifverträgen bestimmt werden. Beiden Systemen ist gleich, dass die Beschäftigten in die zweite Säule zwingend einzahlen müssen und dass beide Systeme über sehr hohe Rücklagen in Höhe von über 180 Prozent des BIP (Niederlande) und 160 Prozent (Dänemark) verfügen – Werte, von denen eine Volkswirtschaft wie die Bundesrepublik Deutschland auch im Hinblick auf die Liquidität ihres Kapitalmarktes nur träumen kann.

Doch es gibt Grund zur Zuversicht. Zwei unterschiedliche Studien, die in den letzten Jahren vorgelegt wurden, zeigen auf, wie offen die junge Generation im Hinblick auf notwendige Veränderungen ist und wie sich Verhaltensmuster im Generationenvergleich ändern lassen.

In der mittlerweile vierten Auflage der bundesweiten, repräsentativen Jugendstudie »Jugend, Vorsorge, Finanzen« hat MetallRente, ein gemeinsames Versorgungswerk von Gesamtmetall und IG Metall für die Beschäftigten in der Metall- und Elektroindustrie, die Einstellung junger Menschen zwischen 17 und 27 Jahren im Hinblick auf Finanzen und Vorsorge untersuchen lassen. Im jüngsten Anleger-Monitor der DekaBank sind alle Altersgruppen insbesondere danach befragt worden, wieweit nachhaltige Finanzprodukte für sie infrage kommen. Zusammenfassend lässt sich festhalten, dass junge Erwachsene grundsätzlich ihre persönliche Zukunft gut (66 Prozent) und sehr gut (25 Prozent) beurteilen, und sie zugleich in ihrem beruflichen und persönlichen Umfeld nachhaltig handeln wollen, um damit vor allem einen Beitrag zum Umwelt- und Klimaschutz zu leisten. Allerdings verbinden auch junge Erwachsene Nachhaltigkeit und eigene finanzielle Risikovorsorge nicht in gleichem Umfang miteinander, auch im Generationenvergleich wächst die Bereitschaft zu nachhaltigem Handeln in der Risiko- und Altersversorgung nur langsam. Gleichzeitig bestätigen beide Untersuchungen eine große Offenheit gegenüber neuen Produkten und Anlageformen, wenn die Qualität der Beratung und Betreuung durch die Banken und Finanzdienstleister in die richtige Richtung geht.

Und genau hier liegt die Chance. An die Stelle alter ideologischer Schlachten um die richtige Form der Altersversorgung tritt nun ein offenes Ringen um die richtigen Wege hin zu einem weitgehend streitfrei gestellten Ziel, nämlich Altersversorgung mit dem Ziel der Teilhabe am erwirtschafteten Wohlstand unserer Volkswirtschaft zu verbinden und den zukünftigen Rentnern zugleich das Risiko zu nehmen, zum »falschen« Zeitpunkt, das heißt in einer Phase niedriger Aktienkurse in den Ruhestand gegangen zu sein. Mit folgenden Eckpunkten ließe sich ein solches Ziel erreichen:

- Die gesetzliche Rente als Umlageverfahren (erste Säule) bleibt die Basisabsicherung der sozialversicherungspflichtig Beschäftigten.
- Auf der Grundlage des Betriebsrentenstärkungsgesetzes 2017 werden weitergehende Modelle tarifvertraglicher Altersvorsorgepläne (zweite Säule) entwickelt, die ab einem bestimmten Stichtag für die Beschäftigten aller Unternehmen ab einer bestimmten Mitarbeiterzahl verpflichtend werden. An die Stelle von Tarifverträgen können auch individuelle Betriebsvereinbarungen treten.
- Der Einzahlungsbetrag ist steuer- und sozialabgabenfrei und besteht aus einem prozentualen Anteil des Bruttoarbeitslohns mit einem Mindestbeitrag im Monat.
- Im Sinne einer fairen Verteilung des Risikos zwischen den Sparergenerationen wird eine kollektive Reserve zum Ausgleich der Versorgungsguthaben gebildet.

- Die Besteuerung der Guthaben folgt dem Prinzip der nachgelagerten Besteuerung in der Auszahlungsphase.
- Der Nachweis einer ausreichenden, auf das Erreichen des Renteneintrittsalters ausgerichteten privaten Altersvorsorge (dritte Säule) eröffnet das Recht zur Befreiung von der zweiten Säule (opt-out).

Über jeden einzelnen dieser Eckpunkte kann und muss diskutiert werden. Die heftigsten Kontroversen dürfte es um die gesetzliche Verpflichtung zum Abschluss einer betrieblichen Altersversorgung geben. Aber gerade hier liegt die Chance für einen wirklichen Fortschritt ohne Systembruch. Freiwilligkeit allein genügt nicht, die mangelnde Attraktivität der »Riester«-Rente hat dies hinreichend unter Beweis gestellt. Gleichzeitig drängt die Zeit, denn die Arbeitseinkommen werden angesichts der enormen technologischen Entwicklungen in unserer Arbeitswelt im Kollektiv der sozialversicherungspflichtig Beschäftigten nur sehr langsam steigen. Die Beteiligung der Beschäftigten an den steigenden Kapitaleinkommen kann daher ein Beitrag zur Lösung von gleich zwei großen Herausforderungen sein, nämlich ein Beitrag zu einer gerechteren Vermögensverteilung und ein Beitrag zur Schließung der Versorgungslücke einer alternden Bevölkerung.

Die Vorteile einer solchen Systemergänzung werden vor allem denen zugutekommen, die heute am Anfang ihres aktiven Berufslebens stehen und die noch Zeit genug haben, für ihr Alter entsprechend vorzusorgen. Zeit ist dabei der entscheidende Faktor, nicht in erster Linie die ersparte Summe Geld. Das Stichwort lautet »Verdoppelungsfaktor« oder, anders ausgedrückt, die Chance, über einen langen Zeitraum das Kapital aufzubauen, von dem man im Alter gut leben kann. Wer zum Beispiel über einen Zeitraum von 30 Jahren jeden Monat

100 Euro in einen Aktiensparplan zurücklegt, der hat nach 30 Jahren insgesamt 36.000 Euro gespart, gut angelegt wären in jeder Phase des deutschen Aktienmarkts Renditen von rund 7 Prozent im Jahr möglich gewesen. Eine Ersparnis von 100 Euro im Monat würde sich damit alle zehn Jahre einmal verdoppeln, aus 36.000 Euro Ersparnis wären am Ende des Arbeitslebens mindestens 120.000 Euro Kapital geworden! Daraus könnte sich der Aktiensparer 20 Jahre lang jeden Monat gut 700 Euro auszahlen lassen.

Selbst wenn man gleich mehrere Krisen miterlebt hätte, wenn man ganz auf Nummer sicher gehen wollte und das ersparte Geld gegen Verluste wenigstens teilweise absichern würde, selbst wenn man zu einem schlechten Zeitpunkt zu sparen anfinge und auch zu einem schlechten Zeitpunkt den Sparplan schließen würde: Es bleibt immer mehr übrig als »unter dem Kopfkissen«. Ein Sparbuch zu 0 Prozent ist nicht mehr als ein verbrieftes Kopfkissen.

Damit würden die Deutschen endlich auch an dem Wohlstand teilnehmen, den sie vor allem in den börsennotierten Aktiengesellschaften selbst erwirtschaften. Millionen von Arbeitnehmerinnen und Arbeitnehmern gehen jeden Tag zur Arbeit und erwirtschaften mit ihrer Arbeitskraft den Ertrag der Unternehmen, der in Form von Dividenden und Kursentwicklungen den Aktionären zugutekommt – die allerdings mehrheitlich nicht in Deutschland leben. Kaum ein börsennotiertes Unternehmen in Deutschland hat noch mehrheitlich deutsche Aktionäre, die »deutschen« Aktiengesellschaften sind – wenn sie nicht einen deutschen Großaktionär haben wie zum Beispiel eine über Generationen gewachsene Industriellenfamilie – überwiegend im Besitz ausländischer Aktionäre und Fondsgesellschaften. Die Niederländer, die Dänen, die Schweden, die Briten, viele andere Europäer haben das längst erkannt, die Amerikaner ohnehin: Mit breit gestreutem Eigentum in der Hand privater Haushalte bleibt das Kapital und der Ertrag aus dem Kapital im Land – und steht für Wohlstand und Altersversorgung genauso zur Verfügung wie für Investitionen in die Zukunft. Es fehlt uns nämlich nicht nur an einer kapitalgedeckten Altersversorgung, uns fehlt auch das Kapital für die Entwicklung neuer Unternehmen. Wenn wir aus Deutschland, dem Land der Sparbücher, ein Land von Aktionären machen würden, dann hätten wir damit gleich zwei Ziele erreicht: hohe Alterseinkommen für breite Schichten der Bevölkerung und einen Kapitalmarkt, der hilft, die Unternehmen in Deutschland stark und zukunftsfähig zu machen.

Ich appelliere deshalb auch an die vielen mittelständischen Unternehmen in Deutschland: Sorgen Sie mit dafür, dass Ihre Mitarbeiterinnen und Mitarbeiter zu Beginn ihres Berufslebens ausreichend Vorsorge treffen für ein gutes Alterseinkommen. Ziehen Sie die Beteiligung Ihrer Belegschaft am eigenen Unternehmenserfolg in Erwägung. Werben Sie aber auch dafür, dass in unserer Gesellschaft heute »Wohlstand für alle« nur möglich wird, wenn vor allem die junge Generation früh zu sparen beginnt, und zwar dort, wo langfristig und dauerhaft, unabhängig von allen Konjunkturzyklen, erspartes Geld in der langen Perspektive die Grundlage ist für privates Vermögen und kapitalstarke Unternehmen.

Abrunden sollten wir diese Neuausrichtung unserer Vermögenspolitik mit einer besseren Wohnungsbaupolitik. Deutschland ist das Land in Europa mit der zweitniedrigsten Eigenheimdichte, nur die Schweiz hat noch weniger. Wir bauen viel zu teuer, viele Normalverdiener können sich Wohneigentum kaum leisten, in einigen Großstädten überhaupt nicht. Standardisierte Häuser und Wohnungen, geringere Anforderungen an die technische und bauliche Ausstattung, Konzepte für die

Innenstädte, attraktive Bauflächen in den ländlichen Räumen, weitere Unterstützungen für junge Familien, kurzum: Es gibt Stellschrauben für bezahlbares Wohnen in den eigenen vier Wänden. Kapitalvermögen und Eigenheim – erst dann wird auch dieser Teil des Wohlstandsversprechens von Ludwig Erhard endlich erfüllt sein.

Ein neuer Generationenvertrag

Die in diesem Buch beschriebenen Herausforderungen sind ernst, doch sie lassen sich bewältigen. Dafür müssen wir allerdings aktiv handeln. Politik darf nicht nur in der Krise funktionieren. Sie muss auch darüber hinaus den Anspruch haben, die richtigen Weichenstellungen für die Zukunft vorzunehmen. Wir haben in Deutschland in den letzten Jahren zu wenig an unserer Zukunft gearbeitet und uns zu sehr darauf konzentriert, das Erarbeitete zu verteilen.

Politisches Handeln in der Demokratie ist immer geneigt, den Interessen der Gegenwart ein zu starkes Gewicht zu geben. Nachhaltige Politik braucht Leitplanken oder eine wirksame Selbstbindung. Den Einsatz für mehr Nachhaltigkeit in der Politik, bei Weitem nicht nur in der Umweltpolitik, schulden wir der jungen Generation. Es geht um ihre Lebenschancen. Wir sollten der jungen Generation, die einiges vom Wandel zu schultern hat, einen neuen Vertrag anbieten, der ihre Zukunftschancen sichert und die Grundlagen eines generationenübergreifenden Miteinanders in der Gesellschaft neu formuliert.

Wir müssen das Thema Generationengerechtigkeit neu denken und zukunftsweisend verankern. Dies gehört zu einer notwendigen und ausgewogenen Reaktion auf den demografischen Wandel – ein Wort, dessen Konsequenzen uns immer noch nicht richtig klar zu sein scheinen. Noch profitieren wir davon, dass geburtenschwächere Nachkriegsjahrgänge die Rentenaltersgrenze erreichen und sich die geburtenstarken Jahrgänge vom Beginn der 1960er-Jahre auf dem Höhepunkt ihres Berufswegs und damit ihrer Steuer- und Beitragszahlungen befinden. Dies wird sich nun ändern. Besonders zwischen 2025 und 2030, wenn die »Babyboomer« in den Ruhestand gehen, steigt der Altersquotient, also die Anzahl der über 65-Jährigen auf 100 Personen im Alter zwischen 20 und 64. In fast keinem Land der Welt steigt diese Relation schneller als bei uns.

Die gegenwärtige Rentnergeneration ist die bestversorgte aller Zeiten. Doch der demografische Wandel und die wachsende strukturelle Last der Sozialversicherungen erfordern neue Antworten und eine neue Verständigung zwischen den Generationen.

Auf diese seit Jahrzehnten absehbaren Veränderungen haben einige politisch Verantwortliche früh und klug reagiert: Helmut Kohl und Wolfgang Schäuble sorgten 1997 für den »Demografiefaktor« in der Rente, die Regierung Schröder schaffte ihn zunächst ab, führte ihn dann verschärft wieder ein und installierte 2001 die ergänzende Riester-Rente. Angela Merkel und Franz Müntefering entschieden 2006, in kleinen Schritten bis 2030 die Rente mit 67 einzuführen. Seit über zehn Jahren aber ist nichts passiert, was die Tragfähigkeit der Sozialversicherungen verbessert und den Generationenvertrag auf eine nachhaltigere Grundlage gestellt hätte, im Gegenteil, einige der früheren Entscheidungen zur Stabilisierung der Rentenversicherung und vor allem der Beitragsstabilität sind zurückgenommen worden.

Ich habe bereits an anderer Stelle in diesem Buch von der

Generationengerechtigkeit als neuer sozialer Frage gesprochen und auf einseitige Entwicklungen hingewiesen, zum Beispiel darauf, dass die seit der Deutschen Einheit erreichten Wohlstandsgewinne überwiegend bei den über 55-Jährigen angekommen sind, ebenso auf die Tatsache, dass die heute unter 45-Jährigen nicht nur den großen Teil der Folgelasten der jüngst beschlossenen Sozialversicherungspakete zu tragen haben, sondern auch die Tilgung der immensen Schulden, die für Corona-Rettungsmaßnahmen und Konjunkturprogramme jetzt aufgebaut werden.

Bei Generationengerechtigkeit geht es indes um weit mehr als um Verteilungsfragen. Es geht auch um eine Haltung zur Zukunft, um Offenheit für Neues, um Investitionen in neue Chancen für Wachstum und Wohlstand: Alternde Gesellschaften neigen dazu, den Status quo, die Sicherheit und Bewahrung des Bestehenden, eher zu betonen als die Chancen, die sich mit Veränderungen und Innovationen verbinden.

Wir sollten es daher nicht weiter hinnehmen, dass unser Land, in dem ohnehin schon jetzt Fachkräftemangel herrscht und die erwerbsfähige Bevölkerung um jährlich 400.000 Personen abnimmt, in jedem Jahr mehrere Zehntausend jüngere und meist hoch qualifizierte Menschen durch Abwanderung verliert. Schon seit 2005 ist der Wanderungssaldo deutscher Staatsbürger negativ, ziehen Jahr für Jahr mehr Inhaber deutscher Pässe ins Ausland als zurückkommen.

Ich begrüße auch deshalb das zunehmende politische Engagement der jungen Generation. Seit der Bundestagswahl 2017 wird möglicherweise eine Trendwende sichtbar: Erstmals seit über 30 Jahren hat die Wahlbeteiligung der 18- bis 30-Jährigen zugenommen und ist der Abstand zu den höheren Altersgruppen kleiner geworden.

Ebenso beobachte ich bei den Älteren, die ja meistens auch

Eltern und Großeltern sind und die sich eine gute Zukunft für ihre Kinder und Enkel wünschen, mehr Bereitschaft als noch vor Jahren, gemeinsam mit den Jüngeren über Zukunftsfragen, über unsere Umwelt und über nachhaltige Politik zu diskutieren. Genau in einem solchen generationenübergreifenden Miteinander müssen wir jetzt über einen neuen Generationenvertrag sprechen.

Ich schlage daher zehn konkrete Punkte für diesen neuen Generationenvertrag vor. Sie erheben nicht den Anspruch auf Vollständigkeit. Jeder einzelne Vorschlag mag Bedenken und Widerspruch auslösen. Aber wir müssen jetzt an die junge Generation denken, denn für sie besitzen wir unsere Welt nur als Treuhänder.

1. Wir kehren im Jahr 2022 zum Regelwerk der Schuldenbremse zurück und führen die explizite, sichtbare öffentliche Verschuldung bis zum Jahr 2030 wieder auf unter 60 Prozent des Bruttoinlandsprodukts zurück. Dazu gehört ebenfalls, in Zukunft mit jedem Bundeshaushalt und den Länderhaushalten eine Bilanz vorzulegen, die auch die impliziten, versteckten Schulden benennt, wie es das Land Hessen schon seit Jahren unternimmt.
2. Wir reduzieren bis 2030 die deutschen CO_2-Emissionen um 55 Prozent gegenüber 1990 und schaffen dafür die notwendigen Voraussetzungen bei der Infrastruktur und steuern beständig nach, wo es notwendig wird. Deutschland setzt sich nachdrücklich für eine Ausweitung des europäischen Emissionshandelssystems unter Einbeziehung des neuen nationalen Handelssystems in den Sektoren Wärme und Verkehr ein.

3. Bis zum Jahr 2030 werden an drei europäischen Standorten drei europäische Volluniversitäten in Trägerschaft der Europäischen Union neu gegründet mit dem Ziel, sich von Anfang an unter den Top-20-Universitäten des Shanghai Academic Ranking of World Universities zu platzieren.
4. Wir stellen die berufliche Bildung und Ausbildung der akademischen Ausbildung vollständig gleich und bieten jedem Absolventen einer beruflichen Ausbildung die Fortbildung zum Meister zu den gleichen Konditionen an wie die universitäre Ausbildung.
5. Bund und Länder schaffen ein einheitliches Regelwerk für Open Data aller öffentlichen Verwaltungen von der Kommune bis zur Europäischen Union, soweit keine Interessenkonflikte mit unserer Sicherheit und mit Geschäftsgeheimnissen entstehen. Dadurch wird eine durchgreifende Digitalisierung unserer Verwaltung sowie im Rechts- und Verwaltungsverkehr möglich.
6. Wir machen ernst mit der europäischen Jugendgarantie: Jeder junge Europäer erhält spätestens zu seinem zwanzigsten Geburtstag ein individuelles Angebot für das Nachholen seines Schulabschlusses, für eine Berufsausbildung oder für ein Hochschulstudium. Bildung und Ausbildung haben dabei klaren Vorrang vor Jobs und Praktika.
7. Bis zum Jahr 2030 erhält jede Familie in Deutschland ein Angebot für eine freiwillige Ganztagsbetreuung für alle Kinder bis zum zwölften Lebensjahr, bei dem Kindertagesstätten, Schulen, Sportvereine, Musikschulen und Kultureinrichtungen unter kommunaler Führung zusammenarbeiten.

8. Wir haben sechs Millionen Menschen mehr in Arbeit als noch vor wenigen Jahren. Die Qualifikation und die Erfahrung der Babyboomer aus den 1960er-Jahren bilden eine Brücke in die Zukunft. Wir beseitigen alle sozialrechtlichen und tariflichen Hindernisse, die einer freiwilligen längeren Erwerbstätigkeit dieser Stützen der Gesellschaft entgegenstehen.
9. Wir sorgen dafür, dass alle, die arbeiten, auch Vermögen bilden können. Für selbstgenutztes Wohneigentum entfällt die Grunderwerbsteuer und für die ersten zehn Jahre die Grundsteuer. Zudem schaffen wir, zum Beispiel bei der Finanzagentur des Bundes, wieder Anlagemöglichkeiten für Private, die weitgehend ohne Nebenkosten auskommen, sodass sich der potenzielle Ertrag nur nach dem gewählten Risiko ergibt.
10. Wir führen einen Gesetzesfolgencheck »Generationengerechtigkeit« ein, der zu jedem im Deutschen Bundestag beratenen Gesetzentwurf erfolgt. Die Prüfung wird durch eine unabhängige Stelle beim Deutschen Bundestag selbst durchgeführt, nicht durch die Bundesregierung.

So können wir unser Land auch ganz praktisch in die Zukunft ausrichten: Die junge Generation bekommt konkrete und individuelle Angebote von der Gesellschaft, um auf die Herausforderungen gut vorbereitet zu sein, die das Leben für sie bereithält. Wir nehmen besondere Rücksicht auf Jugendliche aus sozial schwachen Familien und auf Jugendliche mit Einschränkungen ihrer Leistungsfähigkeit. Wir erwarten im Gegenzug, dass die junge Generation diese Angebote auch annimmt.

VIERTES KAPITEL
Europa – Champions League oder Kreisklasse

»Die Welt ist aus den Fugen geraten« – so empfinden es viele Menschen in aller Welt, wenn sie dem täglichen Nachrichtenfluss folgen, zum Beispiel aus dem Mittleren und Nahen Osten, aus China, aus Russland, aus Nord- und Südamerika, aus Afrika, aber auch aus vielen Teilen Europas. Wir alle bekommen langsam ein Gefühl dafür, dass das 21. Jahrhundert nicht einfach eine Fortsetzung der zweiten Hälfte des 20. Jahrhunderts sein wird. Wir sind im Gegenteil Zeitzeugen einer geradezu tektonischen Verschiebung der politischen und ökonomischen Kräfteverhältnisse auf der Welt, verbunden mit dem Aufstieg Chinas und der Ohnmacht Europas.

Die Welt wird neu vermessen

Es lassen sich auch konkrete Ereignisse benennen, die jedes für sich schon genug Potenzial haben, auch noch in einigen Jahren als historische Wegmarken gesehen zu werden, und die zusammengenommen für lange Zeit die Weltordnung bestimmen werden. Es sind aus meiner Sicht vor allem vier bedeutende Ereignisse, auf die ich auch in meinen Reden immer wieder Bezug nehme:

- Im Februar und März 2014 greift die russische Armee in den Konflikt in der Ostukraine ein und besetzt zugleich die Halbinsel Krim. Am 18. März 2014 erklärt Wladimir Putin die Halbinsel Krim offiziell als zum russischen Staatsgebiet zugehörig.
- Am 23. Juni 2016 entscheidet sich in einer Volksabstimmung eine knappe Mehrheit der an der Abstimmung teilnehmenden Briten, die Europäische Union zu verlassen.
- Am 8. November 2016 wählt noch nicht einmal eine Mehrheit der Wählerinnen und Wähler, wohl aber eine Mehrheit der Staaten in den USA, bezogen auf das daraus hervorgehende Wahlgremium, Donald Trump zum 45. Präsidenten der Vereinigten Staaten von Amerika.
- In der dritten Oktoberwoche 2017 findet in Beijing der 19. Parteitag der Kommunistischen Partei statt, der den Generalsekretär der chinesischen KP zum Staatspräsidenten auf Lebenszeit ernennt und ihm damit eine Machtfülle verleiht, die nur mit der Mao Zedongs vergleichbar ist.

Es ließen sich gewiss noch weitere Daten hinzufügen, aber allein diese vier Ereignisse – eines von Russland ausgehend, eines die Europäische Union betreffend, eines aus den USA und eines aus China kommend – sind jeweils für sich genommen und allemal in der Summe so weitreichend, dass wir davon ausgehen müssen, dass man sie schon heute als Zäsur in der Geschichte bezeichnen kann.

In der Gesamtbetrachtung ergeben diese Ereignisse ein Bild unserer gegenwärtigen Welt, das sich wie folgt zusammenfassen lässt: Die Vereinigten Staaten von Amerika befinden sich – wieder einmal – in einer Phase des Rückzugs auf die eigenen Interessen; diese Phase wird auch mit einem Regierungswechsel im Januar 2021 nicht abrupt enden, es handelt sich vielmehr um einen langfristigen zyklischen Prozess, der schon lange vor Trump begonnen hat und der auch nach Trump zumindest für eine gewisse Zeit, vielleicht für einen sehr langen Zeitraum anhalten wird. Amerika war sich in seiner Geschichte immer wieder selbst genug, die Phasen eines weltweiten Engagements waren eher kurz und wurden in der Regel immer erst eingeleitet, wenn die in Europa begonnenen Kriege außer Kontrolle gerieten oder – wie in jüngerer Zeit – der Terrorismus auch das eigene Territorium und die eigenen Interessen massiv bedrohte. Insofern erleben wir seit einigen Jahren das Ende eines Zeitalters, das Ende der nach dem Zweiten Weltkrieg etablierten *Pax Americana*, der politischen Ordnung, die von der amerikanischen Führungsrolle und Ordnungsmacht geprägt war.

In das durch den Rückzug Amerikas entstehende Vakuum stoßen andere Länder vor, die offensiv ihre Interessen durchsetzen. Neben dem militärisch mächtigen, wirtschaftlich jedoch eher schwachen Russland versucht insbesondere die Volksrepublik China, das Momentum für sich zu nutzen. China tritt nach knapp drei Jahrzehnten eines starken wirtschaftlichen Wachstums jetzt auch politisch mit einem offensiven Machtanspruch auf die Weltbühne. Historisch betrachtet hat China alle Argumente auf seiner Seite, die führende politische und wirtschaftliche Macht des 21. Jahrhunderts zu werden. Sie war es vor zwei Jahrhunderten schon einmal, das Bruttoinlandsprodukt von China war zu Beginn des 19. Jahrhunderts größer als das von den USA, Europa und Japan zusammen. Insofern schließt die chinesische Staatsführung an einen Anspruch an, den sie schon einmal in der chinesischen

Geschichte als erfüllt angesehen hat, und sie mobilisiert auf diese Weise den Stolz und den Fleiß des chinesischen Volkes bis hin zu einer weitgehenden Akzeptanz des autoritären Führungsanspruchs der Kommunistischen Partei. Die KP China verfolgt zudem mit dem Seidenstraßenprojekt ein strategisch-imperiales Ziel und besetzt zugleich mit einer geschickten Personalpolitik wichtige Positionen, die vor allem von den USA in den internationalen Organisationen nicht mehr eingenommen werden. Europa ringt derweil um seine eigene Rolle in der Welt, das Maß an Geschlossenheit verharrt weit unterhalb der Schwelle einer globalen Relevanz, wenn denn eine solche Relevanz von der Gemeinschaft der Mitgliedstaaten überhaupt einvernehmlich gewollt ist. Der Brexit kommt in dieser Phase der politischen Entwicklung zum denkbar schlechtesten Zeitpunkt und schwächt die Europäische Union mit dem Ausscheiden der zweitgrößten Volkswirtschaft in politischer und ökonomischer Hinsicht nach innen wie nach außen.

Darüber hinaus entstehen eine ganze Reihe regionaler Kraftzentren, die zunehmend das Weltgeschehen in ökonomischer und politischer Hinsicht mitbestimmen möchten und zum Teil bereits auch können. Ein Blick auf Länder wie Indien, Japan, Südkorea, Indonesien, Malaysia und Vietnam, Nigeria und Südafrika oder Mexiko und Brasilien lässt uns erahnen, dass wir an der Schwelle zu einer neuen multipolaren Weltordnung stehen, die diese rasant wachsenden, mittelgroßen Mächte mitprägen wollen. Dennoch ist die Annahme wohl nicht falsch, dass die Welt des 21. Jahrhunderts maßgeblich von zwei oder drei wesentlichen politischen und ökonomischen Akteuren geprägt sein wird: ohne Zweifel von den Vereinigten Staaten von Amerika, auch wenn sie die Rolle einer Weltordnungsmacht nicht länger spielen wollen, sodann von der Volksrepublik China und – wenn denn gewollt und erreichbar – von der Europäischen Union. Die entscheidende Frage an uns Europäer lautet also: Wollen wir die Rolle eines globalen Spielers politisch und ökonomisch einnehmen, und – wenn ja – können wir das überhaupt? Reichen unsere politischen und wirtschaftlichen Ressourcen gegebenenfalls aus, um im Kreis der großen Mächte dabei zu sein?

Unsere Antwort auf diese Frage wird über weitaus mehr entscheiden als nur den zukünftigen Erhalt unseres Wohlstands, so wichtig dieser für uns ist. Es geht auch und vor allem darum, ob unsere westlichen, liberal-demokratischen Wertevorstellungen, ob unser von der Aufklärung definiertes Menschenbild die prägende Kraft wenigstens unseres europäischen Kontinents bleibt, ob wir – wenn möglich wieder stärker mit den USA zusammen – die offenen, pluralistischen Gesellschaften des Westens bleiben, oder ob wir in den Sog populistischer, fremdenfeindlicher und letztendlich autoritärer politischer Systeme geraten, die sich selbst allenfalls noch als »illiberale« Demokratien bezeichnen mögen. Der Historiker Heinrich August Winkler hat die Tragweite dieser Herausforderung, der wir uns stellen müssen, treffend beschrieben, als er sagte: »Wir befinden uns mitten in einem Kulturkampf um die Zukunft unseres freiheitlichen, liberalen Gesellschaftsmodells, und es ist keineswegs ausgemacht, dass wir diesen Kampf gewinnen.«

Für uns Europäer, insbesondere für meine Generation, ist die Vorstellung, dass wir uns mehr als 30 Jahre nach dem Fall der Mauer erneut in einem »Systemwettbewerb« befinden, befremdlich. Der Zerfall der Sowjetunion sowie die Auflösung des Warschauer Paktes und des Comecon – des Rats für gegenseitige Wirtschaftshilfe, einer von 1949 bis 1991 bestehenden internationalen Organisation der Staaten des Ostblocks – schienen doch das Ende der großen ideologischen Konfrontationen zu bedeuten, die die Geschichte unseres Kontinents in den Jahrzehnten zuvor auf so schmerzvolle Weise geprägt hatten. Vielerorts wurden die Ereignisse der Jahre 1989 und 1990 so interpretiert, als habe die Geschichte ein endgültiges Urteil zugunsten von Demokratie und Marktwirtschaft getroffen. Die westlichen Wertevorstellungen, so lautete die These des Politikwissenschaftlers Francis Fukuyama in seinem Buch *Das Ende der Geschichte*, würden nun ungehindert ihren universellen Anspruch erfüllen und maßgebend für die gesamte Menschheit wirken können. In der Rückschau müssen wir mit Ernüchterung feststellen, dass wir damals einem großen Irrtum erlegen waren. Die Überwindung der Teilung Europas, unseres Landes und nicht zuletzt die der Hauptstadt Berlin, war nicht das Ende der Geschichte, sondern lediglich das Ende der Nachkriegsgeschichte der zweiten Hälfte des 20. Jahrhunderts und zugleich der Beginn einer neuen Epoche der Geschichte. Und so langsam zeichnen sich erste Konturen dieses neuen Teils unserer Geschichte ab, in der wir nun schon geraume Zeit leben.

Wir vermögen erst jetzt das Ende des Kalten Krieges in einem größeren Kontext zu sehen. Wenige Monate vor dem Fall der Mauer ließen die chinesischen Machthaber die Studentenproteste auf dem Platz des Himmlischen Friedens in Beijing blutig niederschlagen. Historisch betrachtet war dieses Ereignis mindestens ebenso bedeutend wie der Mauerfall in Berlin einige Monate später (Kristina Spohr, *Post-Wall, Post-Square*). Die Entscheidung Deng Xiaopings hätte vom Westen – wenn er denn genau hingeschaut hätte – als klare Botschaft verstanden werden müssen, dass sich jede Hoffnung, dass die Geschichte nach den Anstrengungen des Kalten Krieges nunmehr geradlinig entlang westlicher Vorstellungen verlaufen würde, als Illusion erweisen würde. Es stellt sich heraus, dass das Jahr 1989 keineswegs der Abschluss des historischen Ringens zwischen der westlichen Welt der Freiheit und den kommunistisch-autoritären Systemen im Osten war, sondern vielmehr der Beginn hybrider politischer und ökonomischer Modelle, die in die alten Muster – hier Demokratie und Marktwirtschaft, dort Diktatur und Zwangsverwaltungswirtschaft – nicht mehr hineinpassen.

Die mangelnde Wahrnehmung jener wichtigen Jahre in diesen Teilen der Welt erreicht uns nun mit einer ungeahnten Wucht. Viel Zeit zur Gewöhnung an diese neue, ruppige Welt bleibt uns nicht. Europa wird der Frage nach der eigenen Souveränität nicht länger ausweichen können. Souveränität ist dabei im umfassenden Sinne gemeint, außen- und sicherheitspolitisch ebenso wie technologisch und wirtschaftspolitisch. Die Abhängigkeiten, die die großen Wirtschaftsräume Europa, die USA und China in den letzten Jahrzehnten eingegangen sind, sind gegenseitig, aber die jeweils schwächere Position hatte und hat zumeist die Europäische Union, sicherheitspolitisch gegenüber den Vereinigten Staaten, wirtschaftlich gegenüber China und anderen Wachstumsregionen der Welt.

Wir Deutschen tragen eine besondere Verantwortung, eine europäische Souveränität zu schaffen, die unsere Handlungsfähigkeit auf Augenhöhe vor allem gegenüber Amerika und China sicherstellt. Wir haben ein existenzielles Interesse am Fortbestand der Europäischen Union und sind gleichzeitig der zentrale Akteur, dessen Verhalten über das Schicksal unseres Kontinents maßgeblich mitentscheiden wird. Es wird in den kommenden Jahren und Jahrzehnten eine der wichtigsten Aufgaben der deutschen Politik sein, sich dieser Herausforderung mit Tatkraft und Zuversicht zu stellen. Erfolg werden wir dabei aber nur haben, wenn wir in einen neuen Dialog mit der Öffentlichkeit eintreten und sehr viel mehr erklären, wie wir die Dinge sehen und welche Handlungsalternativen es gibt.

Amerika auf dem Rückzug

Die Wahl Donald Trumps zum 45. Präsidenten der Vereinigten Staaten von Amerika am 8. November 2016 war eines der tiefgreifendsten Ereignisse der jüngeren Zeitgeschichte. Die Welt war schon vor dieser Wahl gefährlicher und unübersichtlicher geworden, vor allem die nicht enden wollenden Kriege im Mittleren Osten sind zu einer gesteigerten Bedrohung auch unserer Sicherheit geworden. Aber ausgerechnet das Land, das unsere liberale, regelbasierte Weltordnung mitgeschaffen hatte, wurde innerhalb weniger Wochen zum potenziellen Zerstörer all dessen, was die Europäer – insbesondere wir Deutsche – über Jahrzehnte als so selbstverständlich erachtet hatten: offener und freier Handel in der Welt, einen gemeinsamen, verbindlichen westlichen Wertekanon sowie die gegenseitigen Sicherheitsgarantien innerhalb der NATO.

Wie so viele andere hatte auch ich zunächst damit gerechnet, dass Hillary Clinton, wenn auch knapp, das Rennen um das Weiße Haus für sich entscheiden würde. Ich war mir dieser Einschätzung allerdings nicht so sicher wie viele aus meinem Freundes- und Bekanntenkreis, darunter auch viele Amerikaner, die sich auf die Umfragen und die Medienberichterstattung bezogen und einen Sieg von Donald Trump teilweise kategorisch ausschlossen. Spätestens nachdem Trump eine ganze Reihe von hoch angesehenen und erfahrenen Mitbewerbern um die Präsidentschafts-Nominierung der Republikaner wie Jeb Bush, Marco Rubio und Ted Cruz geradezu hinweggefegt hatte, war mir klar, dass die politische Landschaft in den USA von fundamentalen Veränderungen bestimmt wurde und Trump die Wahl doch gewinnen könnte.

Ich hatte auch noch einen Artikel des amerikanischen Filmemachers Michael Moore gut in Erinnerung, mit dessen Ansichten ich nur selten übereinstimme, der aber im Juli 2016 in seinem Beitrag »Donald Trump – Das ist der nächste Präsident« (u.a. abgedruckt in *Die Zeit* vom 28.07.2016) fünf Gründe nannte, weshalb Trump die Wahl gewinnen würde. Der Artikel stimmte mich damals sehr nachdenklich, und tatsächlich liest er sich in der Rückschau wie eine frappierend genaue Analyse der Faktoren, die Trump letztlich ins Weiße Haus gebracht haben: die Bedeutung von Trumps Popularität im Mittleren Westen des Landes für die Mehrheitsverhältnisse unter den Wahlfrauen und -männern, die Wucht des Aufbegehrens der sich abgehängt fühlenden, überwiegend weißen Arbeiterschicht in Staaten wie Pennsylvania und Ohio, die große Unbeliebtheit von Hillary Clinton, die sehr niedrige Wahlbeteiligung der enttäuschten Anhänger von Bernie Sanders und nicht zuletzt die für einen weiten Teil der amerikanischen Bevölkerung große Anziehungskraft der radikalen Anti-Establishment-Rhetorik.

Der Nährboden, der Trumps Nominierung und schließlich seine Wahl im Jahr 2016 erst möglich machte und der seine Wiederwahl im Jahr 2020 trotz der schlechten Wirtschaftslage und trotz der guten Umfragewerte für seinen Herausforderer Joe Biden keineswegs ausschließt, ist nicht einer kurzfristig entstandenen politischen Lage geschuldet, sondern einer über mehrere Jahre, ja Jahrzehnte gewachsenen politischen Stimmung in den USA. Trump ist der vorläufige Höhepunkt einer politischen Entwicklung in den USA, die lange vor ihm begonnen hat, und deren Ende heute noch längst nicht absehbar ist. Seit den späten 1970er-Jahren verschärft sich die politische Spaltung des Landes, die Schattenseiten der rasant voranschreitenden Globalisierung werden vor allem für die Mittelklasse in den ehemaligen Industrieregionen des Landes immer spürbarer, ein unterentwickelter Sozialstaat erweist sich schon lange vor der Corona-Pandemie als unfähig, mit den Folgen dieser Entwicklung umzugehen. Viele Journalisten, Autoren und Zeithistoriker weisen seit Jahren auf diese Entwicklungen hin (vgl. beispielsweise George Packer, *Die Abwicklung: Eine innere Geschichte des neuen Amerika*). Das alte Versprechen von Wohlstand und Glück, vom »American Dream«, dass jeder vom Tellerwäscher zum Millionär emporsteigen kann, wenn er nur fleißig ist und eine gute Ausbildung mitbringt, wurde für einen wachsenden Teil der amerikanischen Bevölkerung zur blanken Illusion.

Mit den erheblichen sozioökonomischen Verwerfungen ging ein enormer Vertrauensverlust in die offiziellen Institutionen einher, der insbesondere durch die Kontroversen rund um den im Jahr 2003 begonnenen Krieg im Irak und die Weltfinanzkrise und ihre Folgen in den Jahren 2008/2009 befeuert wurde. Die Gräben zwischen der politischen Elite in Washington und der Bevölkerung im Inneren Amerikas sind stetig gewachsen. Während Barack Obama mit einer zuversichtlichen, zukunftsgewandten Botschaft und einem Appell an die gesellschaftliche Solidarität der Amerikaner diese Gräben noch zu überbrücken versuchte, daran aber am Ende auch selbst scheiterte, mobilisierte Donald Trump die über viele Jahre angestauten Ressentiments und ließ sich auf einer Welle der Empörung und Frustration ins Weiße Haus tragen.

Wir blicken also auf ein tief gespaltenes, verunsichertes Land, dessen innenpolitische Probleme im Laufe der bisherigen Amtszeit von Donald Trump zugenommen haben. Das unzureichende Krisenmanagement des Weißen Hauses während der Covid-19-Pandemie und das an vielen Orten vollkommen überforderte Gesundheitssystem hat viele der bereits vorhandenen gesellschaftlichen Konflikte zusätzlich verschärft und die amerikanische Wirtschaft in eine Rezession gestürzt.

Auf mittlere Sicht werden sich die USA ökonomisch gewiss wieder erholen und auch zu alter Kraft und Stärke zurückfinden. Dafür steckt einfach zu viel Dynamik, Pioniergeist und Optimismus in diesem Land. Aber stellen wir uns als Europäer darauf ein, dass die »guten alten Zeiten« nicht wieder zurückkehren. Das Verhältnis zu Amerika steht in den nächsten Jahren unabhängig von der nächsten Regierung in Washington vor einer Neudefinition, die von beiden Seiten des Atlantiks geleistet werden muss. Für einen längeren Zeitraum werden die Vereinigten Staaten sehr viel stärker ihre eigenen Interessen definieren und versuchen durchzusetzen.

Russland – gefangen im System Putin

Am 25. September 2001, gerade einmal zwei Wochen nach den Anschlägen in New York und Washington, hielt der russische Präsident Wladimir Putin als erstes russisches Staatsoberhaupt eine Rede vor dem Deutschen Bundestag in Berlin. Er hielt seine Rede überwiegend in deutscher Sprache, und er unterbreitete uns den Vorschlag einer engen europäischen Partnerschaft. Putin sah Russland zu Beginn des 21. Jahrhunderts als »freundliches europäisches Land« (»Der kalte Krieg ist zu Ende«) auf dem Weg zu Demokratie und Marktwirtschaft. Er zitierte Goethe, Schiller und Hölderlin, und er erinnerte uns an unsere gemeinsame Geschichte bis hin zu Katharina der Großen. Es waren bewegende Worte dieses jungen Präsidenten, und wir alle – Regierung wie Opposition – hatten den Eindruck, dass sich Russland unter Putin weiter öffnen und es eine Chance geben werde, Russland in einen neuen europäischen Prozess des Vertrauens und der Zusammenarbeit einzubeziehen.

Wenige Jahre später, auf der Münchener Sicherheitskonferenz im Februar 2007, schockte Putin die Zuhörer mit einer unerwartet aggressiven Rede, in der er den USA vorwarf, eine »monopolare Weltherrschaft« anzustreben und der NATO »ungezügelte Militäranwendung« unterstellte. Es war von Ton und Inhalt eine völlig andere Rede als die, die wir wenige Jahre zuvor im Deutschen Bundestag gehört hatten. Man konnte daraus den verletzten Stolz des russischen Präsidenten und den Verlust der Rolle Russlands als einstige Weltmacht heraushören, aber ebenso die feste Absicht, sich mit dieser Lage nicht einfach abzufinden.

Hat der Westen in der Zeit zwischen 2001 und 2007 etwas versäumt? Haben wir Chancen nicht ergriffen, die Putin uns angeboten hat? Hätten wir auf seine Angebote besser eingehen sollen, etwa eine europäische Freihandelszone von Lissabon bis Wladiwostok einzurichten, einen Vorschlag, den er dann weitere drei Jahre später unterbreitete?

Und was bedeutet bis heute sein Satz, der Zusammenbruch der Sowjetunion sei »die größte geopolitische Katastrophe des 20. Jahrhunderts«?

Die Formulierung von Barack Obama, Russland sei heute nur noch »eine regionale Mittelmacht«, musste die russische Staatsführung als Provokation empfinden. Dieser Satz war ein schwerer außenpolitischer Fehler der amerikanischen Regierung, denn seitdem verhält sich Moskau noch aggressiver und versucht, vor allem mit militärischen Interventionen den Weg zurück zur Großmacht zu gehen. Eine wirkliche Öffnung hin zu Demokratie und Marktwirtschaft hat Russland dagegen unter Putin ernsthaft nie beschritten. Einer Gefährdung seiner Macht ist Putin von Anfang an mit äußerster Härte entgegengetreten, die russische Wirtschaft, vor allem die Energiewirtschaft, wird beherrscht von einer kleinen Gruppe von Putin treu ergebenen Oligarchen und ihren Netzwerken, die weit über Russland hinausreichen, eine »Kleptokratie, über die niemand spricht« (Ralf Fücks, Freiheit). Mit dem Kriegseintritt in Syrien im Herbst 2015 unterstützt Russland eines der barbarischsten Regime unserer Zeit und scheut sich nicht, mit der Behauptung, die Terrormiliz Islamischer Staat zu bekämpfen, Schulen, Kindergärten, Krankenhäuser und Altenheime zu bombardieren. Wirtschaftlich ein nach wie vor schwaches Land, mit einer Wirtschaftsleistung, die kleiner ist als die von Italien, bleibt Russland doch ein politischer Machtfaktor und mit Cyberattacken auf unsere Datennetze, mit Auftragsmorden in europäischen Hauptstädten, mit Giftanschlägen auf Oppositionspolitiker und mit massenhafter Desinformation in den sozialen Netzwerken und über die eigenen Medienkanäle auch eine Bedrohung für unsere Sicherheit. Wir müssen davon ausgehen, dass Putins Russland weiterhin auf die Destabilisierung der Ukraine setzt und möglicherweise auch die Lage in Belarus nach den dortigen, grob gefälschten Präsidentschaftswahlen versucht, zu seinen Gunsten auszunutzen.

Trotzdem wird eine stabile und friedliche politische Ordnung in Europa ohne oder gar gegen Russland nicht möglich sein. Deutschland muss auf dem Weg dorthin mit Russland im Dialog bleiben und jede Brücke bauen, die tragfähig sein könnte. Aber wir dürfen auch nicht naiv sein. Und wir dürfen vor allem nie einen Zweifel daran lassen, dass wir eben nicht neutraler Mittler sind zwischen Europa und Russland oder gar zwischen den USA und Russland. Unser Platz ist im Europa der Europäischen Union, und wir stehen trotz aller Schwierigkeiten, die wir mit der gegenwärtigen amerikanischen Administration erleben, fest in der westlichen Wertegemeinschaft, die nicht zuletzt durch die NATO gewährleistet ist. Nur dann können wir den Amerikanern und unseren europäischen Partnern mit der hinreichenden Glaubwürdigkeit raten, etwa von weiteren dauerhaften Truppenstationierungen in Osteuropa abzusehen, solange sich dort nicht ernsthafte neue Bedrohungslagen ergeben.

Gleichzeitig wird es Fortschritte in den wirtschaftlichen Beziehungen nur geben können, wenn Russland seine Außenpolitik ändert und sich an internationales Recht hält. Russland ist Mitglied im Europarat und hat die Charta von Paris für ein neues Europa als Schlussdokument des KSZE-Sondergipfels Ende 1990 unterschrieben. So bedauerlich es ist, aber der aggressiven russischen Außenpolitik können wir nur mit Festigkeit und Geschlossenheit begegnen. Deshalb ist es ein Erfolg der europäischen Außenpolitik, dass es gelungen ist, die Einheit Europas zu wahren und die Sanktionen gegen Russland im Sommer 2020 einstimmig erneut zu verlängern – bis Moskau bereit ist, den Friedensplan für die Ostukraine umzusetzen. Vielleicht müssen wir sehr viel Geduld und Zeit einplanen, bis sich unser Verhältnis zu Russland wieder verbessert. Vielleicht dürfen wir dies realistischerweise auch erst für die Zeit nach Putin erwarten.

Weltmacht China

Der Aufstieg Chinas von einem der ökonomisch rückständigsten Länder zu einer der größten Volkswirtschaften der Welt innerhalb weniger Jahrzehnte ist eine historisch einzigartige Erfolgsgeschichte. Die Nachfolger Maos, allen voran Deng Xiaoping, befreiten China vom eng geschnürten Korsett marxistischer Ideologie und beschritten einen Pfad des rational abwägenden Pragmatismus, der in dem bekannten Zitat Dengs kurz und bündig so zusammengefasst wurde: »Es ist egal, ob eine Katze schwarz oder weiß ist – Hauptsache, sie fängt Mäuse.« Die »Reform- und Öffnungspolitik« zielte in erster Linie darauf ab, durch eine Öffnung in Richtung Westen und die behutsame Einführung markwirtschaftlicher Elemente das Wirtschaftswachstum anzukurbeln. Das Angebot eines großen Absatzmarktes sowie attraktive Investitionsbedingungen in speziell eingerichteten Wirtschaftszonen lockte westliche Unternehmen, China als neuen Produktionsstandort zu wählen und in eine rasant wachsende Volkswirtschaft zu investieren. Die Folge war eine Win-win-Situation für beide Seiten: Amerikanische und europäische Unternehmen konnten große Umsätze und Gewinne machen, China schaffte es, knapp 400 Millionen Menschen aus der Armut herauszuholen und einen festen Platz unter den maßgeblichen Akteuren einer zunehmend vernetzten Weltwirtschaft einzunehmen.

Während dieser Phase der Öffnung war sich die chinesische Staatsführung offenbar stets bewusst, dass unabdingbare Voraussetzung für das ausgelöste Wirtschaftswachstum der Erhalt einer stabilen, internationalen Ordnung war. So war China aktiv darum bemüht, sich in das Gefüge der vom Westen, allen voran von den USA, definierten, offenen, regelbasierten globalen Ordnung einzufügen und sie zu stützen. Der Eintritt Chinas in die Welthandelsorganisation (WTO) im Jahre 2001 wurde in den Hauptstädten Europas und in den USA als sicheres Zeichen dafür angenommen, dass China seine Öffnung in Richtung Westen mit der Übernahme der Rolle eines »verantwortungsbewussten Teilhabers der internationalen Ordnung«, wie es der damalige Handelsbeauftragte der amerikanischen Regierung Robert Bruce Zoellick beschrieb, abzuschließen bereit war. Damit, so war die Vorstellung, sollte auf Dauer nicht nur ein kooperatives, die existierende westliche Ordnung mittragendes Verhalten auf internationaler Ebene einhergehen, sondern auch ein Prozess der politischen Reformen innerhalb Chinas, der selbstverständlich entlang liberaldemokratischer Vorstellungen verlaufen würde.

Diese Annahmen haben sich ebenfalls als Irrtum erwiesen. Die KP China hat ihren ursprünglichen leninistischen Charakter stets bewahrt, und zwar mit allem, was typischerweise dazugehört: Einparteienherrschaft, umfassende Staatspropaganda nach innen und nach außen, scharfe Zensur, mächtige Geheimdienste, Personenkult und die konsequente Verfolgung politischer Dissidenten im In- und Ausland. So folgte die Führung der KP über viele Jahre dem Mantra, das Deng Xiaoping einst vorgegeben hatte: »Verberge deine Fähigkeiten, und warte den rechten Augenblick ab.« Die amtierende Führung der KP ist offenkundig zu dem Schluss gelangt, dass dieser Moment nun gekommen ist.

In seiner mehrstündigen Rede an die Delegierten des 19. Parteitags im Oktober 2017 rief Staatspräsident und Generalsekretär der KP Xi Jinping den Beginn einer neuen Phase der chinesischen Geschichte aus. Auf Revolution und Reform folge nun eine dritte Ära, so Xi, in der China zu einer »sozialistischen Großmacht« werden soll, die einen eigenen Macht- und Führungsanspruch auf der Weltbühne geltend machen kann. Dass Xi sich selbst als den maßgeblichen Gestalter dieser neuen Ära begreift, unterstrich er damit, dass er sein Konzept des »Sozialismus chinesischer Prägung« offiziell in das Parteistatut aufnehmen ließ. Die damit noch zu Lebzeiten erfolgte »Kanonisierung« seiner Politik stellt Xi auf eine Ebene mit Staatsgründer Mao Zedong. Passend dazu brach Xi mit der seit dem Abgang Deng Xiaopings im Jahr 1992 praktizierten Führungsrotation an der Spitze der KP, die alle zehn Jahre einen Generationenwechsel in den wichtigsten Staats- und Parteiämtern einleitete, indem er die Begrenzung der Amtszeiten abschaffte und sich somit de facto als Staatspräsident und Generalsekretär der KP auf Lebenszeit wählen ließ.

Wir haben es also auf absehbare Zeit mit einem chinesischen Staatsführer zu tun, der fest entschlossen ist, die über viele Jahre erreichte wirtschaftliche Kraft Chinas in politische und militärische Macht umzusetzen. China verlangt Anerkennung für seinen wirtschaftlichen Aufstieg und besteht darauf, nicht länger als Entwicklungsland, sondern als globale Macht behandelt zu werden.

Ähnlich wie schon das alte kaiserliche China denkt die KP sinozentrisch und sieht China als den neuen Mittelpunkt einer Weltordnung, in der es neben China keine ebenbürtigen, sondern lediglich nachrangige Mächte gibt. Die Hinwendung auf eine solche geopolitische Rolle ist in den Augen Beijings nicht mehr als die Wiederherstellung eines Zustands, der historisch betrachtet für China lange Zeit gegolten hatte. China versteht sich in der Kontinuität seiner über viertausendjährigen Geschichte als zentraler Machtpol der Welt, als »Reich der Mitte«, dessen Herrschaftsanspruch auf dem Prinzip *tianxia* beruht – der Inklusion aller unter einem Himmel, ohne geografisch-räumliche Einschränkungen. Dieses Selbstbild wurde in den Augen der chinesischen Staatsführung nur kurzzeitig gestört, als die Europäer mit ihren Handelsprinzipien, ihrem Konzept der formalen Staatengleichheit sowie ihrer technologischen Überlegenheit das selbstbewusste chinesische Kaiserreich in die Knie zwangen.

Dieses »Jahrhundert der Demütigung« ist im kollektiven Gedächtnis des Landes stets in Erinnerung geblieben und dient der politischen Führung bis heute als Merkposten für eine Zeit, die sich nie wiederholen darf. Die öffentlichen Aussagen führender chinesischer Politiker, die sich regelmäßig auf diese Phase der chinesischen Geschichte beziehen, oder auch die Denkschriften führender chinesischer Intellektueller, wie beispielsweise Zhao Tingyang, dessen Hauptwerk *Alles unterm Himmel* kürzlich ins Deutsche übersetzt wurde, zeigen, in welchen langen historischen Linien die Partei- und Staatsführung denkt und handelt. Sie betrachtet den Niedergang Chinas am Ende des 19. Jahrhunderts als historische Abweichung, die es zu korrigieren gilt, um den »Normalzustand« eines starken Chinas im Zentrum des Weltgeschehens wiederherzustellen.

In diesem Zusammenhang bekommt auch das 2013 ins Werk gesetzte Projekt einer »Neuen Seidenstraße« seinen politischen Bezug. Mit einem Investitionsvolumen von über einer Billion US-Dollar möchte China bis zum Jahr 2049 – dem hundertjährigen Jubiläum der Staatsgründung der Volksrepublik – ein globales Netz von Handelsrouten zwischen Asien, Afrika und Europa schaffen. Als moderne Wiederkehr der alten Handelswege aus der Zeit von Marco Polo gedacht, soll dieses neue, um Beijing zentrierte Handelsnetzwerk weltweit bis zu 100 Länder einbinden und könnte nach Abschluss aller Projekte ca. 60 Prozent der Weltbevölkerung, 35 Prozent der Weltwirtschaftsleistung und bis zu 40 Prozent des Welthandels umfassen. Es ist das »ehrgeizigste Infrastruktur- und Entwicklungsprojekt der Weltgeschichte« (Stefan Baron/Guangyan Yin-Baron, *Die Chinesen: Psychogramm einer Weltmacht*).

China verfolgt mit dem Seidenstraßenprojekt klare geopolitische, imperiale Ziele, die in den ersten Jahren der Umsetzung des Projekts bereits deutlich zu erkennen sind. So fällt auf, dass die zahllosen Zugstrecken, Straßen, Häfen, Kraftwerke, Pipelines und Flughäfen, aus denen dieses Handelsnetzwerk zusammengesetzt sein soll, überwiegend mit Krediten chinesischer Banken finanziert und von chinesischen

Unternehmen gebaut werden – meist sogar mit dem Einsatz chinesischer Arbeitskräfte vor Ort. Bis zu 90 Prozent aller Seidenstraßenprojekte wurden an chinesische Firmen vergeben, sodass die Bevölkerung der teilnehmenden Länder, die sich vor allem Arbeitschancen erhofft hatten, nur sehr begrenzt vom Bau dieser Projekte profitieren. Nutznießer sind vor allem die großen chinesischen Staatsunternehmen aus den klassischen Industrien. Zugleich haben sich viele Länder entlang der Seidenstraßenrouten bei chinesischen Staatsbanken hoch verschulden müssen. Im Fall eines Zahlungsverzugs sehen die mit China abgeschlossenen Verträge vor, dass Schulden gegen Anteile getauscht werden müssen und die errichtete Infrastruktur in vielen Ländern der Welt auf diese Weise in chinesisches Staatseigentum übergeht. Selbstverständlich enthalten alle Verträge zum Seidenstraßenprojekt die bekannten politischen Wohlverhaltensklauseln: Die Vertragspartner verpflichten sich, die Ein-China-Politik bedingungslos anzuerkennen, den Führungsanspruch der KP China uneingeschränkt zu akzeptieren und sich vor allem nicht in die »inneren Angelegenheiten« der Volksrepublik China einzumischen. Als »innere Angelegenheiten« bezeichnet die Partei- und Staatsführung alle Fragen der Meinungs-, Religions- und Pressefreiheit einschließlich des Zugangs zum Internet, der territorialen Machtansprüche im Rahmen der »Ein-China-Politik«, des Umgangs mit Hongkong, der Aggressionen gegen Taiwan und der systematischen Verfolgung und Unterdrückung der Uiguren und anderer Minderheiten im eigenen Land.

Diese Vorgehensweise ist eine im Zentrum der KPC strategisch geplante und bis ins kleinste Detail kontrollierte Politik mit dem Ziel einer Vormachtstellung in Ostasien und der Wiederherstellung der »Integrität« des historisch als chinesisch betrachteten Territoriums einschließlich Hongkong und Taiwan. Wer dies bezweifelt, sollte einen Blick auf die jüngsten Ereignisse in Hongkong werfen. Dort ist unmissverständlich klar geworden, dass Beijing bereit ist, seiner scharfen Rhetorik auch Taten folgen zu lassen. Das sogenannte Sicherheitsgesetz ist die Grundlage für die Beseitigung der Freiheits- und Bürgerrechte in der ehemaligen Kronkolonie und ein eklatanter Verstoß gegen die im Jahr 1985 vereinbarte Gemeinsame Erklärung der Volksrepublik China und des Vereinigten Königreichs von Großbritannien. Die Gemeinsame Erklärung wurde Ende 2015 bei den Vereinten Nationen hinterlegt, und sie ist damit Bestandteil des internationalen Völkerrechts geworden. In dieser Gemeinsamen Erklärung hatte sich China verpflichtet, mit der Übernahme der Kontrolle über die Souveränität Hongkongs am 1. Juli 1997 weitere 50 Jahre nach dem Grundsatz »Ein Land – zwei Systeme« die demokratische Selbstverwaltung Hongkongs ebenso zu gewährleisten wie die Fortgeltung des marktwirtschaftlichen Wirtschaftssystems. Nach weniger als der Hälfte der Zeit gliedert China das Territorium von Hongkong durch Polizei- und Militärgewalt und mit einer Absage der für den Herbst 2020 vorgesehenen Parlamentswahlen in sein Territorium und sein politisches System vollständig ein. Ebenso aggressiv zeigt sich China im Südchinesischen Meer, wo bereits seit einigen Jahren unter Bruch des internationalen Seerechts Militärstationen und Flughäfen auf neu aufgeschütteten Landmassen errichtet werden, die außerhalb des chinesischen Hoheitsgebiets liegen. China ist in eine Phase der Expansion seines Einflussbereichs eingetreten.

Wie gehen wir Europäer mit dieser globalen Entwicklung um? Betrachten wir diese Veränderungen als eine Herausforderung für uns, und wenn ja: Welche Antwort haben wir darauf?

Für den europäischen Kontinent war die Gründung der Europäischen Union, angefangen mit der Europäischen Gemeinschaft für Kohle und Stahl EGKS, der Europäischen Atomgemeinschaft EURATOM und der Europäischen Wirtschaftsgemeinschaft EWG, und schließlich mit ihrem Übergang in die Europäische Union einschließlich Binnenmarkt und Währungsunion die Antwort auf zwei Weltkriege und den zerstörerischen Nationalismus der ersten Hälfte des letzten Jahrhunderts. Vor allem die Überwindung der »Erbfeindschaft« zwischen Deutschland und Frankreich hat die längste Zeit des Friedens und der Freiheit in Europa ermöglicht, die es in unserer Geschichte in diesem Teil Europas je gegeben hat. Hervorgegangen aus den 1951 und 1957 von Deutschland, Frankreich, Italien, den Niederlanden, Belgien und Luxemburg gegründeten Europäischen Gemeinschaften (EGKS, EWG und EURATOM), ist die Europäische Union beständig gewachsen, derzeit zählt sie 27 Mitgliedstaaten, wovon 19 der Europäischen Währungsunion beigetreten sind. Auch nach dem Austritt Großbritanniens ist die EU mit rund 450 Millionen Einwohnern nach China und Indien und deutlich vor den USA der drittgrößte zusammenhängende Wirtschaftsraum der Welt.

Vor allem die Einführung des Europäischen Binnenmarkts war und ist bis heute eine einzigartige Erfolgsgeschichte. Die Öffnung der Grenzen und die Freiheit des Personenverkehrs, des Waren- und Dienstleistungsverkehrs und des Kapitalverkehrs hat einen Raum ohne Binnengrenzen geschaffen, wie wir ihn in Europa noch nie hatten, ja, wie es keinen zweiten

Wirtschaftsraum auf der Welt gibt, der in dieser Weise nationale Grenzen überwindet. Und so wie die Soziale Marktwirtschaft nie nur ein Wirtschaftsprojekt war, so ist der Binnenmarkt auch nicht »nur« ein Binnenmarkt. Er ist ein politisches Projekt, dessen Realisierung Europa aus der Krise der späten 1980er-Jahre herausgeholt und ökonomisch *und* politisch geeint hat. Allein die Binnenmarktgesetzgebung hat einen politischen Bedeutungszuwachs für die EU-Kommission, die Ministerräte, den Europäischen Rat und nicht zuletzt für das Europäische Parlament ausgelöst, den es ohne Binnenmarkt nicht gegeben hätte. Der politische Fokus der Unternehmen, der Verbände, der Gewerkschaften, der politischen Parteien und vieler anderer Institutionen mehr, der Medien aus der ganzen Welt hat sich auf Straßburg und vor allem auf Brüssel erweitert, ohne Binnenmarkt hätte das nicht stattgefunden. Neben dem Zuwachs an Wohlstand und Arbeitsplätzen hat die Europäische Union erst durch den Binnenmarkt eine gemeinschaftliche globale Relevanz erfahren.

Und doch haben wir nach der Jahrtausendwende gespürt, dass ein Binnenmarkt allein nicht ausreicht, um wirklich Einfluss zu haben auf das Geschehen in der Welt. Immer schon gab es das Bemühen um eine gemeinsame europäische Außen- und Sicherheitspolitik, nie vergessen war das Scheitern der Europäischen Verteidigungsgemeinschaft (EVG) in der französischen Nationalversammlung im Jahr 1954. Gerade in der Außenpolitik sahen und sehen die Nationalstaaten den Kern ihrer eigenen Souveränität, sie zu teilen mit anderen bleibt ein mühsamer und selten erfolgreicher Versuch. Ähnliche Vorbehalte gab es im Hinblick auf die eigene Währung, die auch als Instrument der Wirtschaftspolitik vor allem in den wirtschaftlich schwächeren Ländern immer wieder mit Abwertungen in Anspruch genommen wurde.

Es war darum nur folgerichtig, dass schon vor dem Inkrafttreten des Binnenmarkts intensiv über die Einführung einer gemeinsamen europäischen Währung nachgedacht wurde. Ähnlich wie in der Verteidigungspolitik hatte die Europäische Union auch in der Währungspolitik schon sehr früh einen ersten Anlauf unternommen. Unter der Leitung des früheren luxemburgischen Premierministers Pierre Werner legte eine vom Europäischen Rat berufene Expertenkommission im Jahr 1970 einen Plan vor, in der damaligen Europäischen Wirtschaftsgemeinschaft bis zum Jahr 1980 eine Währungsunion und eine einheitliche Währung zu schaffen. Mit dem Europäischen Währungssystem (EWS) gelang es dann im Jahr 1979 in einem weiteren Anlauf wenigstens, einen Währungsverbund mit einem System flexibler Wechselkurse einzuführen. 1999 folgte dann schließlich die Europäische Wirtschafts- und Währungsunion (EWWU).

Ich habe daran in zwei Parlamenten mitgewirkt, im Wirtschafts- und Währungsausschuss des Europäischen Parlaments und im Finanzausschuss des Deutschen Bundestags. Trotz mancher Bedenken aus der Wissenschaft und auch aus der Deutschen Bundesbank haben wir die Entscheidungen getroffen, die D-Mark aufzugeben und den Euro einzuführen. Wir wussten, dass mit der Einführung der gemeinsamen europäischen Währung Wechselkurse nicht mehr angepasst werden können und die Wettbewerbsfähigkeit der einzelnen Volkswirtschaften in der Währungsunion nur noch über die Leistungsfähigkeit der Arbeitsmärkte und die wirtschaftspolitischen Rahmenbedingungen in den jeweiligen Teilnehmerstaaten zu erreichen war. Uns war aber auch klar, dass die Währungsunion auf Dauer nicht ohne eine vertiefte Politische

Union bestehen kann, wobei wir in der öffentlichen Diskussion darüber, was denn eigentlich die »Politische Union« Europas sein soll, keine wirkliche Klarheit hatten. Und ebenso haben wir nicht vorausgesehen, dass mit der Währungsunion zunächst eine Anpassung des Zinsniveaus auf den Kapitalmärkten nach unten stattfand, und zwar in einem solchen Ausmaß, dass daraus ganz neue Anreize für einige Mitgliedstaaten entstanden, sich noch höher zu verschulden – das Gegenteil von dem, was mit dem parallel verabschiedeten Stabilitäts- und Wachstumspakt eigentlich vereinbart war. Die Verschuldung in der Eurozone ist nach einer kurzen Phase der Konsolidierung bis heute – lange vor der Corona-Krise und danach erst recht – beständig gewachsen.

Die Folgen dieser Konstruktionsfehler der Währungsunion begleiten und beschäftigen uns bis heute, insbesondere nach der Finanzkrise von 2008/2009. Das extrem niedrige Zinsniveau, das seitdem von den Zentralbanken gehalten wird, tut sein Übriges dazu, dass es wenig Anreize gibt, die öffentlichen Haushalte auszugleichen und gleichzeitig die Wettbewerbsfähigkeit der einzelnen Länder der Europäischen Union über die Arbeits- und Kapitalmärkte zu stärken. Spätestens mit dem Ausbruch der Corona-Pandemie kann niemand mehr übersehen, dass es der Europäischen Union vor allem an einer gemeinsamen, integrierten Wirtschaftspolitik fehlt. Unter den Bedingungen der zweiten Hälfte des 20. Jahrhunderts waren EGKS, EURATOM, EWG und Binnenmarkt die richtigen und ausreichenden Antworten für Europa. Aber Corona und zuvor bereits der verschärfte globale Wettbewerb haben gezeigt, dass dieser »Acquis Communautaire«, der gemeinsame Besitzstand aller Rechte und Pflichten der Mitgliedstaaten der EU, zur Bewältigung der Aufgaben, die jetzt vor uns liegen, nicht mehr ausreicht.

Corona und die Folgen haben dieses Defizit nicht ausgelöst, sondern sichtbar gemacht. Es gibt bis heute keinen Europäischen Währungsfonds und auch keinen Europäischen Krisenreaktionsmechanismus, der für die Folgen eines solchen Großereignisses sofort zur Verfügung stehen könnte. Deshalb habe ich trotz mancher Vorbehalte dem großen Rettungspaket der Europäischen Union zur Bewältigung der Folgen der Corona-Pandemie öffentlich zugestimmt. Meine Bedenken liegen nicht so sehr im Grundsätzlichen der vertraglichen Bestimmungen, die sowohl eine Verschuldung der EU als auch die Schuldenübernahme zwischen den Mitgliedstaaten nicht erlauben. Über die Europäischen Strukturfonds leisten wir heute bereits einen relativ umfangreichen Transfer zwischen den Mitgliedstaaten, und die EZB übernimmt im Auftrag und im Namen der gesamten Währungsunion Schuldtitel aus den einzelnen Mitgliedstaaten. Die eigentlich wichtige Frage lautet auch nicht, wie viel Geld jetzt in Europa bewegt wird. Die für Europas Zukunft dringend zu beantwortende Frage lautet: Was geschieht eigentlich mit diesem Geld? Fließt es in europäische Projekte, oder fließt es mehr oder weniger unkontrolliert in nationale Haushalte? Werden bestehende Arbeitsplätze hinreichend geschützt, besser noch: Entstehen neue Arbeitsplätze durch die europäischen Hilfen?

Gerade im Arbeitsmarkt lassen sich Erfolg und Misserfolg der Wirtschaftspolitik am besten ablesen. Innerhalb der Währungsunion gibt es aber gerade hier große Unterschiede. Während Deutschland vor Corona Vollbeschäftigung einschließlich Facharbeitermangel vermelden konnte, liegen viele Länder Europas, vor allem im Süden, weit dahinter zurück. Dies führt unvermeidlich zu Spannungen innerhalb Europas. In einigen Ländern droht sogar eine ganze Generation durch mangelnde Ausbildungschancen und nachfolgende Arbeitslosigkeit verloren zu gehen. Eine überaus hohe Jugendarbeitslosigkeit löst nicht nur massive soziale Verwerfungen aus, sie untergräbt das Vertrauen in die demokratischen Institutionen und in das Wirtschaftssystem.

Nun bin ich nicht der Auffassung, dass wir Deutschen für diese Probleme allein durch unsere Handelsbilanzüberschüsse die Hauptverantwortung tragen, wie aus den betroffenen Ländern immer wieder zu hören ist und in Deutschland von einigen Wissenschaftlern ebenfalls. Wir haben in den letzten Jahren darauf geachtet, dass wir wettbewerbsfähige Unternehmen behalten, die Tarifvertragsparteien haben in ihrer verantwortungsvollen Lohnpolitik dazu ebenso beigetragen wie die Reformen des Arbeitsmarkts der zweiten Regierung Schröder. Insbesondere unser Berufsbildungssystem bereitet junge Menschen in Deutschland sehr gut auf den Arbeitsmarkt vor und ist die beste Voraussetzung für den starken Mittelbau, den wir in unseren Unternehmen haben. Und unsere Unternehmen werden gut geführt, sonst hätten wir nicht die vielen Weltmarktführer und »Hidden Champions«. Eine weitgehend korruptionsfreie Verwaltung gibt schließlich Rechts- und Planungssicherheit für die gesamte Volkswirtschaft.

Zur Vollständigkeit des Bildes gehört allerdings auch, dass die deutschen Unternehmen von der Währungspolitik der EZB überdurchschnittlich profitieren. Der seit der Finanzkrise künstlich geschwächte Euro, der gleichwohl für einige andere Länder in der Eurozone immer noch zu stark ist und in jüngster Zeit gegenüber dem US-Dollar auch wieder stark an Wert gewonnen hat, verschafft uns innerhalb des Binnenmarkts und auch gegenüber Drittstaaten im Export zusätzliche Chancen. Ohne den Euro wäre die deutsche Wirtschaft längst nicht so wettbewerbsfähig, wie sie heute ist, denn gegenüber den meisten europäischen Ländern und nicht zuletzt gegenüber den

USA hätten wir eine sehr viele stärkere eigene Währung. Die Mehrheit der deutschen Bevölkerung sieht die Währungspolitik, nicht den Euro als solchen, trotzdem kritisch, nicht zuletzt im Hinblick auf die hohen Zinsverluste bei Ersparnissen und Lebensversicherungen. Die kurzfristigen Vorteile für unsere Wirtschaft sollten wir dennoch nicht geringschätzen. Gleichzeitig darf sich die Wirtschaft nicht auf ihren Erfolgen ausruhen, denn die früheren Abwertungen gegen die D-Mark, die vor der Einführung des Euro noch möglich waren und die auch regelmäßig stattgefunden haben, wirkten wie eine Innovations- und Effizienzpeitsche, der die Unternehmen in Deutschland auch zu verdanken hatten, dass sie sich ständig modernisieren und anpassen mussten, um diese Nachteile auszugleichen. Dieser besondere Anpassungsdruck fehlt heute.

Insgesamt überwiegen damit die Nachteile einer fehlenden europäischen Wirtschaftspolitik für alle. Die Währungsunion ist spätestens seit der Finanzkrise und noch einmal gesteigert in der Corona-Krise erheblichen Spannungen und Dissonanzen ausgesetzt. »Auf Dauer kann die Währungsunion ohne Politische Union nicht bestehen« – dieser Satz, den Helmut Kohl bei der Einführung des Euro so häufig gesagt und der bis heute seine Gültigkeit nicht verloren hat, zwingt Europa in dieser erneuten Krise, das Versäumte bald nachzuholen, damit aus der Corona-Krise und der sich anschließenden Rezession nicht erneut eine Bankenkrise und daraus eine weitere Euro-Krise wird. Eine solche Zuspitzung der Krise würde der Euro trotz aller Rettungsanstrengungen, die dann wieder notwendig und ganz andere Dimensionen annehmen würden als in der Finanzkrise, vermutlich nicht überleben. Europa muss also im Zeitraffer das tun, was in den letzten zwei Jahrzehnten trotz vielfältiger Anstrengungen nicht möglich war. Das kann gelingen, denn die Europäische Union hat ihre größten Erfolge immer in Krisenzeiten erzielt. Die Antwort auf die bisher größte Katastrophe der Menschheitsgeschichte, die Zeit des Nationalsozialismus und des Zweiten Weltkriegs, war die Gründung der EU. Jetzt muss sie zukunftsfähig werden für ein schon begonnenes neues Jahrhundert.

Europäische Wirtschaftspolitik für das 21. Jahrhundert

Der erste Schritt ist getan mit dem Rettungspaket und vor allem mit der einvernehmlichen Entscheidung darüber. Das war im Frühjahr 2020 und zu Beginn der deutschen Ratspräsidentschaft im Juli keineswegs selbstverständlich. Die »sparsamen Vier«, aus denen dann im Verlauf der Verhandlungen die »sparsamen Fünf« wurden – Österreich, die Niederlande, Dänemark, Schweden und Finnland –, hatten sich zu Beginn vollständig gegen jeden Versuch zur Wehr gesetzt, innerhalb der EU außer Krediten auch Zuschüsse zu zahlen. Herausgekommen ist nach den längsten Verhandlungen, die es in der Geschichte des EU-Rates der Staats- und Regierungschefs jemals gegeben hat, ein Kompromiss, dem alle Seiten zustimmen konnten. Wichtig war in dieser Phase der Krisenbewältigung, dass sich Europa überhaupt noch einigen kann, und dies ist unter deutscher Präsidentschaft gelungen.

Wie aber sieht die konkrete Umsetzung des Rettungspakets aus? Beim Erscheinen dieses Buches werden manche Details geklärt sein, deshalb möchte ich mich hier nur auf einige grundsätzliche Erwägungen konzentrieren:

- Krisenbewältigung und Umweltschutz schließen sich nicht aus, im Gegenteil. Mit den umfangreichen Finanzmitteln

des Corona-Hilfspakets müssen vorrangig solche Unternehmen und Regionen gefördert werden, in denen nachhaltig und klimaverträglich produziert wird. Das wird einen zusätzlichen Innovationsschub für unsere Industrie auslösen, den wir ohnehin dringend brauchen.
- Europa braucht einen vertieften europäischen Zivil- und Katastrophenschutz. Der bestehende EU-Katastrophenschutzmechanismus hat erkennbar nicht ausgereicht, schnelle europäische Hilfe an den Orten in Europa zu leisten, die von der Corona-Pandemie besonders hart betroffen waren. Nirgendwo sonst kommt solidarische Hilfe in Europa dagegen besser zum Ausdruck als in der schnellen und wirksamen europäischen Hilfe im Katastrophenfall. Das Gleiche gilt für Zivil- und Katastrophenschutzeinsätze im nicht europäischen Ausland.
- Europa braucht für zukünftige Pandemien genügend eigenes medizinisches Material und Notversorgungskapazitäten. Das unwürdige Ringen um Atemschutzmasken und die mühsame Beschaffung aus China darf sich nicht wiederholen.

Das sind aber alles nur die Ad-hoc-Entscheidungen, die sich unmittelbar aus der Corona-Krise ergeben. Weitaus schwieriger ist die Frage zu beantworten, welche substanziellen Verbesserungen wir in Europa in der Wirtschaftspolitik insgesamt brauchen. Die Politik, auch in Brüssel, ist schnell geneigt, Vorschläge zu diskutieren, die vorhandene Probleme eher auf der sozialpolitischen Seite versuchen zu lösen. Ein Beispiel ist die Diskussion über einen europäischen Mindestlohn. Davor kann man die Europäer nur eindringlich warnen. Ich bin, wie bereits dargelegt, ein Befürworter eines deutschen gesetzlichen Mindestlohns gewesen und bin es nach wie vor – unter der Voraussetzung, dass die Tarifvertragsparteien einen Vorschlag machen, der dann vom Gesetzgeber übernommen und verbindlich festgeschrieben wird. Dieses Verfahren sichert Sachkompetenz und Augenmaß und verbindet Tarifautonomie mit allgemeiner Verbindlichkeit.

Schon die Höhe des Mindestlohns in ganz Europa wäre nicht angemessen zu bestimmen. In den ärmsten Regionen der EU müssen andere Lohnuntergrenzen gelten als in Boom-Regionen der Industriegebiete. Es würde also rein »politisch« entschieden, in diesem Fall das Gegenteil von sachangemessen. Es wäre ein Eingriff in die Tarifvertragsfreiheit in allen Ländern, in denen sie gilt. Und schließlich: Es gibt aus guten Gründen keine Kompetenz, keine Rechtsgrundlage für die EU, derart tiefgreifend in die Arbeitsmärkte der Mitgliedstaaten einzugreifen. Dort, wo Europa keine Zuständigkeit hat, ist es ein Gebot der Subsidiarität, Kompetenz eben nicht zu beanspruchen.

Wichtiger, als die Symptome zu bekämpfen, ist die Aufgabe, solche Probleme erst gar nicht entstehen zu lassen. Die Frage lautet also: Wie können wir in Europa insgesamt auf ein höheres Beschäftigungsniveau gelangen, wie können wir gemeinsam verhindern, dass Arbeitslosigkeit überhaupt entsteht?

Das beste Rezept dafür sind politische und ökonomische Rahmenbedingungen, in denen Unternehmen entstehen, wachsen und fortbestehen können. Es ist nicht die Aufgabe der Politik, Branchen oder gar Technologien zu definieren, die aus ihrer Sicht zukunftsfähig sind. Das ist Sache der Unternehmen, der Ingenieure, der Investoren, die ihr Geld zur Verfügung stellen. Aber die Politik kann und muss Forschung, vor allem Grundlagenforschung – zum Beispiel in der Entwicklung von künstlicher Intelligenz (KI) – ermöglichen und fördern, denn nur wenn Europa technologisch eine führende

Rolle einnimmt, können wir im Wettbewerb mit den großen Industrienationen der Welt bestehen und Arbeitsplätze und Wohlstand in Europa bewahren. Und Europa muss die richtigen Rahmenbedingungen schaffen, damit die Wirtschaft überall Tritt fasst, wettbewerbsfähig bleibt und Arbeitsplätze schaffen kann.

Im digitalen Zeitalter ist digitale Infrastruktur die entscheidende Voraussetzung für Innovationen und Investitionen. Die europäische digitale Infrastruktur muss dringend aufholen. Große Teile Europas, und leider eben auch die Bundesrepublik Deutschland, stehen im Ausbau schneller Datennetze einschließlich 5G längst nicht da, wo sie im Jahr 2020 eigentlich stehen sollten. Dazu gehört auch die Investition in eine europäische Cloud-Lösung. Wir brauchen europäische Hochleistungsnetzwerke und Rechenzentren, aus denen heraus das Speichern und Verarbeiten von Daten in Europa möglich ist; wir müssen unsere Abhängigkeiten reduzieren von amerikanischen und chinesischen Anbietern. 27 Einzellösungen in Europa sind darauf nicht die richtige Antwort.

Die transeuropäischen Verkehrsnetze, insbesondere die Schienenverkehrsnetze, müssen zügig ausgebaut werden. Hier ist vor allem die Bundesrepublik Deutschland gefragt, schneller zu planen und umzusetzen. Auf der Nord-Süd-Achse von Antwerpen über Duisburg und Basel bis nach Genua ist der Gotthardtunnel, mit 57 Kilometern der längste Eisenbahntunnel der Welt, ein Jahr früher als geplant fertiggestellt worden. Obwohl Deutschland und die Schweiz im Jahr 1996 in einem Staatsvertrag vereinbart haben, die Rheintalbahn zwischen Basel und Karlsruhe als wesentlichen Engpass auf dieser Nord-Süd-Verbindung für den Personen- und den Güterverkehr auszubauen, liegt Deutschland mittlerweile um mehr als zehn Jahre im Verzug. Nach gegenwärtigem Stand soll die Strecke irgendwann zwischen 2030 und 2035 fertiggestellt werden. Wir sind kein verlässlicher Partner mehr bei solchen notwendigen, transeuropäischen Netzen unserer lebensnotwendigen Infrastruktur. Und bei solchen Planungszeiträumen überrascht es auch nicht, dass es uns nicht gelingt, mehr Güter auf die Bahn zu bringen.

Wir brauchen nicht nur nach innen, sondern auch nach außen offene Grenzen für Waren und Dienstleistungen. Das gilt auch für landwirtschaftliche Produkte. Die Land- und Forstwirtschaft ist trotz abnehmender gesamtwirtschaftlicher Bedeutung ein wichtiger Wirtschaftsfaktor in Europa und vor allem dic Forstwirtschaft ein Garant für klimafreundliche, CO_2-bindende Bewirtschaftung unserer Kulturlandschaft. Zugleich produziert die deutsche Landwirtschaft mehr Zucker, mehr Fleisch, mehr Milch und mehr Kartoffeln, als für die eigene Bevölkerung benötigt, mit anderen Worten: Dieser Teil der Landwirtschaft braucht offene Exportmärkte. Bei Eiern, Obst und Gemüse ist der Versorgungsgrad nur bei etwa 70 Prozent bis herunter auf 25 Prozent. Mit anderen Worten: Die deutschen Verbraucher sind dringend auf Einfuhren aus aller Welt angewiesen, um ihren Konsum zu decken. Deshalb ist die Vorstellung, wir könnten zu kleinteiligen Eigenversorgungsstrukturen zurückkehren, unrealistisch. Sie wären nur um den Preis eines stark verkleinerten Warenangebots und großer Einkommensverluste der Erzeuger zu bekommen.

Europa braucht einen umfassenden Energiebinnenmarkt. Auch wenn es keinen Konsens in der EU über den »richtigen« Energiemix gibt, so muss Energie, vor allem Strom in der EU ohne technische und rechtliche Hindernisse frei fließen können. Wir brauchen einen echten europäischen Strommarkt. Der »New Deal« der EU-Kommission stellt zu Recht den Verbraucher, die privaten Haushalte wie die Unternehmen, als

Kunden in den Mittelpunkt der »Energieunion«. Trotz der Fortschritte der letzten Jahre sind die Potenziale eines einheitlichen europäischen Energiemarkts, vor allem im Hinblick auf die erneuerbaren Energien, noch längst nicht ausgeschöpft. Wenn wir uns der Wasserstofftechnologie zuwenden, was ich sehr befürworte, dann sollten wir auch die Möglichkeiten einer europäischen Kooperation mit den Ländern noch einmal erproben, die – zum Beispiel auf dem afrikanischen Kontinent – über unbegrenzte Solarenergie verfügen. Die von Jean-Claude Juncker im Jahr 2015 vorgeschlagene »Energy Union« war deshalb ein Schritt in die richtige Richtung. Wir dürfen nicht zulassen, dass die Liberalisierungsgewinne im Binnenmarkt durch nationale Alleingänge in Deutschland zunichtegemacht werden. Ein einfaches Beispiel kann diesen Effekt – trotz aller Komplexität des Themas – illustrieren: Dem Bundesverband der Energie- und Wasserwirtschaft (BDEW) zufolge betrug im Jahr 1998 der Anteil der Steuern, Abgaben und Umlagen am Strompreis für Industriekunden in Deutschland bei einem Jahresverbrauch zwischen 160.000 bis 20 Millionen Kilowattstunden rund 2 Prozent. Heute sind es in Deutschland 50 Prozent. Bei den privaten Haushalten mit einem Stromverbrauch von 3500 Kilowattstunden im Jahr sprang der Anteil der nationalen Steuern, Abgaben und Umlagen von 24 Prozent auf 52 Prozent. Damit haben wir jetzt die höchsten Stromkosten in Europa. Auf diesem Weg wird uns niemand folgen.

Der Binnenmarkt für Banken und Finanzdienstleistungen muss vollendet werden. Die beiden ersten Säulen sind als Konsequenzen aus der Finanzkrise bereits errichtet: die Einheitliche Bankenaufsicht und ein Einheitlicher Bankenabwicklungsmechanismus. Es fehlt bislang eine Einheitliche Einlagensicherung. Sie ist für die großen, grenzüberschreitend tätigen Banken denkbar, allerdings leuchtet mir nicht ein, warum ausschließlich regional tätige Banken – wie in Deutschland zum Beispiel die kleinen Sparkassen und die Genossenschaftsbanken – in einen Haftungsverbund gezwungen werden sollen mit ebenfalls regional tätigen Banken in anderen Ländern der EU. Eine Einlagen-Rückversicherung wäre hier ein möglicher Kompromiss. Banken müssen dann aber für Staatsanleihen auch Eigenkapital in ihren Bilanzen vorhalten, denn die Annahme, dass Staatsanleihen kein Risiko für die Banken darstellen, lässt sich nach den Erfahrungen der Finanzkrise nun wirklich nicht mehr vertreten. Gleichzeitig brauchen wir eine Stärkung des Europäischen Kapitalmarkts. Ich war über viele Jahre Mitglied des Aufsichtsrats der Deutschen Börse in Frankfurt und habe das Scheitern der geplanten Fusionen sowohl mit der in Paris ansässigen Börse Euronext als auch die später geplante Fusion mit der London Stock Exchange miterlebt. Paris ist am mangelnden Interesse der Franzosen und ihrer – im Ergebnis erfolglos gebliebenen – Hinwendung nach New York gescheitert. London wurde von den europäischen Kartellbehörden nicht genehmigt. In Deutschland hat sich die Politik für den Kapitalmarkt und seine europäische Ausrichtung nie sonderlich interessiert. In Deutschland waren einige politische Instanzen von der Bundesregierung bis hin zur hessischen Landesregierung, die die Börsenaufsicht in Frankfurt ausübt, sogar ganz froh, sich mit dem Zusammenschluss mit der London Stock Exchange nicht beschäftigen zu müssen, nachdem die kartellrechtliche Genehmigung versagt wurde. Tatsächlich hat Europa damit eine große Chance vertan, den großen Börsenplätzen der Welt – New York, Chicago, Schanghai, Tokio und Singapur – einen eigenen starken Spieler entgegenzusetzen, der, nach dem Brexit sogar über die EU hinaus, den Unternehmen und den Kapitalanlegern einen tiefen und breiten europäischen Kapitalmarkt zur Verfügung stellt. Das deutsche Unternehmen CureVac, in Deutschland gegründet und gefördert, mit deutschen Investoren gewachsen und vielleicht eines der Unternehmen in der Welt, das demnächst einen Covid-19-Impfstoff auf den Markt bringt, ist im August 2020 in New York an die Börse gegangen, nicht in Frankfurt, obwohl es seinen rechtlichen Sitz in den Niederlanden und seine Zentrale in Tübingen hat.

Die Europäische Fusionskontrolle muss angepasst werden. Der »relevante« Markt, in dem die Frage einer marktbeherrschenden Stellung der Unternehmen, die sich zusammenschließen wollen, geprüft wird, ist in vielen Branchen, vor allem in den Technologiebranchen, längst nicht mehr allein der europäische, oder gar nur der nationale Markt. Es ist der Weltmarkt. Auf den Weltmärkten müssen europäische Unternehmen wettbewerbsfähig sein, nicht allein auf den europäischen Märkten. Das geht aber in vielen Märkten nur ab einer gewissen Unternehmensgröße. Das Beispiel des Flugzeugbaus wird oft und, wie ich meine, zu Recht als Beispiel genannt. Es war der flugbegeisterte bayerische Ministerpräsident Franz Josef Strauß, der vor mehr als 50 Jahren die Initiative ergriffen hat, aus mehreren kleinen nationalen Flugzeugbauern ein großes europäisches Unternehmen entstehen zu lassen. Er hatte erkannt, dass nur die Europäer gemeinsam den immer stärker werdenden Amerikanern auf den internationalen Märkten begegnen können. Die damaligen Fusionen, die die spätere Airbus Industries entstehen ließen, würden heute vermutlich von den europäischen Kartellbehörden nicht mehr genehmigt, denn sie haben natürlich den Wettbewerb in den beteiligten europäischen Ländern eingeschränkt, auf dem Weltmarkt aber haben sie den Wettbewerb überhaupt erst möglich gemacht. Für Industrien, die mit möglichst hohen Stückzahlen in großen Märkten erfolgreich sein wollen, gilt diese Voraussetzung meines Erachtens bis heute unverändert fort. Insbesondere die großen Tech-Unternehmen aus den USA und China haben heute nur in Ausnahmefällen Konkurrenten aus Europa zu befürchten. Das sollte sich ändern, und dafür müssen wir Europäer selbst die Voraussetzungen schaffen, andere tun es für uns nicht.

Europa braucht gleichzeitig eine wirksame Kontrolle der großen Digitalkonzerne aus den USA und China, die zunehmend eine marktbeherrschende Stellung einnehmen. Solange nicht genügend – auch europäische – Anbieter auf dem Markt sind, muss die europäische Kommission ihr Instrumentarium gegen Marktmissbrauch schärfen und konsequent gegen die Einschränkungen des Wettbewerbs vorgehen. Kommission und Europäischer Gerichtshof haben hier bereits erste Erfolge erzielt und zum Teil historisch hohe Bußgelder verhängt.

Europa benötigt eine rechtssichere und mit allen internationalen Verpflichtungen kompatible Besteuerungsgrundlage für die großen digitalen Dienstleistungsunternehmen. Ich nenne es bewusst nicht »Digitalsteuer«, denn mit diesem Konzept der EU-Kommission sind einige Risiken verbunden, die den beabsichtigten Zweck, nämlich Steuereinnahmen von den Digitalkonzernen zu erzielen, in ihr Gegenteil verkehren könnten. So würden die USA ziemlich sicher zusätzliche Importzölle auf europäische Produkte erheben, die in den USA verkauft werden, deren Hersteller die Gewinne aber auch nicht in den USA, sondern in ihren Heimatländern, am Sitz des Unternehmens versteuern. Es ist auch nur bedingt zutreffend, dass die großen Tech-Unternehmen in Europa keine Steuern zahlen. Sie zahlen, so wie jedes andere Unternehmen auch, zumindest Mehrwertsteuer auf den Verkauf ihrer Produkte. Die geplante Digitalsteuer wäre dagegen eine *zusätzliche* Umsatzsteuer zur Gewinnabschöpfung, und eine solche Steuer wird unangenehme Gegenreaktionen auslösen. Dieses komplexe Thema eignet sich nicht für nationale oder europäische Alleingänge. Die internationale Besteuerungsarchitektur muss auf einer höheren Ebene zwischen den Mitgliedstaaten der OECD oder der G20 erarbeitet werden.

Die Europäische Union braucht gleichwohl höhere eigene Steuereinnahmen. Dagegen gibt es immer wieder politische Bedenken. Ich bin trotzdem schon seit vielen Jahren der Meinung, dass der europäische Haushalt auf Dauer nicht überwiegend durch Umlagen aus den Mitgliedstaaten finanziert werden kann. Das war in den Gründungsjahren der EU schon einmal anders. Der EWG flossen über viele Jahre die Einnahmen aus den Zöllen zu. Aber mit den Welthandelsverträgen und mit der Erweiterung der EWG, der späteren EU, wurde die Zahl der Länder, die Zölle zahlen mussten, immer kleiner und die Abhängigkeit der EU von Zahlungen aus den Haushalten der Mitgliedstaaten immer größer. Heute käme als Besteuerungsgrundlage für die EU der CO_2-Ausstoß in Betracht. Die Einnahmen aus einer Bepreisung des CO_2-Ausstoßes könnten der EU als eigene Einnahmequelle zugewiesen werden, denn CO_2-Bepreisung macht überhaupt nur dann einen Sinn, wenn es dafür wenigstens eine einheitliche europäische Regelung gibt. Große Vorsicht scheint mir dagegen geboten bei den Plänen, die CO_2-Steuer auch auf Importe in die EU zu erheben. Die Idee eines »Klimazolls« klingt zunächst vielleicht gut, aber eine solche Importabgabe ist mit den WTO-Regeln nur schwer zu vereinbaren und provoziert weitere Handelskonflikte, die wir im eigenen Interesse gerade in diesen Zeiten vermeiden sollten.

Die vorgenannte Aufzählung ist nicht vollständig. Es gibt sicher viele weitere gute Ideen, wie wir gemeinsam Europa voranbringen können. Wichtig ist nur eines: Europa muss in den wesentlichen wirtschaftspolitischen Themen als einheitlicher Akteur auftreten und auf der Welt wahrgenommen werden. »It's the economy, stupid« war der erfolgreiche, vom Strategen James Carville geprägte Slogan in Bill Clintons Präsidentschaftskampagne 1992 gegen George Bush. Auch für Europa gilt: Es ist die Wirtschaft, die über unseren Wohlstand und über unsere Stellung in der Welt entscheidet.

Europäische Solidarität

Die wirtschaftliche Stärke Europas entscheidet auch über das Maß an Solidarität, das wir untereinander üben können. Wenige Worte werden in der politischen Diskussion so strapaziert wie das Wort »Solidarität«. In den europäischen Verträgen ist immer wieder davon die Rede, von Solidarität zwischen den Völkern Europas, Solidarität zwischen den Mitgliedstaaten, Solidarität zwischen den Generationen, Solidarität als Ziel der internationalen Politik der EU. Im Vertrag über die Arbeitsweise der EU gibt es sogar eine eigene Solidaritätsklausel: *Die Union und ihre Mitgliedstaaten handeln gemeinsam im Geiste der Solidarität, wenn ein Mitgliedstaat von einem Terroranschlag, einer Naturkatastrophe oder einer vom Menschen verursachten Katastrophe betroffen ist.« (Art. 222 Abs. 1 EUAV)*

Dieser Artikel ist schließlich auch als eine der wesentlichen Rechtsgrundlagen für das Corona-Rettungspaket der EU im Juli 2020 herangezogen worden.

Aber was heißt »Solidarität« konkret?

Während der Flüchtlingskrise konnten wir von Solidarität unter den Mitgliedstaaten nicht sehr viel feststellen. Als im Herbst 2013 fast 400 Flüchtlinge vor der italienischen Halbinsel Lampedusa im Mittelmeer ertranken und die Insel ihren ersten großen Flüchtlingsandrang erlebte, hat sich in Europa kaum jemand dafür interessiert. Italien wurde mit dem Problem weitgehend alleingelassen. Zwei Jahre später gab es ebenfalls so gut wie keine europäische Abstimmung, geschweige denn europäische »Solidarität« mit den Ländern, die die Hauptlast der großen Flüchtlingsbewegungen zu tragen hatten. Deutschland erklärte sich schließlich einseitig und lediglich in Abstimmung mit der österreichischen Regierung bereit, einige Tausend Flüchtlinge aus Ungarn über Österreich nach Deutschland einreisen zu lassen. Obwohl der damalige Bundesaußenminister Frank-Walter Steinmeier dringend mahnte, »daraus gerade keine Praxis für die nächsten Tage zu machen«, folgten im Herbst 2015 fast eine Million Flüchtlinge nach. Die deutsche »Willkommenskultur« fand dagegen in Europa so gut wie keine »Solidarität«, bis heute gibt es keinen europäischen Mechanismus zur Verteilung der Flüchtlinge auf die einzelnen Mitgliedstaaten. Die Regierungen aus Ungarn und Polen feiern sich gar selbst vor ihren Wählern dafür, keinen einzigen oder allenfalls eine Handvoll Flüchtlinge aufgenommen zu haben. Die beschlossene Umsiedlung der Flüchtlinge innerhalb der EU ist bisher vollkommen gescheitert.

Damit hat die Flüchtlingskrise gezeigt, dass es Solidarität zwischen den Mitgliedstaaten der EU, wenn es wirklich darauf ankommt, kaum gibt. Das wird sich für die Zukunft nur ändern, wenn Europa auf solche Ereignisse wie die Flüchtlingskrise von 2015, die sich jederzeit wiederholen kann, besser vorbereitet ist. Dazu bedarf es der Einrichtung von Aufnahmezentren und Entscheidungen über die Anerkennung von Asylanträgen an den Außengrenzen der Europäischen Union. Auch auf den Flughäfen werden Flüchtlinge und Asylbewerber vor der Einreise befragt, und ihre Anträge werden geprüft. Das kann und muss auch an den Außengrenzen der EU möglich sein, und zwar vor der Einreise auf dem Land- oder Seeweg. So würde auch den Schlepperorganisationen das menschenverachtende Handwerk gelegt werden.

Nach wie vor sind die Arbeitsmärkte in der EU weitgehend nationale und regionale Arbeitsmärkte. Deshalb hat die EU nicht ohne Grund auch keine eigene Zuständigkeit in der Arbeitsmarktpolitik. Die Arbeitslosenversicherungen sind – soweit vorhanden – ebenfalls nationale Arbeitslosenversicherungen. Ich habe mich gleichwohl in einem Aufruf, den ich zusammen mit Jürgen Habermas, Hans Eichel, Roland Koch und anderen im Herbst 2018 verfasst habe, für eine europäische Arbeitsmarktpolitik bis hin zu einer europäischen Arbeitslosenversicherung ausgesprochen. Eine europäische Arbeitslosenversicherung kann allerdings – und genau so war es gemeint – nicht am Anfang stehen, sondern allenfalls am Ende einer stärkeren arbeitsmarktpolitischen Integration in Europa. Wir müssten mit grenzüberschreitenden Modellregionen beginnen, in denen zum Beispiel regionale Branchentarifverträge möglich wären. In das deutsche Berufsbildungssystem könnten über Ausbildungstarifverträge auch Unternehmen jenseits unserer Landesgrenzen einbezogen werden. So könnte ein europäischer Arbeitsmarkt langsam von unten heranwachsen, ohne dass dafür neue Regeln und Zuständigkeiten für ganz Europa notwendig wären.

Solidarität übt Europa schon sehr lange über seine Struktur- und Investitionsfonds. Insgesamt fünf Fonds arbeiten gemeinsam daran, die wirtschaftliche Entwicklung in den Ländern der EU zu unterstützen. Nicht der Geldbetrag, den die Mitgliedstaaten in die Kassen der EU einzahlen, sondern die Differenz zu den Zahlungen, die aus den Fonds an die Mitgliedstaaten zurückfließen, macht den Unterschied zwischen den

»Nettozahlern« und den »Nettoempfängern« in Europa aus. Ich habe von dieser Differenzierung und Aufrechnung noch nie viel gehalten. Natürlich kann man so rechnen, und vor den eigenen Wählern macht es sich immer gut, in Brüssel etwas »herausgeholt« zu haben, bis hin zu Beitragsrabatten, die im Zuge der Corona-Hilfen jetzt wieder auf der Tagesordnung standen. Aber die EU ist kein Wunschkonzert. Mit den europäischen Fonds soll Hilfe zur Selbsthilfe gewährt werden, damit es in Europa *allen* Menschen besser geht, *alle* Regionen eine Chance erhalten, am wirtschaftlichen Aufschwung teilzunehmen. Wenn allerdings das Ziel lauten sollte, überall in Europa gleiche Lebensbedingungen zu schaffen, dann wird dieser Versuch scheitern. Europa lebt von seiner Unterschiedlichkeit und seiner Vielfalt. Auch in Europa gilt: Chancen*gerechtigkeit* ist möglich, Chancen*gleichheit* für alle wird es nie geben. »Sozialstaat« bleibt für die Menschen in Europa bis auf Weiteres daher auch immer der Mitgliedstaat, in dem sie leben, nicht die Europäische Union als Ganzes.

Demokratie und Rechtsstaat in Europa

In der Präambel des EU-Vertrags haben sich die Mitgliedstaaten der Europäischen Union entschlossen gezeigt, *den Prozess der Schaffung einer immer engeren Union der Völker Europas, in der die Entscheidungen entsprechend dem Subsidiaritätsprinzip möglichst bürgernah getroffen werden, weiterzuführen.*

»The ever closer Union« war eines der Reizworte der britischen Kampagne gegen den Verbleib in der EU. Diese »immer engere Union« bis hin zu einer denkbaren Eigenstaatlichkeit Europas ist in der Tat eine der umstrittensten Formulierungen des EU-Vertrags, denn sie lässt offen, wie weit der Integrationsprozess der EU denn gehen soll und wo er idealerweise enden sollte. Die »Finalität« Europas bleibt in vielen Diskussionen immer wieder ein Streitpunkt zwischen denen, die eine tiefere Integration wünschen, und denen, die eine starke Rolle der Mitgliedstaaten in Europa befürworten.

Die Integration Europas war von Beginn an ein Prozess, der Weg war immer das Ziel. Trotzdem haben die Bürgerinnen und Bürger in den Mitgliedstaaten Anspruch darauf zu erfahren, wie weit die Integration des eigenen Landes in die Europäische Union denn reichen soll, oder mit anderen Worten: Wie viel Europa ist notwendig, und wie viel Nationalstaat bleibt möglich?

Ich bin davon überzeugt, dass die Nationalstaaten noch sehr lange die Träger und Säulen der europäischen Integration bleiben werden. Sprachlich und kulturell identifizieren sich die Menschen zuerst mit ihrer Heimat und mit ihrer Nation, diese über Jahrhunderte gewachsenen Bindungen lassen sich nicht einfach auf eine übergeordnete Ebene wie Europa übertragen. Trotzdem wird Europa immer wichtiger, wir sind längst zusammengewachsen, »Europa« ist erfahrene Lebenswirklichkeit im Beruflichen wie im Privaten. Mit der Binnenmarktgesetzgebung vor 30 Jahren hat ein intensiver politischer Gestaltungsprozess in der Europäischen Union begonnen, der mit der Verabschiedung von über 300 Richtlinien und Verordnungen einherging. Die meisten dieser Rechtssetzungsakte sind in den Ministerräten der EU mit Mehrheit entschieden worden, nicht mehr mit Einstimmigkeit. Das Europäische Parlament hat eine wichtige Rolle bekommen, zuerst mit den Direktwahlen seit 1979, dann mit der Binnenmarktgesetzgebung seit Ende der 1980er-Jahre, an der das Europäische Parlament als gleichberechtigtes Gesetzgebungsorgan mit dem jeweilig zuständigen Ministerrat teilgenommen hat.

In der Verteilung der Zuständigkeiten zwischen Kommission, Rat und Parlament hat die Kommission bis heute das alleinige Initiativrecht. Ohne einen Vorschlag der EU-Kommission kommt kein Gesetzgebungsverfahren in der EU zustande. Der Rat vertritt die Mitgliedstaaten, entschieden wird mit einfacher Mehrheit (14 Stimmen), mit qualifizierter Mehrheit (55 Prozent der Mitgliedstaaten, die mindestens 65 Prozent der EU-Bevölkerung vertreten) oder einstimmig. Das Europäische Parlament entscheidet meist mit der absoluten Mehrheit der abgegebenen Stimmen.

Das Europäische Parlament repräsentiert die Bürger und Bürgerinnen der EU-Mitgliedstaaten. Seine Wahl erfolgt in allgemeinen, freien und geheimen Wahlen in den Mitgliedstaaten, seine Zusammensetzung folgt aber nicht dem allgemeinen Wahlgrundsatz der Gleichheit der Stimmen. Das Europäische Parlament ist ein Parlament sui generis, ein Parlament der Abgeordneten der Mitgliedstaaten, nicht das Parlament eines europäischen Souveräns.

Dieser Sachverhalt hat insofern Bedeutung, als bei den beiden letzten Wahlen zum Europäischen Parlament von zwei europäischen Parteienfamilien, den Christdemokraten und den Sozialdemokraten, »Spitzenkandidaten« aufgestellt wurden mit dem Anspruch, dass der Wahlsieger auch der nächste Präsident der EU-Kommission werden solle. Das Europäische Parlament hat nach den Wahlen vor einem Jahr allerdings den Anspruch, den Kommissionspräsidenten zu stellen, selbst aufgegeben, nachdem die übrigen Fraktionen den Vorsitzenden der Fraktion der Europäischen Volkspartei (EVP) nicht vorschlagen wollten, obwohl die Christdemokraten die Wahlen gewonnen hatten. Trotzdem haben große Teile der Medien vor allem in Deutschland vom »Verrat an der Demokratie« und vom »Angriff auf die Demokratisierung der EU« gesprochen.

Mir scheint hier ein grundlegendes Missverständnis vorzuliegen. Ich war selbst fünf Jahre Mitglied des Europäischen Parlaments und bin immer für die Verbesserung der Mitentscheidungsrechte des Parlaments eingetreten. Aber das ungleiche Wahlrecht setzt den Mitwirkungsrechten des Europäischen Parlaments Grenzen, vor allem im Hinblick auf das Ziel eines parlamentarisch verfassten Bundesstaates. Nichts anderes bedeutet der Anspruch, den Präsidenten der Kommission praktisch im Alleingang zu bestimmen. (Heinrich August Winkler, in: *Neue Zürcher Zeitung*, 15. 07. 2019). Dafür hat das Europäische Parlament aber kein demokratisches Mandat. Der französische Staatspräsident und andere Staats- und Regierungschefs haben dies ebenfalls so gesehen.

Ich erwähne diesen Konflikt aus dem Jahr 2019 an dieser Stelle noch einmal, weil er auch eine Rolle gespielt hat bei der Bewertung der Entscheidung des Bundesverfassungsgerichts vom 5. Mai 2020 zu den Staatsanleihekaufprogrammen der Europäischen Zentralbank. Auch zu dieser Entscheidung hat es harsche Kritik aus der deutschen Politik und in den deutschen Medien gegeben, in Polen und Ungarn haben die Regierungen euphorisch zugestimmt. Weder die Kritik in Deutschland noch die Zustimmung in Polen und Ungarn waren aus meiner Sicht berechtigt. Das Bundesverfassungsgericht hat das Letztentscheidungsrecht des Europäischen Gerichtshofs in der Auslegung europäischen Rechts nicht infrage gestellt. Deshalb können sich die Regierungen in Polen und Ungarn mit ihrer Auffassung, dass auch die nationalen Verfassungsgerichte befugt sind, über die Einhaltung der EU-Verträge zu wachen, auf dieses Urteil nicht berufen, denn es gilt der Vorrang des Gemeinschaftsrechts, und über dessen Auslegung wacht allein der Europäische Gerichtshof. Dieser Vorrang besteht aber nur innerhalb der Kompetenzen, die die EU von den Mitgliedstaaten übertragen bekommen hat, nicht für die, die sie vielleicht gerne hätte. Die EU kann sich Kompetenzen auch nicht selbst aneignen, ein solcher Weg ist ihr über die Verträge nicht eröffnet.

Das Bundesverfassungsgericht hat daher – wie ich meine zu Recht – darauf verwiesen, dass die Bundesregierung, der Deutsche Bundestag und vor allem die Deutsche Bundesbank nicht an Entscheidungen der EZB mitwirken dürfen, die von deren Mandat nicht gedeckt sind. Dieses Mandat haben die Mitgliedstaaten bei der Einführung des Euro bestimmt, und weder die EU-Kommission noch die EZB, auch nicht der Europäische Gerichtshof, haben das Recht, es ohne die Zustimmung der Mitgliedstaaten zu erweitern.

Das Kompetenzgefüge in der EU, verteilt auf die europäischen Institutionen und auf die Mitgliedstaaten, bleibt für die demokratische Legitimation der europäischen Entscheidungen deshalb von erheblicher Tragweite. Die Kommission hat am 1. März 2017, zum 60. Jahrestag der Römischen Verträge, ein »Weißbuch zur Zukunft Europas« präsentiert und darin fünf verschiedene Szenarien entwickelt und den Mitgliedstaaten zur Diskussion vorgelegt. Leider ist daraus kein strukturierter Diskussionsprozess in den Mitgliedstaaten geworden, auch in Deutschland nicht. Ich wünschte mir, dass diese Diskussion in naher Zukunft nachgeholt wird, denn wir brauchen von Europa wieder eine große Erzählung, eine Zukunftsperspektive, für die zu streiten und zu kämpfen sich lohnt. Diese Zukunftsperspektive muss die Verbindung herstellen zwischen unserer Geschichte, unseren nationalen Identitäten und unserer europäischen Gegenwart sowie unserer gemeinsamen europäischen Zukunft.

Diese Zukunft Europas lässt sich nur auf der Grundlage strikter Rechtsstaatlichkeit entwickeln und gestalten. Wir haben gegenwärtig einen offenen Dissens mit einigen osteuropäischen Staaten über unsere Vorstellungen von Demokratie und Rechtsstaat. Die Unabhängigkeit der Justiz, die Pressefreiheit, die Freiheit der Wissenschaft und der Schutz von Minderheiten sind bedroht, Korruption und Vetternwirtschaft an der Tagesordnung. Die verantwortlichen Parteien sind zum Teil Mitglied in der Europäischen Volkspartei, der auch CDU und CSU angehören. Wenn es mit der Umsetzung der Corona-Beschlüsse des Europäischen Rats und mit dem europäischen Haushalt für 2021 keine grundlegenden Verbesserungen bei diesen Verstößen gegen die Grundlagen der Mitgliedschaft in der Europäischen Union gibt, kann vor allem die Fidesz, die Regierungspartei in Ungarn, nicht länger Mitglied der EVP bleiben, und die verantwortlichen Regierungen müssen – neben den bereits getroffenen Entscheidungen des Europäischen Gerichtshofs – auch finanzielle Konsequenzen erwarten.

Ein »weltpolitikfähiges« Europa

Eigentlich kann sich Europa in der gegenwärtigen Phase der Weltpolitik solche inneren Konflikte gar nicht leisten. Wir erleben eine Zeit, in der fast alle alten Gewissheiten auf dem Prüfstand stehen. Die Nachkriegsinstitutionen verlieren an Bedeutung, neue Institutionen werden erst langsam sichtbar oder sind noch gar nicht geschaffen. Amerika und China werden auch in Zukunft wirtschaftlich und politisch auf das Weltgeschehen Einfluss nehmen, sie bleiben wesentliche Teile des Weltgeschehens. Europa muss selbst – wie der frühere EU-Kommissionspräsident gesagt hat – »weltpolitikfähig« werden, oder, wie es seine Nachfolgerin Ursula von der Leyen ausdrückt, »die Sprache der Macht lernen«. Wenn aber Europa die Sprache der Macht lernen muss, dann muss auch Deutschland die Sprache der Macht lernen. Es geht jetzt mehr denn je darum, unsere Interessen wahrzunehmen, innerhalb der Europäischen Union, und noch mehr mit der Europäischen Union gegenüber den übrigen politischen und wirtschaftlichen Zentren der Welt.

Die Auseinandersetzung um die Gaspipeline Nordstream 2 zeigt, warum dies von so großer Bedeutung ist: Solche politisch wie wirtschaftlich wichtigen Projekte müssen von Anfang an, wenn eben möglich, von einem breiten Konsens in der EU getragen und gemeinsam gegenüber allen Kritikern vertreten und durchgesetzt werden. Nur so lassen sich dann auch die vollkommen inakzeptablen Sanktionen der amerikanischen Regierung zurückweisen und gegebenenfalls erwidern. Allein und dazu noch im offenen Dissens mit anderen europäischen Partnern sind wir machtlos.

Europa muss in Asien sichtbarer werden, und zwar nicht nur als Summe von Einzelstaaten, sondern als Europäische Union. Es war deshalb richtig und notwendig, erstmals in der Geschichte der EU einen EU-China-Gipfel der Staats- und Regierungschefs aus der Europäischen Union und der Volksrepublik China zu planen. Er sollte während der deutschen Ratspräsidentschaft im September 2020 in Leipzig stattfinden und ist leider – wie so viele andere Treffen auch – den Corona-Einschränkungen zum Opfer gefallen. Die Vorbereitungsarbeiten für ein Investitionsschutzabkommen, die Vorstufe eines vielleicht später folgenden, umfassenden Handelsabkommens, waren aber auch vor der Corona-Pandemie noch nicht so weit vorangeschritten, dass es gute Chancen für einen Abschluss gegeben hätte. Gerade weil die chinesische Führung immer machtbewusster auftritt, muss Europa dem etwas entgegensetzen. Europa braucht eine konsistente China-Strategie und innerhalb dieser Strategie eine gemeinsame Antwort auf das Seidenstraßen-Projekt.

Wir finden in der gesamten Region Asien-Pazifik Länder und Staatengemeinschaften, die an einer engeren politischen und wirtschaftlichen Kooperation mit uns sehr interessiert sind. Um diese Länder müssen wir uns kümmern, nicht zuletzt im Hinblick auf die Klimaziele, die wir ohnehin nur gemeinsam auf dieser Welt erreichen können. Das Gleiche gilt für den afrikanischen Kontinent. Wir dürfen nicht zulassen, dass China sich den Zugang zu den Rohstoffen auf dem afrikanischen Kontinent sichert, ohne auf die Interessen der Menschen dort und deren Entwicklungschancen Rücksicht zu nehmen. Europa muss sich als Partner der politischen und wirtschaftlichen Entwicklung dieses auf der Welt am schnellsten wachsenden Kontinents verstehen.

Und schließlich: Zur Außen- und Sicherheitspolitik gehört eine glaubwürdige Verteidigungspolitik. Ich rede damit nicht einer »Militarisierung« der Außenpolitik das Wort, aber die Fähigkeit, unser Territorium glaubwürdig verteidigen zu können und zu wollen, gehört zu einer außen- und sicherheitspolitischen Strategie ebenso dazu wie der Schutz unserer Außengrenzen vor illegaler Einwanderung und der Schutz unserer Datennetze sowie der gesamten digitalen Infrastruktur. Deutschland sollte dabei anderen Ländern folgen und einen Nationalen Sicherheitsrat einrichten, der umfassende Analysen erstellt, Handlungsempfehlungen entwickelt und diese in die europäischen Strukturen einbringt. Mit einer Vereinheitlichung des Beschaffungswesens in Europa könnten wir das vorhandene Geld wesentlich effizienter einsetzen. Erste Schritte in diese Richtung sind mit PESCO, der Permanenten Strategischen Zusammenarbeit, bereits getan, weitere müssen folgen. Es gibt schon seit vielen Jahren multinationale Einsatzverbände in Europa, wie zum Beispiel die deutsch-französische Brigade in Straßburg und das deutsch-niederländische Korps in Münster. Solche Einheiten zu errichten und zu unterhalten macht nur Sinn, wenn sie Teil einer europäischen Sicherheitsarchitektur werden und innerhalb derer auch eingesetzt werden.

Eine europäische Außen- und Sicherheitspolitik lässt sich auf Dauer nicht mit dem Einstimmigkeitsprinzip in der Europäischen Union verwirklichen. So wie in der Binnenmarktgesetzgebung müssen wir auch in der Außen- und Sicherheitspolitik zum Mehrheitsprinzip übergehen. Natürlich wird dadurch die Souveränität der Mitgliedstaaten im Kern ihrer Kompetenzen berührt. Aber »Souveränität« im Wortsinn bekommt Europa heute ohnehin nur noch, wenn wir sie gemeinsam ausüben und dadurch überhaupt erst zurückgewinnen. Die Nationalstaaten Europas bleiben als Träger unserer kulturellen Identität, unserer Geschichte und unserer Staatsbürgerschaft unverzichtbar. Aber sie sind in der Welt des 21. Jahrhunderts zu klein, um »souverän« allein über ihr Schicksal entscheiden zu können. Das muss auch Deutschland akzeptieren. Es gilt der alte Satz von Henry Kissinger: »Deutschland ist für die Welt zu klein, aber für Europa zu groß.« Für Europa zu groß – so empfinden es jedenfalls häufig unsere Nachbarn, insbesondere die kleineren, und deshalb war es immer ein guter Rat, dass Deutschland und seine Regierungen besondere Rücksicht auf die kleineren Mitgliedstaaten in Europa nehmen und jedenfalls immer auch deren Interessen im Blick behalten, nur so kann die Einheit Europas auch in der Außenpolitik auf Dauer gelingen.

Ich bin mir bei diesen Überlegungen sicher, dass es dazu eine wachsende Zustimmung gerade in der jüngeren Bevölkerung gibt. Diese Generation denkt sehr nüchtern und pragmatisch und hat einen Blick für die Veränderungen und auch die Gefährdungen, die sich aus der globalen Entwicklung ergeben. Diese Generation erwartet nach meinem Eindruck, dass die Politik in Deutschland wieder mehr über die Außen- und Sicherheitspolitik diskutiert und Wege aufzeigt, wie wir unsere Werte und unsere Freiheit auch in Zukunft bewahren können.

Es mag sein, dass der Weg zu einer vertieften Integration gerade in der Außen- und Sicherheitspolitik nur über eine Änderung der Europäischen Verträge möglich ist. Vertragsänderungen sind im Europa der 27 Staaten eine äußerst komplizierte Sache. Nicht nur die Regierungen müssen sich einig sein, es braucht Abstimmungen in allen nationalen Parlamenten, teilweise mit Zweidrittelmehrheiten, Regionalparlamente müssen in einigen Ländern zustimmen, in anderen gibt es zwingend Volksabstimmungen. Gerade gegenüber Europa ist die Versuchung zahlreicher populistischer Parteien groß, innenpolitische Gefechte auszutragen. Deshalb wird der Weg zur gemeinsamen Außen- und Sicherheitspolitik nur in Schritten erfolgen können. Aber es hindert uns kein bestehender Vertrag daran, in der Analyse und Bewertung außenpolitischer Vorgänge zu gemeinsamen Einschätzungen und Bewertungen zu kommen. So war die einstimmige Entscheidung der europäischen Außenminister, die Präsidentschaftswahlen in Belarus Anfang August 2020 nicht anzuerkennen, ein starkes europäisches Signal, das auch den Menschen in diesem Land gezeigt hat, dass wir ihren Kampf für Freiheit nicht unbeachtet lassen. Und so können wir auch die zum Teil berechtigte Euroskepsis in unseren Ländern überwinden: Europa zeigt sich handlungsfähig.

Deshalb sollten in Zukunft auch alle innenpolitisch motivierten Entscheidungen in Deutschland grundsätzlich auf ihre Vereinbarkeit mit europäischen Interessen hin überprüft werden. Es kann sein, dass wir zu dem Ergebnis kommen, dass unseren nationalen Interessen der Vorrang einzuräumen ist. Aber die deutsche Flüchtlingspolitik wäre sicher besser, wenn wir sie mit unseren europäischen Partnern abstimmen und gemeinsam durchsetzen, und auch unsere Energiepolitik könnte besser und vor allem europäischer sein, die Verbraucher hätten den Nutzen.

Das verstehe ich als Deutschlands Führungsverantwortung für Europa: Wir sollen und dürfen vorangehen, aber wir müssen immer Rücksicht auf die gemeinsamen europäischen Interessen nehmen. Vor allem Frankreich ist in der Führung Europas unser natürlicher Partner. Deutschland und Frankreich zusammen dürfen gleichwohl nie den Eindruck entstehen lassen, sie beanspruchten eine Vormachtstellung in Europa. Europa wird nur stark als eine Gemeinschaft von gleichberechtigten Partnern. Als eine solche Gemeinschaft können wir weit mehr politisches Gewicht auf die Waage bringen als in der Summe unserer Teile. Und dieses Gewicht entscheidet schließlich darüber, ob wir in der Champions League der großen politischen Mächte der Welt eine Rolle spielen, oder ob wir in der Kreisklasse bleiben und dort zum Spielball der Großen werden.

Fünftes Kapitel
Die CDU in der politischen Verantwortung

Liest man heute den Berliner Gründungsaufruf der Christlich-Demokratischen Union Deutschlands vom 26. Juni 1945, verfasst sechs Wochen nach dem Kriegsende, kann man den Frauen und Männern um Andreas Hermes, Jakob Kaiser, Heinrich Krone und Katharina Müller nur noch einmal den größten Respekt bezeugen. Sie sprechen vom »Trümmerhaufen sittlicher und materieller Werte«, einer »furchtbaren Erbschaft«, die ihnen der gewissenlose Diktator Hitler hinterlassen habe. Und sie rufen die Deutschen auf, den Weg der Sühne und den Weg der Wiedergeburt mit den anderen Parteien der neuen Demokratie zu gehen. »Das Notprogramm für Brot, Obdach und Arbeit geht allem voran«, so war in dem Aufruf zu lesen. Es war eine harte Zeit für Deutschland, der vollkommenen moralischen Katastrophe folgten Entbehrung und bittere Armut für große Teile der Bevölkerung.

Es gehörte viel Mut und noch mehr Optimismus dazu, in einer solchen Zeit den Gründungsaufruf für eine neue Partei zu verfassen. Und eine gänzlich neue Partei sollte es werden, keine Nachfolgerin einer der Parteien der Weimarer Zeit, auch nicht der Zentrumspartei. Das Wort »christlich« sollte vor allem den überkonfessionellen Charakter, das Zusammenführen von Katholiken und Protestanten in einer demokratischen Partei, herausstellen. »Demokratisch« sollte die freiheitliche und gegen jeden Totalitarismus gerichtete Haltung zum Ausdruck bringen. Und in der »Union« sollten sich alle sammeln und vereinen können, die diesen Werten zu folgen gewillt waren.

»Zusammenführen und zusammen führen« war das Motto des CDU-Parteitags 2018 – es war auch die Leitlinie der Union seit der Parteigründung nach dem Zweiten Weltkrieg. »Deutschland« war von Anfang an die Konstante des Einsatzes für nationale Einheit in Freiheit und entsprach dem Wunsch, für ganz Deutschland, später die Besatzungszonen übergreifend, politische Verantwortung zu übernehmen.

Prägende Kraft der Nachkriegsgeschichte

Diese klare und unmissverständliche Haltung der CDU hat geholfen, Deutschland in den Kreis der westlichen Staatengemeinschaft zurückzuführen. Es war Konrad Adenauer als Person, zugleich aber auch die hinreichend starke Verwurzelung der ihn tragenden Partei im Land, die so viel Berechenbarkeit und Verlässlichkeit gezeigt hat, dass die westlichen Alliierten schrittweise Vertrauen fassen und zu Bündnispartnern werden konnten. Es war alles andere als selbstverständlich, dass die USA, Großbritannien und Frankreich Vorbehalte ablegen und Deutschland schließlich wohlwollend und unterstützend gegenübertreten konnten. Die Menschen in der DDR hatten dieses Glück nicht, und sie mussten 45 Jahre warten, bis ihnen die Geschichte die Chance gab, das Tor zur Freiheit und zur Einheit zu öffnen.

Der Übergang zur freien Preisbildung als Geburtsstunde

der Sozialen Marktwirtschaft wurde noch vor der Gründung der Bundesrepublik Deutschland vollzogen. Auch in der CDU war der Weg dorthin nicht unumstritten. Erst mit den Düsseldorfer Leitsätzen vom 15. Juli 1949 nahm sie einvernehmlich Kurs auf die Wirtschafts- und Gesellschaftsordnung, die unser Land bis heute prägt und erfolgreich sein lässt. Die sozialdemokratische Opposition dagegen sprach sich noch viele Jahre für eine Verstaatlichung großer Teile der deutschen Wirtschaft aus. Heute bekennen sich fast alle demokratischen Parteien in Deutschland zur Sozialen Marktwirtschaft. Die Mehrheit der Deutschen ist froh und dankbar, dass sich die CDU damals durchgesetzt hat.

Umstritten war auch die von Konrad Adenauer betriebene Westbindung, zuerst die Bindung an die Westalliierten und nachfolgend die Gründung der Europäischen Gemeinschaften und der Eintritt Deutschlands in das Verteidigungsbündnis der NATO. Für die CDU war klar, dass die Erfüllung des Wiedervereinigungsgebots des Grundgesetzes nur in Freiheit und nationaler Souveränität erfolgen könne. Die SPD sprach sich unter der Führung von Kurt Schumacher dagegen aus, sah im Petersberger Abkommen vom 22. November 1949 mit den Westalliierten, im Deutschlandvertrag vom 26. Mai 1952, der Wiederbewaffnung und Einbindung in das westliche Verteidigungssystem bis hin zu den damit verbundenen Schritten einer stärkeren staatlichen Souveränität den falschen Weg. Am NATO-Doppelbeschluss vom 12. Dezember 1979 als Reaktion auf die sowjetische Aufrüstung zerbrach die sozialliberale Bundesregierung, die SPD war nicht bereit, ihrem Bundeskanzler Helmut Schmidt zu folgen. Noch am 27. August 1987, zwei Jahre vor dem Fall der Mauer, haben SPD und SED ein gemeinsames Grundsatzpapier vorgelegt, in dem beide Parteien betonten, dass das Nebeneinander kommunistischer Systeme im Osten und freiheitlicher Demokratien im Westen noch sehr lange andauern werde und man sich in diesem Zustand einrichten solle.

Ob die Stalin-Noten von 1952 nun ernst gemeint waren oder nicht, die Haltung der CDU-geführten Bundesregierungen seit 1949, eine Wiedervereinigung ohne Integration in die freie Welt abzulehnen, war richtig. Bei seiner Abschiedsrede als Bundeskanzler im Deutschen Bundestag am 15. Oktober 1963 – der Bau der Berliner Mauer lag gerade einmal zwei Jahre zurück – sagte Konrad Adenauer: »*Wir haben die Wiedervereinigung noch nicht erreicht, obgleich ich glaube, dass wir am Horizont Möglichkeiten einer Wiedervereinigung kommen sehen, wenn wir achtsam und vorsichtig und geduldig sind, bis der Tag gekommen ist. Ich bin fest davon überzeugt, dass dieser Tag einmal da sein wird. [...] Mehr denn je zuvor ist Deutschland ein Angelpunkt der weltpolitischen Spannungen, die über die Kontinente hinweggehen. Daher dürfen wir nicht etwa glauben, diese unsere Last der Trennung werde von uns genommen werden, ohne dass gleichzeitig die Last der Spannungen auch von den anderen Völkern genommen wird. [...] Eine Lösung der deutschen Frage ist nicht möglich allein zwischen uns und dem Gegner, der uns bedrückt; eine Lösung dieser Frage ist nur möglich mit Hilfe unserer Freunde. Und wir danken Gott, dass wir wieder Freunde in der Welt gefunden haben.*«

So ist es gekommen: Durch das Aufstehen vieler Menschen in der damaligen DDR und die beherzte Antwort der Bundesregierung von Helmut Kohl wurde die Wiedervereinigung im Jahr 1990 möglich – als Einheit in Frieden und Freiheit, als Überwindung der Teilung Europas und mit Unterstützung der früheren vier Besatzungsmächte. Dafür dürfen wir Deutschen in Ost und West dankbar sein, und dafür dürfen wir als Parteimitglieder auch stolz auf die CDU sein.

Westbindung und europäische Integration gehörten für die CDU von Anfang an zusammen. Die Gründung der Europäischen Gemeinschaft für Kohle und Stahl, der Europäischen Atomgemeinschaft, der Europäischen Wirtschaftsgemeinschaft bis hin zur heutigen Europäischen Union – alle wichtigen Verträge der europäischen Einigung tragen die Handschrift unionsgeführter Bundesregierungen. Der Streit in der Union zwischen den »Europäern« (oder »Gaullisten«) gegen die »Atlantiker«, der die Außenpolitik der letzten Regierung von Konrad Adenauer zu Beginn der 1960er-Jahre und die seines Nachfolgers im Amt des Bundeskanzlers Ludwig Erhard bestimmte, blieb eine den zeitlichen Umständen geschuldete Auseinandersetzung, die sich letztendlich in einem deutsch-französischen Vertrag auflöste, der beides ermöglichte: die weitere Vertiefung der europäischen Zusammenarbeit und die feste Bindung an die Vereinigten Staaten von Amerika. Die Bilder der Begegnungen von Konrad Adenauer und Charles de Gaulles, erst in Lothringen, dann in Bonn, der Besuch von Helmut Kohl und François Mitterrand auf einem deutschen und einem französischen Soldatenfriedhof auf den Schlachtfeldern von Verdun – die Aussöhnung mit Frankreich ist fester Bestandteil unserer Staatsräson geworden.

Wir haben die Beziehungen zu Frankreich immer auch als den Nukleus einer weiteren europäischen Einigung verstanden. Aus der Gemeinschaft der sechs Gründerstaaten ist heute eine Union mit 27 Staaten geworden. Das deutsch-französische Verhältnis bleibt bestimmend für unser Denken in europäischen Konstanten, aber es war nie exklusiv und auch nicht zur europäischen Dominanz angelegt. Heute müssen wir mit Frankreich zusammen mehr denn je die Interessen auch der kleinen Mitgliedstaaten der Europäischen Union achten. Europa ist, unabhängig von der Größe der einzelnen Länder, ein Zusammenschluss gleichberechtigter Mitgliedstaaten.

Parteipolitisch sind wir in der Europäischen Volkspartei (EVP) zusammengeschlossen, einem Bündnis von gegenwärtig fast 50 christdemokratischen und bürgerlich-konservativen Parteien in der Europäischen Union. Unser politisches Engagement in der EVP war und bleibt immer getragen von dem Wunsch, gemeinsam die Geschicke Europas maßgeblich mitzubestimmen. In einer gemeinsamen Fraktion im Europäischen Parlament, der größten und zugleich ältesten Parlamentsfraktion in Brüssel und Straßburg, bündelt sich die politische Arbeit der europäischen Christdemokraten im Europäischen Parlament.

In dieser Europäischen Union müssen deutsche Christdemokraten bereit sein, einen engagierten Beitrag für das weitere Gelingen Europas zu erbringen. Ich bin 1972 in die CDU eingetreten und wurde 1989 zusammen mit Gerd Müller von der CSU, unserem heutigen Bundesminister für wirtschaftliche Zusammenarbeit, in das Europäische Parlament gewählt. Wir waren damals die beiden jüngsten deutschen Abgeordneten im Europäischen Parlament. Die fünf Jahre in diesem Parlament haben mein politisches Denken bis heute geprägt. Ich habe gelernt, wie diese Europäische Union in ihrem Innersten arbeitet, wie unterschiedlich wir oftmals sind, wie sehr wir trotzdem alle an die Zukunft Europas glauben – und wie sehr wir bereit sein müssen, Kompromisse miteinander zu schließen. Ich habe die Zeit des Mauerfalls und der deutschen Einheit als Abgeordneter im Europäischen Parlament verbracht, ich habe viele Vorbehalte gegen uns, aber auch großartige Zuwendung und Unterstützung für unseren Wunsch nach Wiedervereinigung erlebt. Ohne Europa und das große Vertrauen, das Deutschland und vor allem Helmut Kohl als Person in Europa genoss, wäre die Deutsche Einheit und mit ihr die europäische Einigung nicht möglich gewesen.

Christliches Menschenbild

Das »C« im Namen unserer Partei sorgt immer wieder für streitige Diskussionen. Der langjährige Kölner Kardinal Joachim Meissner hat uns immer wieder das Recht abgesprochen, überhaupt das »C« für das Christliche in unserem Parteinamen zu führen. Ich erinnere mich an eine mehrstündige Diskussion mit ihm nach der Beisetzung unseres heimischen Kardinals Johannes Joachim Degenhardt in Paderborn im Sommer 2002. Meissner hatte im Grunde kein Verständnis für die unterschiedlichen Rollen, die ein hoher Geistlicher in der katholischen Kirche einnehmen darf, und für die Aufgaben eines Politikers in einer weitgehend säkularisierten Welt, der von einem christlichen Menschenbild ausgehend Kompromisse und Zugeständnisse machen muss und gerade deshalb etwas erreichen kann. Mit dem voranschreitenden Bedeutungsverlust der christlichen Kirchen, mit der religiösen Abstinenz großer Teile der Bevölkerung und nicht zuletzt mit der Zunahme eines vom Islam geprägten Bevölkerungsteils in Europa bleibt es eine herausfordernde Arbeit, Politik gleichwohl von einem christlichen Menschenbild ausgehend zu gestalten.

Nach wie vor sind in der Union viele Menschen tätig, die ihren christlichen Glauben praktizieren und zur Richtschnur ihres politischen Handelns machen. Es ist kein Widerspruch, dass wir auch Männer und Frauen an unserer politischen Arbeit einladen teilzunehmen, die sich zum jüdischen Glauben oder zum Islam bekennen, vorausgesetzt, wir teilen den Respekt vor der unveräußerlichen Würde eines jeden Menschen als Geschöpf Gottes.

Aus dem Bemühen, in unserer täglichen politischen Arbeit nach den Grundsätzen des christlichen Menschenbildes zu handeln, folgt nicht ohne Weiteres eine bestimmte und nur diese eine Politik. Wir begegnen uns in der CDU im Ringen um Antworten, und dabei spielen auch ganz unterschiedliche Überzeugungen eine Rolle. Die Trennlinien verlaufen allerdings nicht mehr zwischen katholischen und evangelischen Christen, auch nicht zwischen Christen und Nichtchristen. Die Überwindung dieser Teilung, die Gründung und das Fortbestehen der Union aus CDU und CSU als konfessions- und religionsübergreifende Parteien mit einem gemeinsamen ethischen Fundament, macht unsere Stärke aus auch in einer Zeit, in der wir uns allzu oft mit den heutigen weltlichen Dingen und Unzulänglichkeiten befassen müssen. Das Christliche gibt uns Halt und Orientierung, es lässt uns wissen, dass wir irren können.

Die katholische Soziallehre und die evangelische Sozialethik haben starken Einfluss auf die Ausgestaltung der Sozialen Marktwirtschaft als Gesellschaftsmodell ausgeübt. Der Vorrang des Individuums vor dem System, das Leben von Solidarität vor allem in der persönlichen Hinwendung von Mensch zu Mensch, der Aufbau einer Gesellschaft von unten nach oben, mit einem klaren Vorrang der kleinen Einheiten, sind prägende Elemente dieses Ordnungsmodells. Subsidiarität ist nicht nur ein Organisationsprinzip. Sie ist auch Ausdruck einer Weltanschauung, die den einzelnen Menschen in seiner Würde und seinen Bedürfnissen in den Mittelpunkt allen politischen Bemühens stellt und nicht das Kollektiv, dem sich jeder Einzelne unterzuordnen hat.

Der christliche Glaube lässt sich dennoch nicht eins zu eins in jede politische Entscheidung übersetzen. Den demokratischen Diskurs, auch den innerparteilichen, kann und soll er nicht ersetzen. Wesentlich für die christliche Fundierung der Politik der Union ist das christliche Menschenbild. Christdemokratische Politik richtet sich auf den einzelnen Menschen und seine persönliche Würde, nicht auf Gruppen und Kollektive. Sie erfolgt zugleich immer in dem Bewusstsein, dass der Mensch fehlerbehaftet ist, dass er sich irren kann, und dass man ihn auch moralisch nicht überfordern darf. Das wirkt sich aus auf die Achtung vor anderen, auf den notwendigen Respekt für andere. Andere könnten ebenfalls recht haben, auch ihre Interessen sind zu berücksichtigen. Es wirkt sich auf den Aufbau des Staates aus. Christdemokraten sind vor unrealistischen Utopien geschützt.

Zum christlichen Menschenbild gehört zugleich die Verantwortung für das eigene Handeln und die Gestaltung der Umwelt in einem weiteren Sinne. Christen haben die Pflicht, sich für die Gestaltung ihres eigenen Lebens sowie für die Gestaltung des Gemeinwesens einzusetzen. Lieber scheitern und wieder neu starten, als sich selbst und seinem Umfeld gegenüber gleichgültig auftreten. Auch das mag dazu beitragen, dass CDU und CSU ihre Aufgabe immer darin gesehen haben, Regierungsmehrheiten zu erlangen und das Land zu führen.

»Sicher, sozial und frei«

Als große integrative Volkspartei der Mitte hat die CDU stets milieu- und konfessionsübergreifend agiert und den Anspruch verfolgt, die Interessen eines breiten Querschnitts der Gesellschaft statt einzelner Gruppen zu vertreten. Dies hat ihr die Kraft verliehen, ein Stabilitätsanker zu sein und breite Unterstützung in der Bevölkerung zu mobilisieren, die notwendig ist, um grundlegende Entscheidungen treffen zu können. Seit dem Ludwigshafener Parteiprogramm vom 23. Oktober 1978 wird dieses Selbstverständnis mit dem Bild der drei »Wurzeln« beschrieben, die die CDU in sich vereint: der christlich-sozialen, der liberalen und der konservativen Wurzel. So fühlen wir uns als Partei auf der Grundlage der christlichen Soziallehre zur Aufrechterhaltung des sozialen Friedens durch Ausgleich und Absicherung verpflichtet. Wir vertreten ebenso nachdrücklich das Recht auf Freiheit, das die freie Entfaltung des Einzelnen ermöglicht und ihm zugleich Rechte und Pflichten gibt.

Dieser Dreiklang leitet die praktische Politik der CDU und ermöglicht es ihr, Wohlstand mit sozialem Ausgleich und sozialer Gerechtigkeit, wirtschaftliches Wachstum mit ökologischer Nachhaltigkeit, Freiheit mit Sicherheit, Toleranz mit Rechtsstaatlichkeit und nationale Identität mit europäischer Integration zu verbinden. Die unerlässliche Voraussetzung dafür, dass wir es als Partei über viele Jahrzehnte geschafft haben, diese integrative Kraft zur Mitte hin zu entfalten, war die Fähigkeit, die drei uns tragenden Säulen angesichts gesellschaftlicher Veränderungen immer wieder in neue Beziehungen zueinander zu setzen.

Ein solches Austarieren ist heute wieder notwendig geworden. Auf der einen Seite müssen wir dem wachsenden Sicherheitsbedürfnis nachkommen, das viele Menschen in Zeiten maximaler Veränderung haben. Die Globalisierung, die Digitalisierung und der gesellschaftliche Wandel verändern die Lebenswelt vieler Menschen in einem rasanten Tempo. Der Niedergang traditioneller Werte und Beziehungen verunsichert die Menschen, Verunsicherung ist der Nährboden für einfache, aber zumeist unzulängliche Antworten. Wir nennen das Phänomen »Populismus«, und er macht sich breit, links und immer mehr rechts. Deshalb müssen wir Christdemokraten uns für ein neues Verständnis von Chancengerechtigkeit einsetzen. Wir müssen darauf achten, dass nicht nur formale Chancengleichheit besteht, sondern dass die vorhandenen Chancen auch ergriffen werden können.

Wenn wir auf der Basis unserer Grundwerte die Herausforderungen des 21. Jahrhunderts bewältigen wollen, dann brauchen wir auch in Zukunft alle drei Grundströmungen unserer Partei. Entscheidend wird dabei sein, dass sie nicht losgelöst voneinander oder gar gegeneinander stehen. Wir dürfen nicht zulassen, dass sich das Missverständnis in unserer Partei breitmacht, dass nicht sozial ist, wer sich als liberal empfindet, und nicht liberal sein kann, wer konservativ ist. Es muss darum gehen, die Strömungen so aufeinander abzustimmen, dass sie sich ergänzen und die Partei in ihrer ganzen Breite in der Gesellschaft verankern. Das setzt voraus, dass wir neben einer oder einem starken, führenden und integrierenden Vorsitzenden auch erkennbare, eigenständige Köpfe für einzelne politische Themen und Aufgaben haben, und dass wir Personen und Themen auf einen kurzen Nenner miteinander bringen. »Sicher, sozial und frei« im Bundestagswahlkampf 1976 brachte diesen Anspruch auf den Punkt, und wir erzielten eines der besten Wahlergebnisse unserer Geschichte.

Konservativ in moderner Zeit

»Nicht die Taten bewegen die Menschen, sondern die Worte über die Taten.« Der frühere Generalsekretär der CDU, Heiner Geißler, war ein Meister der Worte und Begriffe im zugespitzten politischen Meinungsstreit. Diese Fähigkeit ist uns als Partei in den letzten Jahren verloren gegangen. Die Stigmatisierung des Wortes »konservativ« haben wir zugelassen, »wertkonservativ« geht so eben noch durch, aber man muss es erklären. Dass der Konservatismus in Deutschland derart in Verruf geraten ist, liegt auch daran, dass die CDU es über viele Jahre versäumt hat, ihn mit eigenen Inhalten und Botschaften positiv zu prägen. Stattdessen hat unsere Partei nur zugeschaut, wie politische Gegner auf der linken Seite des Spektrums den Konservatismus kurzerhand mit reaktionärem Gedankengut gleichsetzten, während am rechten Rand tatsächlich reaktionäre Kräfte sich als die wahren Hüter des Konservatismus stilisierten. Wenn führende Persönlichkeiten unserer Partei öffentlich sagen, das Konservative gehöre nicht (mehr) zu unserem »Markenkern«, dann offenbart dies einen Mangel an Mut zur klaren Standortbestimmung der Union. CDU und CSU haben immer christlich-soziale, konservative und liberale Strömungen vereint. Wir dürfen nicht die Deutungshoheit verlieren über Begriffe, die unsere Herkunft und unsere Überzeugungen prägen. Dann werden wir beliebig und austauschbar.

Die CDU muss nach meiner Überzeugung einen offenen, modernen Konservatismus vertreten, der Optimismus und Mut zur Zukunft ausstrahlt (Andreas Rödder, Konservativ 21.0). Dieser bietet in meinen Augen die besten Voraussetzungen dafür, dass die in diesem Buch beschriebenen Herausforderungen erfolgreich gemeistert werden können. Das Konservative ist die »Bereitschaft zum Bewahren und die Fähigkeit zur Verbesserung, beides zusammen« (Edmund Burke, *Betrachtungen*). So sind wir als christliche Demokraten keineswegs gegen den Wandel, im Gegenteil, wir sind aufs Engste mit dem unaufhaltsamen, stetig voranschreitenden Wandel unserer Zeit verbunden. Wir wollen den Wandel gestalten, wir wollen das, was sich bewährt hat, bewahren, den

Menschen damit die Angst nehmen und ihnen Sicherheit geben.

Wie lässt sich ein solcher menschenfreundlicher, vorwärts gerichteter Konservatismus in praktische Politik umsetzen? Nach meiner Überzeugung, indem wir uns konsequent am Prinzip der Subsidiarität ausrichten. Wir setzten »klein« vor »groß«, das heißt: privat vor Staat, das Individuum vor das Kollektiv. So wollen wir in der Klimapolitik die Offenheit für einen erfahrungsgestützten Pragmatismus beibehalten, der sozialverträgliche und wirtschaftliche Lösungen zugleich verfolgt, die nicht minder ambitioniert, aber in der Umsetzung realistischer und nachhaltiger sind als abstrakte, systemumwälzende Modelle, die deren Befürworter radikal und kompromisslos umgesetzt sehen wollen. Wir wollen auch die Familienpolitik aus Sicht der Familien, nicht aus der Perspektive des Staates konzipieren und intakte, stabile Familien als Garanten für ein harmonisches gesellschaftliches Zusammenleben stärken. Wir tragen unsere Lösungsvorschläge ohne Absolutheitsanspruch, ohne den Anspruch auf letzte Wahrheiten vor. Als liberale, soziale und konservative Partei haben wir die Gelassenheit, Widerspruch zu ertragen, und wir verstehen, dass Fortschritt das Ergebnis eines Prozesses ist, in dem unterschiedliche Interessen ausgeglichen werden müssen.

Kennzeichen dieser Politik ist eine nachhaltige Führung der Regierungsgeschäfte. Eine kontinuierliche Investitions- und Innovationspolitik, die Begrenzung der Staatsverschuldung, die Bewahrung der Schöpfung, all das sind konservative Themen. Wir »demobilisieren« nicht unsere Gegner, wir stellen uns der kontroversen Debatte und bewahren die Formen und den Anstand im Umgang miteinander.

Ich plädiere dafür, dass die CDU den Ansatz eines ordnenden und mitfühlenden, nicht fortschrittsfeindlichen und rückwärtsgewandten Konservatismus nach außen, das heißt mit Blick auf die Lösung der politischen Fragen unserer Zeit, und nach innen als Richtschnur für ihre eigene, dringend notwendige Modernisierung nimmt. Ja, wir haben in unserer Partei aktuell eindeutig zu wenige junge Menschen, zu wenige Frauen und Männer mit Migrationshintergrund sowie zu wenige Frauen insgesamt, als Mitglieder sowie in führenden Positionen. Trotzdem bin ich der Meinung, dass verbindliche Quoten allenfalls die zweitbeste Lösung sind. Wir müssen Wege finden, Anreize zu setzen, die zu einer höheren Anzahl der bisher weniger stark repräsentierten Gruppen in unseren Parlamentsfraktionen und auf allen Ebenen der Partei führen. Dabei plädiere ich für Lösungen, die von der Parteibasis aufwärts ihre Wirkung entfalten und nicht als Maßgabe der Parteiführung von oben auferlegt werden.

Zugleich müssen wir durchaus etwas erreichen wollen und das nicht nur pro forma angehen. Rita Süssmuth hat sehr treffend gesagt: »Wer die Quote nicht will, muss die Frauen wollen.« Das ist es, was wir erreichen müssen: dass Frauen gerne in der CDU mitwirken, dass sie die sich bietenden Chancen ergreifen wollen und dass ihnen Chancen nicht nur auf dem Papier, sondern auch tatsächlich geboten werden. Wir haben inzwischen eine gute Tradition prominenter Frauen in absoluten Spitzenpositionen, aber keine breite Verankerung angemessen hoher Frauenanteile in allen Kreisverbänden und in den Vorständen vor Ort. Ein guter Anreiz, um flächendeckend vor Ort mehr um die Mitwirkung von Frauen zu kämpfen, könnte sein, die Zahl der Delegierten für Landes- und Bundesparteitage schrittweise nicht nur an die Mitgliederzahlen, sondern auch an den Anteil weiblicher Mitglieder zu koppeln. Dann würde der Einfluss innerhalb der Partei auch davon abhängen, wie erfolgreich die Einbindung von Frauen ist.

Über das Thema Frauen in der Politik hinaus gilt: Die Fähigkeit zur eigenen Modernisierung in der Partei ist eine Voraussetzung dafür, die Kraft entfalten zu können, um unserer Rolle als maßgebender politischer Instanz unseres Landes gerecht zu werden. Das hat schon Helmut Kohl bei der Übernahme des Parteivorsitzes erkannt – und umgesetzt. Auch heute gilt: Die eigene Reformbereitschaft verleiht uns die Glaubwürdigkeit, die Anstrengungen von der ganzen Gesellschaft einzufordern, die notwendig sein werden, um die Aufgaben, die vor uns liegen, zu meistern. Wir müssen verlässlich, offen und mutig sein, um Deutschland und Europa sicher ins fortgeschrittene 21. Jahrhundert zu steuern.

Wir haben es selbst in der Hand

Die CDU ist immer eine Partei gewesen, die das Land führen will, nicht eine Programmpartei, die um sich selbst kreist. Wir sind eine Partei, die Verantwortung für Deutschland und Europa tragen will, eine Partei, die Mehrheiten erreichen möchte, um regieren zu können. Das geschah immer im tief verwurzelten Vertrauen darauf, in der Regierungsverantwortung die richtigen Entscheidungen zu treffen, pragmatisch, aufgabenbezogen und sachorientiert, und zugleich mit einem festen Kompass. Es macht einen Unterschied aus, wenn CDU und CSU die Regierung führen, und dieser Unterschied muss deutlich werden. Politics matters!

Wir stehen im Jahr 2020 am Beginn eines Jahrzehnts, das besondere Aufgaben für die politische Führung bereithält. In diesem Jahrzehnt wird sich entscheiden, ob es gelingt, Europa neben den USA und China als dritte Gestaltungsmacht von Weltrang zu etablieren. In diesem Jahrzehnt wird sich entscheiden, ob es uns gelingt, den weltweiten Klimawandel beherrschbar und unsere Erde lebenswert zu halten. In diesem Jahrzehnt wird sich entscheiden, ob wir unsere gesellschaftliche Verbindung aus individueller Freiheit und solidarischem Ausgleich, so wie wir sie schätzen, erhalten können, ob wir ein Land der echten Chancen für die junge Generation bleiben.

Dafür lohnt es sich zu arbeiten, und das haben viele unserer Mitglieder erkannt. Sie wollen mitwirken, mitdiskutieren, mitgestalten. Nicht zufällig sind viele der heutigen CDU-Mitglieder in den 1970er-Jahren in die Partei eingetreten. Das geschah in einer Zeit grundlegender ideologischer Auseinandersetzungen, einer starken Politisierung des öffentlichen Raums. Freiheit oder Sozialismus, darum ging es damals. Viele engagierte, an einer lebendigen demokratischen Kultur interessierte Personen haben sich damals in der CDU zusammengefunden, in bewusster Abgrenzung gegen radikale Übersteigerungen linker Gesellschaftsmodelle, wie sie im politischen Diskurs nach 1968 propagiert wurden.

Auch heute geht es um viel. Wir haben ein völlig anderes Umfeld als damals, nicht nur politisch. Auch Parteiarbeit sieht heute ganz anders aus als damals, sowohl für die Mandatsträger wie auch für die einfachen Mitglieder. Wir kommunizieren ganz anders, schnelllebiger, aber allein deshalb nicht unbedingt tiefgründiger. Einen wirklichen Informationsvorsprung haben Parteimitglieder heute nicht mehr. Partizipation sieht anders aus und muss auch anders organisiert werden. Eine Partei bleibt gleichwohl ein Resonanzraum zum Austausch von Standpunkten und Meinungen. Die Mitarbeit in einer Partei lohnt sich auch im intellektuellen Sinne. Ich kann jedenfalls für mich sagen, in keinem anderen beruflichen Umfeld so viel gelernt zu haben, mit so vielen Sachverhalten konfrontiert worden und mit so vielen interessanten und höchst unterschiedlichen Menschen in Berührung gekommen zu sein wie in der Politik. Bei allen Herausforderungen bis hin zu einem hohen Arbeitspensum, der ständigen Beobachtung in der Öffentlichkeit, der Einschränkungen im Privaten: Politische Verantwortung zu übernehmen hat etwas Erfüllendes, und dieses Gefühl kann sich auch auf die eigene Partei und – noch wichtiger – auf die Wählerinnen und Wähler übertragen.

Das ist der Grund dafür, dass ich mich im Dezember 2020 noch einmal um das Amt des Vorsitzenden meiner Partei bewerbe. Ich wünsche mir eine CDU, die im Inneren offen über den richtigen Weg diskutiert und sich nach einer Einigung nach außen klar positioniert. Eine CDU, die persönlichen Angriffen und einer Verrohung unserer politischen Sprache entgegentritt. Eine CDU, die Vielfalt lebt. Eine CDU, die lernt. Eine CDU, die in der Lage ist, mit jungen Menschen und neuen Themen umzugehen. Eine CDU, die – wenn nötig – klare Kante zeigt und Orientierung gibt. Die berechenbar ist, weil man weiß, wo sie steht. Und die immer mit Freude arbeitet: für Deutschland, für Europa und für die Zukunft der liberalen Demokratie.

Ausgewählte Literatur

Abmeier, Karlies / Jacobs, Andreas / Köhler, Thomas (Hrsg.): *Rechtliche Optionen für Kooperationen zwischen deutschem Staat und muslimischen Gemeinschaften*. Münster 2019

Appelbaum, Binyamin: *The Economist's Hour. False Prophets, Free Markets, and the Fracture of Society*. New York/Boston/London 2019

Ateş, Seyran: *Der Multikulti-Irrtum. Wie wir in Deutschland besser zusammenleben können*. 6. Aufl., Berlin 2016

Baron, Stefan / Yin-Baron, Guangyan: *Die Chinesen. Psychogramm einer Weltmacht*. Berlin 2018

Becker-Schmidt, Regina / Knapp, Gudrun-Axeli / Schmidt, Beate: »Eines ist zuwenig – beides ist zuviel. Erfahrungen von Arbeiterfrauen zwischen Familie und Fabrik«, in: *Neue Gesellschaft*, Bonn 1985

Bertram, Hans: *Die Zweiverdienerfamilie – Ein europäischer Vergleich*. Berlin 2017

Beyer, Heinrich / Naumer, Hans-Jörg (Hrsg.): *CSR und Mitarbeiterbeteiligung. Die Kapitalbeteiligung im 21. Jahrhundert – gerechte Teilhabe statt Umverteilung*. Berlin 2018

Biebricher, Thomas: *Neoliberalismus zur Einführung*. Hamburg 2012

Ders.: *Geistig-moralische Wende. Die Erschöpfung des deutschen Konservativismus.* Berlin 2018

Blumenberg, Hans: *Geistesgeschichte der Technik.* Frankfurt a. M. 2009

Burke, Edmund: *Betrachtungen über die Französische Revolution.* Berlin 2017

Deaton, Angus: *Der große Ausbruch: Von Armut und Wohlstand der Nationen.* Stuttgart 2017

Dettling, Daniel: *Zukunftsintelligenz. Der Corona-Effekt auf unser Leben.* Stuttgart 2020

Deutscher Bundestag – Wissenschaftliche Dienste: Kontaktbeschränkungen zwecks Infektionsschutz: Grundrechte. WD 3–3000–079/20. Berlin, 08. 04. 2020

Deutsche Nationalstiftung: Dokumentation der Jahrestagung 2017. Integration von Muslimen: Probleme? Lösungen? www.nationalstiftung.de

Deutscher Bundestag: Unterrichtung durch die Bundesregierung. Bericht zur Risikoanalyse im Bevölkerungsschutz 2012. BT-Drucksache 17/12051 vom 03. 01. 2013

Dräger, Jörg / Müller-Eiselt, Ralph: *Die digitale Bildungsrevolution. Der radikale Wandel des Lernens und wie wir ihn gestalten können.* München 2018

Erhard, Ludwig: *Wohlstand für alle.* Aktualisierte Neuauflage, Düsseldorf 1990

Felbermayr, Gabriel: »Was die EU für ihre Bürger leisten sollte«, Gastbeitrag in: *Frankfurter Allgemeine Zeitung* vom 08. 08. 2020

Fücks, Ralf: *Freiheit verteidigen. Wie wir den Kampf um die offene Gesellschaft gewinnen.* München 2017

Fücks, Ralf / Köhler, Thomas: *Soziale Marktwirtschaft ökologisch erneuern – Ökologische Innovationen, wirtschaftliche Chancen und soziale Teilhabe in Zeiten des Klimawandels.* Berlin 2019

Fukuyama, Francis: *Das Ende der Geschichte,* München 1992

Ders.: *Identität. Wie der Verlust der Würde unsere Demokratie gefährdet.* Hamburg 2019

Goodhart, David: *The Road to Somewhere. Wie wir Arbeit, Familie und Gesellschaft neu denken müssen.* Iffeldorf 2020

Green, Stephen: Dear Germany. *Liebeserklärung an ein Land mit Vergangenheit.* Darmstadt 2017

Hamilton, Clive / Ohlberg, Mareike: *Die lautlose Eroberung. Wie China westliche Demokratien unterwandert und die Welt neu ordnet.* München 2020

Hauptmann, Mark / Brinkhaus, Ralph (Hrsg.): *Eine Politik für morgen. Die junge Generation fordert ihr politisches Recht.* Freiburg 2020

Heilmann, Thomas / Schön, Nadine: *Neustaat. Politik und Staat müssen sich ändern.* 64 Abgeordnete & Experten fangen bei sich selbst an – mit 103 Vorschlägen. München 2020

Hirsi Ali, Ayan: *Heretic: Why Islam needs a reformation now.* New York 2016

Horx, Matthias: *15½ Regeln für die Zukunft. Anleitung zum visionären Leben.* München 2019

Ders.: *Die Zukunft nach Corona. Wie eine Krise die Gesellschaft, unser Denken und unser Handeln verändert.* Berlin 2020

Isaacson, Walter: *Steve Jobs. Die autorisierte Biografie des Apple-Gründers.* München 2011

Ischinger, Wolfgang / Cornelsen, Claudia: *Welt in Gefahr. Gegenwart und Zukunft unserer Welt.* Berlin 2018

Keese, Christoph: *Silicon Valley. Was aus dem mächtigsten Tal der Welt auf uns zukommt.* München 2014

Koban, Salahdin: *Deutschlands freiwilliger Untergang. Identitätskrise einer Nation, die keine sein will.* München 2020

Koopmans, Ruud: *Das verfallene Haus des Islams.* München 2020

Kraus, Josef: *Helikopter-Eltern. Schluss mit Förderwahn und Verwöhnung.* Reinbek 2013

Ders.: *Wie man eine Bildungsnation an die Wand fährt.* Stuttgart 2017
Küng, Hans: *Weltpolitik und Weltwirtschaft.* Freiburg 2019
Lammert, Norbert (Hrsg.): *Christlich-Demokratische Union. Positionen zur Geschichte der CDU.* München 2020
Lang, Joachim / Eilfort, Michael (Hrsg.): *Strukturreform der deutschen Ertragsteuern.* München 2009
Lübbe, Hermann: *Politischer Moralismus. Der Triumph der Gesinnung über die Urteilskraft.* Berlin 2019
Luce, Edward: *The Retreat of Western Liberalism.* New York 2017
Meine, Christoph / Weinberg, Ulrich / Krohn, Timm: *Design Thinking Live. Wie man Ideen entwickelt und Probleme löst.* Hamburg 2015
Mounk, Yascha: *Der Zerfall der Demokratie. Wie der Populismus den Rechtsstaat bedroht.* München 2018
Müller, Jan-Werner: *Furcht und Freiheit. Für einen anderen Liberalismus.* Berlin 2019
Nell-Breuning, Oswald von: *Baugesetze der Gesellschaft. Solidarität und Subsidiarität.* Freiburg 1992
Packer, George: *Die Abwicklung: Eine innere Geschichte des neuen Amerika.* Berlin, 2015
Pausder, Verena: *Das Neue Land. Wie es JETZT weitergeht!* Hamburg 2020
Pfeiffer, Christian / Baier, Dirk / Kliem, Sören: *Zur Entwicklung der Gewalt in Deutschland – Schwerpunkte: Jugendliche und Flüchtlinge als Täter und Opfer.* Zürich, 2018
Popper, Karl: *Die offene Gesellschaft und ihre Feinde.* Tübingen 2003
Reckwitz, Andreas: *Das Ende der Illusionen – Politik, Ökonomie und Kultur in der Spätmoderne.* Berlin 2019
Rödder, Andreas: *Deutschland 21.0 Eine kurze Geschichte der Gegenwart.* München 2015
Ders.: *Konservativ 21.0. Eine Agenda für Deutschland.* München 2019

Röpke, Wilhelm: *Jenseits von Angebot und Nachfrage*. 5., bearb. Auflage, Zürich/Stuttgart 1979

Sachverständigenrat zur Begutachtung der gesamtwirtschaftlichen Entwicklung: *Aufbruch zu einer neuen Klimapolitik*. Sondergutachten. Wiesbaden 2020

Schäuble, Wolfgang: »Aus eigener Stärke«, Gastbeitrag in: *Frankfurter Allgemeine Zeitung* vom 05. 07. 2020

Schlink, Bernhard: »Alltagskultur als Leitkultur«, in: *Frankfurter Allgemeine Zeitung* vom 28. 09. 2017

Schönberger, Viktor / Ramge, Thomas: *Reinventing Capitalism*. New York 2018

Sen, Amartya: *Die Idee der Gerechtigkeit*. München 2020

Sommer, Theo: *China First. Die Welt auf dem Weg ins chinesische Jahrhundert*. München 2019

Sowell, Thomas: *Migrations and Cultures: A World View*. New York 1996

Stelter, Daniel: *Das Märchen vom reichen Land*. München 2018

Szlezák, Thomas A.: *Was Europa den Griechen verdankt*. Tübingen 2010

Moore, Michael: *»Donald Trump – Das ist der nächste Präsident«*, in: Die Zeit vom 28.07.2016

Sloterdijk, Peter: *»Vom Unbehagen der Demokratie«*, in: Die Zeit vom 24.11.2016

Spohr, Kristina: Wendezeit: *Die Neuordnung der Welt nach 1989*. München, 2019

Teltschik, Horst: *Russisches Roulette – Vom Kalten Krieg zum Kalten Frieden*. München 2019

Tibi, Assam: *Islamische Zuwanderung und ihre Folgen. Der neue Antisemitismus, Sicherheit und die »neuen Deutschen«*. Stuttgart 2018

Traub, Clemens: *Future for Fridays? Streitschrift eines jungen* Fridays for Future-*Kritikers*. Köln 2020

Waigel, Theo: *Ehrlichkeit ist eine Währung. Erinnerungen.* Berlin 2019

Weizsäcker, Richard von: *Von Deutschland aus. Reden des Bundespräsidenten.* Berlin 1985

Winkler, Heinrich August: »Das Europaparlament erhebt einen Machtanspruch, der ihm nicht zusteht«, in: *Neue Zürcher Zeitung* vom 15. 07. 2019

Ders.: *Geschichte des Westens. Die Zeit der Gegenwart.* München 2016

Zhao, Tingyang: *Alles unter dem Himmel. Vergangenheit und Zukunft der Weltordnung.* Frankfurt a. M. 2020

Zoellick, Robert: *America in the World: A history of US Diplomacy and Foreign Policy.* New York 2020

Wolfgang Ischinger

Welt in Gefahr

Deutschland und Europa
in unsicheren Zeiten

Gebunden mit Schutzumschlag.
Auch als E-Book erhältlich.
www.ullstein-buchverlage.de

Die Welt steht am Abgrund. Uns drohen Großmachtkonflikte, ein Rüstungswettlauf und noch mehr nukleare Waffen. Die USA wollen nicht mehr Hüter der Weltordnung sein, während Peking und Moskau die EU-Partner gegeneinander ausspielen. Wie können Deutschland und die EU »weltpolitikfähig« werden? Wolfgang Ischinger gibt Antworten auf die drängenden Fragen der aktuellen Weltpolitik und skizziert seine Vision einer europäischen Zukunft in Frieden und Stabilität.

»Ischinger ist einer der scharfsinnigsten Analysten der internationalen Politik. Sein Buch sollte eine große Leserschaft erreichen.«
HENRY KISSINGER

Econ